明末清初女性作品總集編刊研究（下）

傅湘龍 著

第四章 「士商」出現與女性作品總集之精蕪

　　毋庸諱言，明季清初諸多女性作品選本存在頗為顯見的商業盈利目的。以編刊者身份而論，有周之標、鄒漪、劉雲份之類書坊主或職業編輯者，編刊女性作品為其迎迓時尚、擴大經營的生存策略。事實上，明代中後期層出不窮的女性作品刊本即已染上了濃厚的商業色彩。《新刻彤管摘奇》、《古今宮閨詩》、《十六名姬詩》以及編者身份頗受爭議的《名媛詩歸》，無不如此，明季清初的女性著作彙刊本實則承續其由來已久的商業面向。與此同時，王士祿《燃脂集》、王端淑《名媛詩緯》，廣泛採擇數量可觀的相關選本之餘，亦從《綠窗女史》、《皇明百家小說》等類書、叢書輯錄女性詩文著述。

　　為此，本章將從如下三方面展開論述：其一，明末清初蔚然成風的類書、叢書編撰，如何從零星擷拾女性詩文演進為專欄刊錄，從而為女性著述彙刊提供了頗為便利的史料集散地；其二，以周之標為代表的下層文人洞悉當時文人群體的心理渴求與文學傳統，編選、評點女性作品；其三，以劉雲份為代表的一些書坊主，為擠佔讀者市場，改頭換面、剪輯拼湊相關選本，急就編刊，惑人耳目。

第一節　類書、叢書編撰勝景中的女性作品輯錄

　　自明代中後期以來，隨著經濟繁盛發展，出版業出現了堪稱「革命」性的變化。紙張低廉、字款簡化、裝幀簡易、分工精細等各種因素的作用〔註1〕，

────────────

〔註 1〕 高彥頤指出，價格低廉的紙張從根本上降低了生產成本，棱角分明的新字款又

促使大規模刊刻日趨興盛。爲了滿足世俗大眾的閱讀需求，諸如《新刻四民便覽三臺萬用正宗》、《新刊天下民家便用萬錦全書》、《新刻搜羅五車鄴架新裁萬寶全書》等名目繁多的日用類書應時而出。就中以選刊風靡於世的傳奇小說爲基石的《國色天香》、《繡谷春容》等通俗類書輯錄了諸多女性作品。

因敍寫幽思離情的傳奇小說有「江湖散逸需之笑譚，即縉紳家輒借爲悅耳目」的顯著需求，以及「懸諸五都之市，日不給應」〔註2〕的實際成效，萬曆十五年（1587），吳敬所整合諸多零散雜亂之本，編就《國色天香》，以供文人士大夫「公餘勝覽」、「悠閒玩味」。

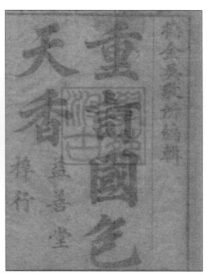

上圖爲吳敬輯《新刻京臺公餘勝覽國色天香》，清益善堂刻本，北京大學圖書館藏。

書凡十卷，分上下兩欄。上欄卷一至卷七爲十二類雜纂文字，其中「珠淵玉圃」類刊錄竇玄妻《與夫帖》、秦嘉妻《答夫帖》；「搜奇覽勝」類輯選《妓女懷情》、《二女獻詩》、《女中狀元》、《金陵翠翹》、《田叟贈藥》、《花枝金鈴》、《踰垣相從》、《意娘寄柬》、《張氏守節》；「戛玉奇音」類選刊《相思歌》、《青

簡化了雕版刻製，而手藝的更加專業化則提高了生產效率。以家庭和商業印刷爲主的家刻事業迅猛發展，就出版種類和卷帙而言，均超過了官刻書籍。氏著：《閨塾師》第一章「都市文化、坊刻與性別鬆動」，南京：江蘇人民出版社，2005 年。另參閱宋莉華《明清時期的小說傳播》第二章「印刷技術的演進與小說的傳播方式」，北京：中國社會科學出版社，2004 年，第 51 頁。

〔註 2〕 謝友可：《〈新刻公餘勝覽國色天香〉序》，《國色天香》卷首，《古本小說集成》本，上海古籍出版社，1994 年。

梅歌》、《長恨歌》、《指環篇歌》、《下堂歌》；「規範執中」類備存《節婦歌》，均為女性創作的詩文。下欄精選七篇頗為流行的中篇傳奇小說——《龍會蘭池錄》、《劉生覓蓮記》、《尋芳雅集》、《雙卿筆記》、《花神三妙傳》、《天緣奇遇》、《鍾情麗集》。小說羼入了諸多冠名為才女創作的詩詞，但依託於故事敘述，導致真偽難辨，信而可徵者寥寥無幾，故鄭文昂編選《古今名媛匯詩》，明確聲稱：「至如《嬌紅》、《懷春》、《鍾情》等諸小說，皆鄙俚不經，悉出坊間杜撰之書，並置不錄。」〔註3〕一般而言，諸多女性作品總集仍採錄這些詩詞。舉例而言，無名氏撰寫的小說《尋芳雅集》敘述元末湖州書生吳廷璋，號尋芳主人，文武兼備。一日，吳生因差過往臨安，窺見參將王士龍家有二女嬌鸞與嬌鳳，容姿絕麗，遂以故交之子拜謁，試圖以假館之名尋竊玉偷香之事。經月夜琴挑、倩人傳詩諸環節傾訴情思，並在王士龍妾侍柳巫雲的幫助下，終與王嬌鸞私通。然而，吳生遭遇小人誣告，王嬌鳳亦被逼另嫁，兩人便相約外逃。借助於金榜題名，吳生奉旨迎娶嬌鸞、嬌鳳。馮夢龍《情史》卷十六《周廷章》以及小說《警世通言》卷三十四《王嬌鸞百年長恨》敘述的乃王嬌鸞慘遭周（吳）生薄倖負心，自縊而死的悲劇結局，且並未言及王嬌鳳與周生有任何瓜葛。而《尋芳雅集》將之改編為讀者喜聞樂見的才子佳人小說「一生二旦」模式，小說選本《萬錦情林》、《燕居筆記》、《風流十傳》、《花陣綺言》競相採錄，又以《國色天香》刊錄篇幅最為詳實，長達二萬餘言。然而，明末清初不同女性作品總集刊錄上述小說（或長篇敘事詩《相思長恨歌》）穿插的王嬌鸞詩詞頗為複雜：坊刻本《名媛詩歸》刊錄千餘言的《長恨歌》；周銘《林下詞選》所刊詞作《如夢令》來自於小說《尋芳雅集》，而傳記所言詩句「郎馬未離青柳下，妾心先在白雲邊」卻載於《王嬌鸞百年長恨》〔註4〕。王端淑《名媛詩緯》著錄王嬌鸞，批評其「有才而無卓氏（按：指卓文君）之鑒，宜乎為廷璋之所棄也」、「嬌鸞真愚人耳，何必問其才識」，認為其詩作《長恨歌》冗長俚俗而棄錄，備存一首不見載於上述各小說的詩作《閨怨》〔註5〕，且於傳記曰：

〔註3〕 鄭文昂：《古今名媛匯詩》「凡例四」，《四庫全書存目叢書》「集部」，第383冊，第10頁。

〔註4〕 參閱向志柱《胡文煥〈胡氏粹編〉研究》第六章「《胡氏粹編》與古代小說（下）」，北京：中華書局，2008年，第181頁。

〔註5〕 此詩不見刊載於《尋芳雅集》，亦不見之於馮夢龍《王嬌鸞百年長恨》、署名為鍾惺所編《名媛詩歸》，不知王端淑所據，俟考。

有妹嬌鳳，見「前集」。生子天錫，為中山王徐達部將，功成為

元帥。事備《國色天香集》。〔註6〕

《名媛詩緯》「前集」著錄王嬌鳳，描述其與吳廷璋歷經小人撥亂之磨難，終得以奉旨成婚，「唱和最多，恐涉偽筆，姑存一首。子天錫，洪武時為樞密使。」〔註7〕此與卷二十二所言吳天錫為元帥顯然不符。事實上，《尋芳雅集》未載錄《長恨歌》，卷尾則記述王嬌鸞之子天與被賜封為樞密使，王嬌鳳之子天錫為元帥。可見，王端淑並未直接援引原始文獻《尋芳雅集》，而是取資於其他選本，並提醒讀者故事本末見諸《國色天香》。《名媛詩緯》雖聲稱「俱出自諸名公選本，以及各大家文集專稿。其餘一概小說、齊諧皆不錄入，餘具嗣刻『備集』」〔註8〕，但論及王嬌鸞、王嬌鳳、柳巫云詩詞的文獻史源，終究會追溯至小說文本。《名媛詩緯》卷三十一「備集」標注曰：「此一卷出《百家小說》，嗣刻」〔註9〕，之所以未能真正付諸實踐，或許緣於編者王端淑意識到此舉與「凡例」相牴牾。

《國色天香》刊行後，紙貴洛陽，現存明清諸多翻刻本可資為證。文人士大夫見之無不怦然心動，商賈遠遊，亦可隨手把玩，消解旅途苦悶：

瓷商舶主於旅途無聊之際，正可手把一編為樂，或資友朋談

助。……以（《國色天香》）其中所收小說言之，語多淺近欠通之文

言，又夾以俚膚「風流」之詩詞，情節磨磨蹭蹭，故事拖泥帶水，

亦堪此輩於旅途中消磨「公餘」長日。〔註10〕

見此有利可圖，署名赤心子不甘示弱，迅即介入，現存萬曆二十五年（1597）《繡谷春容》刊本即是其操觚染翰之作。書凡十二卷，亦分上下兩欄。上欄題為「芸窗清玩」，收錄各體小說。下欄題為「選鍥騷壇摭粹嚼麝譚苑」〔註11〕，子目共計二十一類。其中，與「瓊章摭粹」、「詩餘摭粹」、「擊

<hr>

〔註6〕 王端淑：《名媛詩緯》卷二十二「閨集上」。

〔註7〕 同上書，卷二「前集」。選本刊載王嬌鳳《閨怨》云：「寂寂香閨晝掩門，飛花啼鳥兩消魂。眉峰愁重應難畫，事到傷心誰與論。」然而，與萬曆刊本《國色天香》的《尋芳雅集》所刊詩歌比對，詩句稍有差異。「消魂」作「銷魂」、「應難畫」作「應難盡」。

〔註8〕 王端淑：《名媛詩緯》「凡例」。

〔註9〕 同上書，卷三十一。

〔註10〕 戴不凡：《小說見聞錄》，杭州：浙江人民出版社，1980年，第242頁。

〔註11〕 據劉天振統計，《繡谷春容》「新話摭粹」類卷四收錄八十二篇，其中有五十一篇源自南宋皇都風月主人編《綠窗新話》；卷五凡九十五篇，有六十四篇來

筑摭粹」分別收錄文人士大夫之詩、詞、歌逐一對應的是,「璣囊摭粹」選名媛詩,凡六十四人;「彤管摭粹」選名媛詞,凡二十三人〔註 12〕;「彤管摭粹」選名姬歌十三篇。具體地,《繡谷春容》刊錄名媛詩歌,除張師陽《老兒詩》、略德延《小兒詩》二首之外,其餘詩題均傚仿小說標題隸事之法,以七言概述詩歌內容,如《鐵鉉女獻詩感赦》、《藺烈婦齧指題壁》等,整飭美觀,一目了然。相較而言,《繡谷春容》所刊名媛詞的標題簡約靈活,既有隸事之詞,如《寶妻全節詞》、《唐氏遊園詞》、《余淑愼題驛壁詞》,又有簡略題爲《朱希眞詞》、《孫夫人詞》、《李清照詞》。赤心子輯錄女性詞作,時常引據歷代史料筆記。例如,《繡谷春容》刊錄台州名妓嚴蕊詞作《賦紅白桃》,詞小序之三曰:

> 朱晦翁欲摭與正之罪,指蕊爲濫,繫獄被楚,痛辱百般,終不認服。有吏誘之使招,蕊曰:身爲賤妓,託濫太守,榮孰甚焉?然是非眞僞,惟天可表,豈可畏刑而污士大夫哉!死則死矣,焉可誣服?後岳霖爲憲,憐而釋之,命作詞云。〔註 13〕

故事敘述色彩頗濃,乃據周密《齊東野語》改寫而成〔註 14〕。而論及徵引最爲頻繁的文獻,當數流傳頗廣的詞選本《花草粹編》以及女性作品總集《詩女史》。據統計,諸如《寶妻全節詞》、《慕容岩卿妻詞》、《王清惠題驛壁詞》、《蜀妓答客詞》、《延安夫人寄姊妹蝶戀花雲》、《朱淑眞夏日遊湖詞》、《易袚妻寄外一翦梅》等七首名媛詞源自田藝蘅《詩女史》。《仲胤妻寄夫詞》、《孫夫人詞》、《李易安詞》、《復古妻守節自溺》、《燕山驛壁詞》等五首名媛詞源自陳耀文《花草粹編》。

至於《繡谷春容》所刊十餘篇「名姬歌」,其中《題郵亭壁歌》源於《詩女史》。其他如《相思歌》、《青梅歌》、《長恨歌》、《指環篇歌》、《下堂歌》、《節婦歌》均徑直襲用吳敬所上窮碧落下黃泉搜輯而成的《國色天香》。故此,本爲白居易新樂府《井底引銀瓶》,《國色天香》以該篇「妾弄青梅憑短

自《綠窗新話》。氏著:《明代通俗類書研究》第四編,濟南:齊魯書社,2006年。類書之編撰,對刊定書籍的依賴與利用可窺一斑。

〔註 12〕 「彤管摭粹」類所錄名媛詞,最後二首題爲《燕山驛壁詞》、《松江甘露寺壁詞》,作者不詳。揆其詞意,難以斷定爲女性詞作。

〔註 13〕 赤心子編:《繡谷春容》「樂集」卷二,萬曆世德堂刊本。

〔註 14〕 周密撰,張茂鵬點校:《齊東野語》卷二十,北京:中華書局,2004 年,第374～375 頁。

牆，君騎白馬傍垂楊。牆頭馬上遙相顧，一見知君即斷腸」〔註15〕數語，妄自篡改爲女子金英巧遇俊士而賦《青梅歌》。諸如此類的謬誤，赤心子不加辨析而迻錄，甚且親自傚仿此法，快速獲取女性作品。如《齊東野語》記述陸游因惦念前室唐氏而賦詞《釵頭鳳》，赤心子偷樑換柱將之著錄爲唐氏遊園詞。

　　爲吸引讀者眼球，編者吳敬所與赤心子付出了諸多努力：其一，強調各欄目存在關乎文人士大夫修身、齊家、治國、平天下不可或缺的價值。《國色天香》之「珠淵玉圃」是「大益舉業，君子愼毋忽焉」；「規範執中」係「士人立身之要」；「臺閣金聲」爲「人之首格，有志於上者當觀之焉」〔註16〕，類不一端。此類書籍間或刊載女性作品，頗能造就才媛聲名。其二，擴充版式容量。《國色天香》、《繡谷春容》內容駁雜，子目繁多，舉凡詔誥奏疏、寓言笑林、小說瑣記、詩賦詞曲無不選刊，意在雅俗共賞，「朝夕吟詠，且使見日擴、聞日新、識日開，而藏日富矣」〔註17〕。又全書採用上下兩欄形式，《國色天香》上欄每葉三十二行，行十四字，字體緊密；下欄每葉二十六行，行十六字，字體疏闊。《繡谷春容》上欄每葉二十八行，行十二字；下欄每葉二十四行，行十七字。這對普通讀者而言，雖然會陡然產生視覺疲勞，但購置一部卻能獲悉更多信息，自會爲經濟考量而折腰。

　　值得注意的是，《國色天香》版式側重於下欄中篇傳奇小說，而《繡谷春容》版式重心雖在下欄，但內容卻爲各類雜俎文字，上欄小說文字顯得分外逼仄，可見編者頗寄希望於通過下欄五臟俱全的內容盈利。尤其是，《國色天香》於「珠淵玉圃」、「搜奇覽勝」、「戞玉奇音」、「規範執中」四類零散刊錄女性作品。相形之下，《繡谷春容》則專類彰表，列「璣囊摭粹」（名媛詩）、「彤管摭粹」（名媛詞）、「彤管摭粹」（名姬歌）三類，並援引女性作品總集《詩女史》予以著錄。因以銷售射利爲編刊初衷，赤心子勢必精心篩選讀者

〔註15〕白居易著，朱金城箋校：《白居易集箋校》卷四，上海古籍出版社，1988年，第245～246頁。白樸《牆頭馬上》雜劇即據此詩句增飾而成。又董康《曲海總目提要》卷一云：「稗史又有青梅歌，言室女金英，閒步後園，因戲青梅，窺見牆外俊士，騎馬經過，彼此相顧，女背其親相從。及後相棄，悔恨無及，乃作《青梅歌》以自解。」（北京：人民文學出版社，1959年，第29頁）與《國色天香》所述如出一轍。不知董康所謂「稗史」何指，即《國色天香》，或吳敬所亦引自此「稗史」，俟考。

〔註16〕吳敬所編《國色天香》卷一、卷四、卷六。

〔註17〕何大掄編：《〈重刻增補燕居筆記〉序》，《古本小說集成》本。

喜聞樂見的素材〔註18〕，其規模徵引田藝蘅《詩女史》，既見證了此類女性選集已然獲得良好的市場反響，又對其後女性作品之輯錄起了推波助瀾的作用。可以說，編者赤心子為彰顯《繡谷春容》自家面目而所作的調整，無意中開啓了類書以專欄形式著錄女性撰述這一重要面向。

緊隨其後，建陽著名書坊主余象斗依葫蘆畫瓢，編刊《萬錦情林》六卷，其中卷四、卷五刊錄女性文學作品近六十首〔註19〕。較之《國色天香》、《繡谷春容》，《萬錦情林》並未增補許多新穎炫奇的內容，然而編刊者余象斗在書籍廣告方面卻稍勝吳敬所與赤心子一籌。不僅在封面標注醒目書名「鍥三台山人雲窗匯爽萬錦情林」以及書坊名「雙峰堂余文臺梓行」，且廣而告之曰：「更有彙集詩詞歌賦、諸家小說甚多，難以全錄於票上，海內士子買者一展而知之」〔註20〕。尤其是，此書鐫刻獨具特色的卻能寄寓一己情懷的《三台山人余仰止影圖》：余象斗高坐三臺館，憑几論文，文婢捧硯，婉童烹茶〔註21〕。憑藉余氏在明末出版業之聲譽，此書暢銷自不待言。同樣，託名馮夢龍的書坊主編刊通俗類書《增補批點圖像燕居筆記》，以「增補」、「批點」、

〔註18〕《繡谷春容》的校勘質量如何，另當別論，畢竟以引起讀者關注、誘使購買才是他們的最終目的。因此，正如陳大康指出，匆匆編就的《繡谷春容》選刊《柳耆卿詩酒玩江樓記》，將南唐李煜《虞美人》詞歸於宋代柳永名下，原載此篇的洪楩《清平山堂話本》已有此錯誤，赤心子卻不加辨析直接採用。氏著：《明代小說史》，第526頁。

〔註19〕卷四「詩類」《二女獻詩》、《束綾贈詩》、《紅葉傳情》、《桐葉題詩》、《見詩求婚》、《人月雙圓》、《投詩配仙》、《苧羅仙女》、《元宵佳偶》、《田叟贈藥》、《咫尺相思》、《天花板詩》、《木蘭戍邊》、《龜圖獻詩》、《獻詩救夫》、《寄衣侑詩》、《征衣詩寄》、《寄襪鞋詩》、《寫眞寄外》、《拆簡復外》、《寵妾寄詩》、《紫燕傳書》、《詞蜀相婚》、《留詩爲別》、《寄士登詩》、《旌表烈婦》、《剗嶺死節》、《燕樓守節》、《裂帛投河》、《妙端題壁》、《花枝金鈴》、《題金山寺》、《紅綃妓詩》、《金陵翠翹》、《廻文四絕》、《詠白鸚鵡》；「行類」《虞美人草行》。卷五「詞類」《寶妻守節詞》、《竹枝詞》、《彩花詞》、《寄外詞》、《伊川令詞》、《餞夫別詞》、《兩姨兄妹》、《春心詞》、《勝瓊詞》、《春容詞》、《紅白桃花詞》、《長短句》；「歌類」《長恨歌》、《相思歌》、《指環篇歌》、《青梅歌》、《下堂歌》；「曲類」《擣衣曲》、《胡笳曲》。見余象斗編：《萬錦情林》，《古本小說集成》本。

〔註20〕余象斗編：《萬錦情林》。

〔註21〕余象斗曾數次將《三臺山人余仰止影圖》附錄於其鐫刻的書籍，但《萬錦情林》一書僅顯示「三臺館」字樣，實則應有「一輪紅日展依際，萬里青雲指顧間」。參閱王重民：《中國善本書提要》，上海古籍出版社，1983年，第61頁。

「圖像」之附加值，亦能吸引讀者購買。書坊主在小說《田洙遇薛濤聯句記》之後，補錄薛濤數首詩作及《薛濤小傳》，讀者在沉醉於夢幻般的愛戀故事之餘，對唐代女子薛濤的文學才華有較爲全面的掌握。藉助於層出迭見的通俗類書，女性的文學創作在各體小說（如《鍾情麗集》、《尋芳雅集》）、雜俎文字得到充分上演。文人士大夫憑藉其良好的學識自可遊刃有餘地閱讀此類屬雜數種文體的書籍，粗通文字的市井小民亦可在似懂非懂的艱難閱讀過程中浮現出才女群體形象，而佳人出遊，「手捧繡像，於舟車中如拱璧」〔註22〕，更可引起情感共鳴。凡此，爲同時期女性作品總集之匯刻儲備了龐大的讀者群。

需要作進一步申述的是，這種包羅萬象的通俗類書對附載女性作品選本的叢書頗具影響，明末書坊主胡文煥堪稱典型個案〔註23〕。其《胡氏粹編》五種（《稗家粹編》、《遊覽粹編》、《諧史粹編》、《寸箚粹編》、《寓文粹編》）從已經行世的刊本《國色天香》、《繡谷春容》中迻錄了諸多女性詩文。比如，《遊覽粹編》收錄《指環歌》、《節婦歌》、《金齒壁歌》、《芙蓉屏歌》、《相思歌》、《相思長恨歌》、《下堂歌》、《青梅歌》等十餘篇；《寸箚粹編》刊選竇玄妻《寄夫》、徐淑《答夫》、《寄夫》、楊彪妻《答卞夫人》等女性書札數篇。

而萬曆二十年至二十五年（1592～1597），短短六年時間，胡文煥掌管的書坊杭州文會堂、南京思蓴館刻書竟達四百五十種，各書均冠名「新刻」，以致當時約定俗成稱之爲「胡文煥板」。如此密集刊刻數量驚人的書籍，其射利之心昭然若揭。就中因粗製濫造，剽竊汩亂而飽受訾議。其後，胡文煥又次第從已刊古籍中遴選百餘種，匯輯題曰《百家名書》、《格致叢書》。萬曆三十七年（1609），胡文煥序《格致叢書》曰：

> 合古今凡有一百四十種，皆宛委、石渠、羽陵、大酉之秘，隨
> 得隨刻，不加銓次，不復品騭，總名之曰《格致叢書》。

此爲《格致叢書》一百四十卷本。而有關該叢書卷帙之著錄，祁承㸁《澹生堂

〔註22〕 朱一是：《〈蔬果爭奇〉跋》，崇禎十五年清白堂刻本。
〔註23〕 胡文煥，生卒年不詳，字德甫，號全庵，別號全庵道人、洞玄子、守拙道人、西湖醉魚等，浙江錢塘人。其博學多才，精通詩文詞曲、醫術古樂，著有關於經訓、養生、評詩、藝玩、掌故等方面的論著六十四種，今存其詩文百餘篇（首），詳見王寶平《明代刻書家胡文煥考》一文，刊於《中日文化交流史論集——戶川芳郎先生古稀紀念》，北京：中華書局，2002年，第239頁。

藏書目》曰四十六種，嘉慶年間顧修編《匯刻書目》曰三百四十六種，邵懿辰《增訂四庫簡明目錄標注》則認為「初編」四十六種，存目一百八十一種，「二編」三百四十種。眾說紛紜，難以釐辨。四庫館臣評曰：

> 是編為萬曆、天啟間坊賈射利之本。雜採諸書，更易名目。古書一經其點竄，並庸惡陋劣，使人厭觀。且所列諸書，亦無定數，隨印數十種，即隨刻一目錄。意在變幻，以新耳目，冀其多售。故世間所行之本，部部各殊，究不知其全書凡幾種。〔註24〕

由於胡文煥隨刻數種，立即編刊新目錄行世，以致現存《格致叢書》各版本未有全然相同者。胡文煥所編女性作品選本《新刻彤管摘奇》二卷，歸屬《格致叢書》何種版本，無法確考〔註25〕。依其自序，可知胡文煥採擷於酈琥《彤管遺編》，摘錄其中新奇者梓行〔註26〕。編次體例並無二致，「前集」選才德並茂者，「後集」錄文優於行者，「續集」刊學富行穢者，「附集」載仙道之人，「別集」則為姬妾妓女。概言之，《新刻彤管摘奇》乃胡氏為追求商業利益而改頭換面推出的女性作品選本，其學術價值不足為論。然而，刊本無意之中開創了以叢書樣式規模刊載女性作品的先例。在此之前，周履靖編刊叢書《夷門廣牘》，附錄其繼室桑貞白《香奩詩草》二卷，但限於附錄零星個案以及桑氏文學創作水準而影響甚微〔註27〕。清初王士祿《燃脂集》引據《玉鏡陽秋》曰：「桑詩牽率，又遠出端淑卿、王鳳嫻下。鹿門序中，所舉亦乏警策，所錄一律二絕，粗成章句耳。」〔註28〕

〔註24〕 永瑢等纂：《四庫全書總目》卷一百三十四「子部」，第1137頁。

〔註25〕 檢閱《中國叢書綜錄》刊錄萬曆三十一年（1603）《格致叢書》子目，未載《新刻彤管摘奇》。

〔註26〕 胡文煥自序不存，此據嵇曾筠《（雍正）浙江通志》卷二百五十二的片言隻語。國圖藏本《新刻彤管摘奇》前後無序跋。酈琥《彤管遺編》，胡文楷著錄兩種版本：其一，《彤管遺編》三十八卷，明隆慶元年（1567）刊本，此據徐祖正《崑山徐氏藏閨秀書目》。其二，《彤管遺編》十八卷本，不知何據。翻檢著錄《彤管遺編》的相關文獻，如祁承爜《澹生堂藏書目》、朱睦㮮《萬卷堂書目》，以及清代范邦甸為范欽藏書而編《天一閣書目》等，均著錄為二十卷本《彤管遺編》。其實，酈琥於隆慶元年所撰自序，即已明言「諸體稍備，分卷二十」（見《歷代婦女著作考》，第879頁）。胡文楷所言十八卷本乃為殘本？據明隆慶元年刻修補本（《四庫未收書輯刊》第6輯，第30冊）。

〔註27〕 周履靖（1542～1632），字逸之，別號梅墟、螺冠子、梅顛道人，浙江嘉興人。少患羸疾，弱冠即棄制舉業，隱居白苧村，曾編就女性作品選集《古今宮閨詩》十六卷、《秦淮群嬿詩》一卷、《十六名姬詩》十六卷。

〔註28〕 王士祿：《宮閨氏籍藝文考略》「明代」。

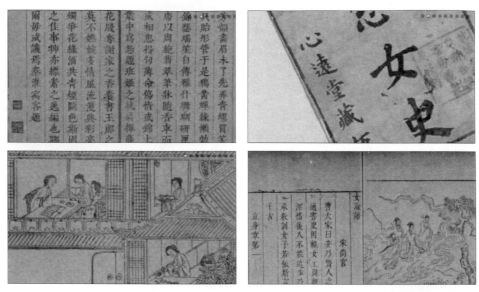

上圖爲秦淮寓客編《綠窗女史》，明崇禎間刊本，心遠堂藏板，北京大學圖書館藏。

　　論及明末清初叢書附刻女性作品之規模，無疑以崇禎年間秦淮寓客所編《綠窗女史》爲極致。是書分閨閣、宮闈、緣偶、冥感、妖豔、節俠、神仙、妾婢、青樓、著撰等十部，進而釐爲懿範、女紅、才品、寵遇等四十五類，輯錄有關歷代女性的作品凡一百九十五種（篇）〔註29〕。以徵引唐、宋、元文言小說爲主體，間或採錄時輩頗具影響力的編著，如花榜之作萍鄉花史《廣陵女士殿最》、冰華梅史《燕都妓品》，傳記文茅元儀《西玄青鳥記》、戔戔居士《小青傳》〔註30〕。編者秦淮寓客曰：

〔註29〕　此據臺灣政治大學古典小說研究中心主編《明清善本小說叢刊初編》第二輯「短篇文言小說」所附明刊本《綠窗女史》統計，臺北：天一出版社，1985年。上海圖書館編《中國叢書綜錄》所附明刊本《綠窗女史》缺《燈花占》（隸屬「閨閣部」之「才品」），而《閨秀詩評》、《崔玄微記》、《韋十娘傳》、《張愈諫》、《祭夫徐敬業文》五種則有目無文。杜澤遜《蓬萊慕湘藏書樓觀書記》一文記載其經眼藏書家慕湘所收明刻殘本《綠窗女史》二冊、十六種，其中即有《燈花占》，而《麗妹傳》，又不同於《中國叢書綜錄》之《麗姬傳》，《女誡》題「漢曹昭著，王道焜校閱」（刊於齊魯書社編：《藏書家》第8輯，2003年，第77頁）。《明清善本小說叢刊初編》選刊的《綠窗女史》則有《燈花占》；《女誡》僅題「漢曹昭」；而《古麗姬傳》不同於慕藏本《麗妹傳》及《叢書綜錄》本《麗姬傳》；「著撰部」之「雜錄」類收張未央《溫柔鄉》，亦能補《叢書綜錄》本之不足。凡此，說明《綠窗女史》一書在當時有多種版本行世，銷售頗爲可觀。

〔註30〕　由於《綠窗女史》採擇眾多唐宋元傳奇小說，陳大康《明代小說史》、陳國軍

百歲光陰，忍辜年少。五都佳麗，莫比江南。芙蓉楊柳之堤，翠羽明珠之隊，能使風薰自醉，日憺忘歸，恒娛樂於白晝，少寄情於綠窗。惜沈冥而不返，負窈窕之妙材，豈若靜女文心，麗人芳韻。畫眉未了，先弄青螺。買笑何心，只貽彤管。於是鴉黃蟬綠，懶效新妝。錦瑟瑤笙，自傳雅什。珊瑚研匣，奉綺席以周旋，翡翠筆床，隨香車而出入。或相思得句，薄命傷情。或錦上傳心，葉中寫怨。題班姬之紈扇，揮薛氏之花箋。奪謝家之香囊，書王郎之白練，莫不嬝婉多情，風流漫興。彩毫與紅燭爭花，綠酒共青煙斗色，斯固妝樓之佳事，抑亦縹素之逸編也。聊寄莞爾，毋或譏焉。〔註31〕

《綠窗女史》旨在全面展現文士或才女自身筆下的女性風貌：嫵媚多情、才藝突出，等等。尤為值得重視的是，該書刊載女性撰述多達數十種。「妾婢部」之「俊事」類選錄黃峨《錦字書》；「閨閣部」之「懿範」類選錄宋若昭《女論語》、鄭氏《女孝經》、班昭《女誡》、胡氏《女範》四種；「女紅」類選錄張淑媖《刺繡圖》、蘇蕙《織錦璇璣圖》、吳氏《中饋錄》三種；「才品」類選錄龍輔《女紅餘志》、李清照《打馬圖》、王夫人《燈花占》三種。而「著撰部」批量選刊四十四種（篇）女性作品，涵括「詔令」、「表疏」、「箋奏」、「上書」、「啟牘」、「序傳」、「讚頌」、「誄祭」、「雜錄」、「辭詠」諸文體〔註32〕，以漢、晉、唐三代女性作品為主，明代則選錄會稽女子《題留新嘉驛壁詩序》、薛素素《花瑣事》、張未央《溫柔鄉》三種。

如眾多研究者指出，《綠窗女史》從十二卷本《剪燈叢話》迻錄六十一篇小說，從十卷本《剪燈叢話》擇取茅元儀《西玄青鳥記》以及八葉插圖〔註33〕。諸如此類，能確考《綠窗女史》刊載小說的部分史料來源，而其所刊錄的女性作品，無疑與萬曆年間蔚為大觀的通俗類書密不可分。比如，「著撰部」

《明代志怪傳奇小說研究》等專著均將之作為文言小說集來討論。陳國軍質疑王重民先生視編者秦淮寓客為紀振倫一說，並就《綠窗女史》之鈐印「惠茗」、「白雪齋」進行查考，明代以「白雪齋」為號者有臨淮侯李惟寅或秀水姚紹科。氏著：《明代志怪傳奇小說研究》第五章，天津古籍出版社，2006年，第406頁。

〔註31〕 秦淮寓客：《〈綠窗女史〉引》，《明清善本小說叢刊初編》本。

〔註32〕 依據「著撰部」選錄體例，作品均為女性著撰，然「辭詠」類刊錄唐代羅虯《比紅兒詩》，當誤。

〔註33〕 參閱陳國軍《明代志怪傳奇小說研究》第五章。

選錄徐淑《答夫秦嘉書》、《再答夫秦嘉書》、楊彪妻《答卞夫人書》等信札，
則見諸胡文煥《寸箋粹編》。正因爲叢書能彙集眾多相關文獻，其優長頗爲
顯著：

> 自唐有類書，宋有叢書，而後古今著述，始流傳於世，供諸讀
> 者，蓋零圭片羽，搜求甚難，而匯輯眾長，匯爲一編，故傳播自易
> 也。沿及明清兩代，叢書之業，刊刻日繁，搜羅至廣，學者欲求以
> 往著述，屬於何類之書，均可於叢書中求之，遂成學術之寶庫矣。
> 〔註 34〕

王士祿編撰《燃脂集》，即從《綠窗女史》迻錄有關女性撰寫的所有作品。如
「說部」載錄了上述例舉黃峨《錦字書》、宋若昭《女論語》、鄭氏《女孝經》
等十餘種著作。王氏輯錄女性作品達二百餘卷，《綠窗女史》等相關類書貢獻
殊多。

　　雖然如此，叢書之弊端亦不容忽視。由於《綠窗女史》將每種原始文獻
均節錄爲一卷，而王士祿不暇細辨，徑直抄錄，致使《燃脂集》存在一些瑕
疵。例如，《綠窗女史》「閨閣部」刊錄元代女子龍輔《女紅餘志》一卷。事
實上，據常陽記述，此書乃龍輔在女紅中饋之暇，檢閱家藏書籍，採掇詩句
新豔者，編爲四十卷。後又從中精選爲一卷，並附錄其詩作一卷〔註 35〕，故
祁承㸁《澹生堂藏書目》、毛晉汲古閣匯刻叢書《詩詞雜俎》等均著錄爲二卷
本《女紅餘志》〔註 36〕。《燃脂集》因依憑《綠窗女史》而抄錄爲一卷。

　　綜上所述，爲了滿足世俗大眾的閱讀需求，書坊主（或下層文人）相繼
編刊了大同小異的通俗類書，《國色天香》、《繡谷春容》、《萬錦情林》、《燕居
筆記》等反覆刊錄讀者喜聞樂見的中篇傳奇小說，並闢有包羅萬象的雜錄專
欄。藉助於風靡於世的通俗類書，諸多署名爲女性創作的詩詞歌賦深植人心。
與此同時，叢書亦不時刊載女性著撰或女性作品選本。以類書專欄與叢書專
輯刊錄女性作品，既與明代中後期的女性作品選本，亦對此後相關選本之編
撰產生了深遠影響。

〔註 34〕 謝國楨：《叢書刊刻源流考》，《明清筆記談叢》，上海古籍出版社，1981 年，
　　　　 第 202 頁。
〔註 35〕 董斯張：《吳興藝文補》卷六十七，明崇禎六年刻本。
〔註 36〕 關於龍輔《女紅餘志》，明代錢希言《戲瑕》指出其爲贋籍，錢謙益《絳雲樓
　　　　 書目》列屬「僞書類」。永瑢等纂《四庫全書總目》卷一百三十一認爲此書上
　　　　 卷「皆不著出典，又無一語爲諸書所經見，殆《雲仙散錄》之流。」

第二節 坊刻精品：周之標與「當代」女性作品的刊刻與流播

　　周之標，生卒年不詳，字君建，號梯月主人、宛瑜子、來虹閣主人，江蘇長洲人。先後輯刻《吳歈萃雅》、《吳姬百媚》〔註37〕、《增訂樂府珊珊集》、《香螺厄》、《女中七才子蘭咳集》及續集、《四六琯朗集》，並評閱清初《棣萼香詞》。作爲職業出版者，其在當時相當活躍，幾可與馮夢龍相提並論。然因資料零散，且多亡佚，致使這位頗具分量的出版者湮沒不彰。

　　論及周氏所刊女性著作合刻書《女中七才子蘭咳集》及續集，有必要先行梳理其此前刊刻的戲曲、小說選本等演唱習本或案頭讀物，藉以探究其編選風格及文學趣味如何在輯刊女性著作合刻書時得到充分呈現。

一、清曲與花榜：周之標撰述的香豔趣味

　　自明代萬曆以後，文人士大夫每逢宴會雅集，翕然從好清柔婉折的南曲，以佐歡娛。「見海鹽等腔已白日欲睡，至院本北曲，不啻吹篪擊缶，甚且厭而唾之矣。」〔註38〕其中短小靈活的折子戲類別——清唱曲辭，廣受追捧。流風所染，嚮慕風雅的富商家庭亦時常搬演，《金瓶梅詞話》涉及清唱之曲文、唱法或樂器，多達百餘處〔註39〕。針對新興市場需求，諸多選編者在廣泛參閱元明以來如戴賢《盛世新聲》、張祿《詞林摘豔》、郭勳《雍熙樂府》、徐文昭《風月錦囊》等選本的基礎上，踵事增華，戲曲觀念日漸明晰，編選體例趨於規範。比如，黃文華《詞林一枝》與《八能奏錦》、胡文煥《群音類選》、劉君錫《樂府菁華》、紀振倫《樂府紅珊》、臧懋循《元曲選》等十餘種選本次第面世，風頭正勁。有感於此，萬曆四十四年（1616），周之標初試牛刀，推出供文人開筵飛觴、坐花醉月的清唱曲本《吳歈萃雅》。別爲元、亨、利、貞四集，收錄元明兩代散曲和劇曲二百八十二篇。其中，「元集」、「亨集」選錄高則誠、楊慎等三十位作家散曲小令五首，套數一百一十七篇；「利

〔註37〕謝伯陽編《全明散曲》（濟南：齊魯書社，1993年，第3670頁），從《吳姬百媚》中輯錄周之標小令三十一首、套數十二支。

〔註38〕顧起元撰，譚棣華、陳稼禾點校：《客座贅語》卷九「戲劇」，北京：中華書局，1997年，第303頁。

〔註39〕馮沅君《〈金瓶梅詞話〉中的文學史料》一文詳細著錄了小說中七十六條曲辭出處，其中有兩條來自周之標《吳歈萃雅》「亨集」，氏著：《古劇說匯》，北京：作家出版社，1956年，第180頁。

集」、「貞集」收錄《琵琶記》、《浣紗記》等劇曲（南戲、傳奇）三十八種，一百五十九篇，並附散套一篇〔註40〕。周之標在「凡例」中直言迎合時好，廣泛採擇讀者喜聞樂見的南曲，僅附錄屈指可數的北曲，並在如下數方面樹立聲勢，獨具匠心：其一，博觀約取。「遍覓笥稿，廣正善謳，非有名授，不敢混入」、「字考句訂，大經苦心，非樂府之碎金，實詞家之寶玩。」〔註41〕精選名家名篇，如頗具盛名的散曲作家楊愼、唐寅，家喻戶曉的戲曲名篇《西廂記》、《琵琶記》，成爲該選本頻頻徵引的文獻。其二，校勘精良。「各詞牌名板眼，坊刻相仍差訛，甚至句少文缺，於理難通。向惟蔣氏全譜，可稱善本。大約師主其說，參以來泒，而後竭吾一得，稍加增改，務使聲律中於七始，倡和如同一轍。」〔註42〕採用蔣孝編纂的堪稱當時最爲完整的南曲格律譜《舊編南九宮譜》爲底本，周之標親自增改修訂，確保詞牌精確無誤，文從字順。其三，通俗易懂。「詞中之調，有單有合，歌者茫然不解所犯，吾友曹隱之頗徹其義，於是相爲搜討，俱已標明。至聲分平仄，字別陰陽，用韻不同之處，細查中原注出，不惟歌者得便稽查，抑使學者庶無別字。」〔註43〕邀請精通曲調的曹道民區分詞調之單合，並依據周德清《中原音韻》標注陰、陽、上、去，便於讀者隨時查閱。其四，賞心悅目。「圖畫止以飾觀，盡去難爲俗眼，特延妙手，布出題情，良工獨苦，共諸好事。」〔註44〕四集目錄與正文之間，均有四幅精美插圖，圖文並茂。尤爲關鍵的是，該書卷首最早附刻關於唱曲門徑和要領的《魏良輔曲律》十八條，更使其成爲當時不可或缺的教科書〔註45〕，銷售前景頗有可觀。

〔註40〕有關《吳歈萃雅》的版本，參閱李秋菊：《關於萬曆刻本〈吳歈萃雅〉》一文，刊於吳兆路、甲斐勝二、林俊相主編：《中國學研究》第九輯，濟南出版社，2006年，第291頁。

〔註41〕周之標：《吳歈萃雅》「凡例」，王秋桂主編：《善本戲曲叢刊》第二輯，臺北：臺灣學生書局，1984年。朱崇志《中國古代戲曲選本研究》（上海古籍出版社，2004年，第193頁）附錄「中國古代戲曲選本敘錄」，例舉了《吳歈萃雅》所選諸曲本的具體細目，可資參閱。

〔註42〕周之標：《吳歈萃雅》「凡例」。

〔註43〕同上注。

〔註44〕同上注。

〔註45〕魏良輔原稿《南詞引正》，附於張丑《眞跡日錄》，以抄本存世。後由路工發現，吳新雷從旁建言，於1961年將之刊登於《戲劇報》，引起了傅惜華、周貽白、錢南揚等許多戲曲專家討論，成爲戲曲研究史上一段可供談資的掌故。

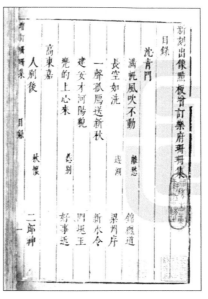

上圖為周之標《新刻出像點板增訂樂府珊珊集》，明崇禎刊本，國家圖書館藏。

　　繼《吳歈萃雅》之後，周之標在崇禎年間又如法炮製，輯刊《新刻出像點板增訂樂府珊珊集》四卷，以文、行、忠、信名目。「文集」、「行集」錄有沈仕、唐寅、楊慎等二十三人散曲，並附周之標自身所撰散曲一套。「忠集」、「信集」則節選《琵琶記》、《西廂記》、《西樓記》等四十一種劇本的曲辭。因《增訂樂府珊珊集》有諸多內容直接迻錄於《吳歈萃雅》，為避免給讀者造成似曾相識的閱讀體驗，周之標聲稱新刊本饒富靈氣，訂正了習焉不察的點板之訛，且增補時新曲目。袁于令《西樓記》、無名氏《千古十快記》、袁晉《鷫鸘裘》「俱新出傳奇，他刻中所未載」〔註46〕。然而，在高明《琵琶記》之《梳妝》齣【破齊陣】、闕名《鳴鳳記》之《修本》齣【縛山月】、李開先《寶劍記》之《夜奔梁山》齣【點絳唇】、湯顯祖《牡丹亭還魂記》之《言懷》齣【真珠簾】，尤其是《拜月記》之《曠野奇逢》【古輪臺】、《兵火違離》【破陣子】，屠隆《曇花記》之《降凡》齣【粉蝶兒】、《自歎》齣【耍孩兒】等不乏經典劇目的曲辭中附錄宣講克盡孝道、效忠君主、因果報應之屬的賓白，顯現出編刊者周之標略為粗糙急進的價值訴求，亦給讀者造成了一定的困惑。孫楷第言：

　　　　唯無名氏《千古十快記》錄「渡江」出《一枝花》「浩浩的黃河」

一章；袁晉《鸕鷀裘》已佚，此本錄「新賽」出《香羅帶》「會聯百歲」一章，又「情動」出《三仙橋》「自惜風流綺媚」一章，稍有裨考證。又其書循選家慣例，於諸傳奇不出賓白，而「信集」《曇花記》則有白，爲自亂其例，不知是何用意也。〔註47〕

目見戲曲選本層出不窮，周之標不甘示弱，相繼編刊兩種。同樣，當小說選本風行於世、有利可圖時，其又豈能熟視無睹？萬曆四十七年（1619），周之標選評刊刻《香螺卮》。書凡十卷（十冊），收錄漢至宋代文言小說一百二十九篇，每篇均有眉批、旁批、篇末總評〔註48〕。爲了吸引讀者眼球，周之標煞費心思爲小說取名，曰「香螺卮」。此語出葛洪《西京雜記》：

> 趙飛燕爲皇后，其女弟在昭陽殿遺飛燕書曰：今日嘉辰，貴姊懋膺洪冊，謹上襚三十五條，以陳踊躍之心：金華紫輪帽，金華紫輪面衣，織成上襦，織成下裳——青木香，沈水香，香螺卮出南海，一名丹螺，九眞雄麝香，七枝燈。〔註49〕

香豔奢華的酒杯，讓人心醉神往，撩撥讀者閱讀欲求。與此同時，又邀請「同社」諸多鄉紳名流參訂，有萬曆四十四年（1616）丙辰科三甲進士申紹芳、蘇州籍祁陽縣知縣徐文衡、錢塘知縣吳思穆，以及後來亦進士及第的湯本沛、徐文堅、曹璣、趙玉成、鄭敷教諸輩〔註50〕，不失爲一種巧妙的借助學人士子聲名以保障刊本品質、擴大營銷策略的方式。事實證明，他們僅僅應允添列姓名，並未眞正介入，原因在於《香螺卮》標新立異、隨意篡改的地方頗多。比如，開篇乃署名漢代鮑宣撰寫的《先孝成皇帝立後記》，周之標全然否定行世已久的《趙飛燕外傳》，「蓋《外傳》如繁工然，集鎖以求，了無意旨。此記出世，當令唐宋以下文字拜在下風矣。」實際上，該文拼湊《漢書》與《趙飛燕外傳》而成：

〔註47〕 孫楷第：《戲曲小說書錄解題》，北京：人民文學出版社，1990年，第443頁。事實上，坊刻戲曲選本大多重白輕曲，參閱朱崇志《中國古代戲曲選本研究》。

〔註48〕 《香螺卮》，僅藏於日本東京大學綜合圖書館，參閱黃霖：《關於古小說〈香螺卮〉》，《明清小說研究》，1999年第3期。此刊本無序跋、凡例，開篇即錄小說。

〔註49〕 葛洪：《西京雜記》卷一，《漢魏六朝筆記小說大觀》本，上海古籍出版社，1999年，第84～85頁。

〔註50〕 參閱朱保炯、謝沛霖編著：《明清進士題名碑錄索引》，上海古籍出版社，1980年，第2593頁。湯本沛（天啓二年進士）、徐文堅與曹璣（天啓四年進士）、趙玉成（天啓七年進士）、鄭敷教（崇禎三年舉人，與楊廷樞齊名），馮桂芬：（同治）《蘇州府志》卷六十一、八十八；趙宏恩：（乾隆）《江南通志》卷一百三十。

作僞者可能就是周之標，因爲『似是宋刻』一語，説得含糊，
且從不見之於著錄，他又把它列在卷首，給予高度的評價，無非是
用來故弄玄虛，招徠生意而已。〔註51〕

其他篇目如署名龔勝《大將軍梁商少女傳》、褚遂良《迷樓記》亦復如此。與
之相似，承小説《隋唐兩朝志傳》而來、周之標序刊本八卷六十回《鐫李卓
吾批點殘唐五代史演義傳》〔註52〕，因倉促成書，故事敘述有虎頭蛇尾之嫌，
張冠李戴的訛誤亦較爲明顯〔註53〕。早在萬曆四十七年（1619），龔紹山刊刻
《隋唐兩朝志傳》，於「木記」昭告曰：「繼此以後，則有《殘唐五代志傳》
詳而載焉，讀者不可不並爲涉獵，以睹全書云。」〔註54〕暗示讀者需要密切
關注續刊本《宋傳》（今不見），如此「綿綿無絕期」的歷史演義系列，形同
晚清報刊連載小説，商家有利可圖，而讀者卻欲罷不能。經龔氏相繼推出兩
種演義小説，窺測銷售市場之後，周之標加以覆刻，大肆宣揚此小説謳歌賢
臣良將、討伐亂臣賊子的勸誡教化作用，並在各卷不厭其煩地題署「貫中羅
本編輯」、「卓吾李贄批評」，如此充分的前期準備與強勁的視覺衝擊，書籍暢
銷不在話下。

經上所述，針對讀者翹首跂踵的閱讀期待，周之標適時編刊戲曲、小説
選本，通過巧設標題、增補繡像、校訂訛誤等環節，彰顯自家刊本從外到內
的與眾不同。諸選本雖存在一些弊端，但仍能窺見周之標不俗的學識修養。
《香螺卮》所刊，公認的名篇之作殆半，選刊眼光精準，評述小説可圈可點
之處甚多。在《吳歈萃雅》「題辭二」中辨析「時曲」與「戲曲」概念相當明
晰，頗能洞見戲曲之本質。惟其如此，順治三年（1646），周之標受邀校閱由
沈自晉主持，包括名流祁班孫、祁理孫、葉紹袁、毛奇齡、陳維崧、尤侗、

〔註51〕黃霖：《關於古小説〈香螺卮〉》。
〔註52〕石昌渝撰寫「《殘唐五代史演義傳》八卷六十回」條目，認爲《殘唐五代史演
　　　義傳》應爲龔紹山所刻，而周之標序刊本的版式與龔氏刊《隋唐兩朝志傳》
　　　相同，很有可能就是龔紹山刊本的重印或覆刻。石昌渝主編：《中國古代小説
　　　總目》「白話卷」，太原：山西教育出版社，2004 年，第 22 頁。
〔註53〕程國賦在《明代書坊與小説研究》第四章《明代坊刻小説的編輯與廣告發行》
　　　中指出，「《殘唐五代史演義傳》卷一第八回《李晉王起兵入太原》：『（程敬思
　　　曰）臣看《通鑒》，有何不識？』卷六第三十八回《彥章智殺高思繼》：『封爲
　　　總兵官。』晚唐人閱讀宋人《通鑒》，封爲明代官職，皆爲明顯失誤。」氏著：
　　　《明代書坊與小説研究》，北京：中華書局，2008 年，第 118 頁。
〔註54〕轉引自孫楷第：《日本東京所見中國小説書目》，北京：人民文學出版社，1958
　　　年，第 42 頁。

李漁、李玉等九十五人參與的修訂沈璟《南曲全譜》〔註55〕，成書《廣輯詞隱先生增定南九宮十三調詞譜》（《南詞新譜》），凡二十六卷，順治十二年（1655）刊行，流傳深遠，亦可佐證周之標《吳歈萃雅》逕自增改蔣孝既成曲譜，誠爲不虛，亦不妄。

從所刊戲曲（時曲）、小說選本來看，周之標對歷代香豔傳統情有獨鍾。小說冠之《香螺厄》，散曲則注重收錄文人擬女性口吻撰寫的閨情別怨之作。參與評述的清初散曲選集《棣萼香詞》，卷二亦刊錄陳子龍、宋存標、宋徵璧諸輩以「春閨」、「閨情秋思」、「冬閨」、「宮怨多景」、「隱括宮怨」、「隱括前代宮詞」、「閨情迴文」爲題唱和的作品。而這種香豔情結，尤以萬曆四十五年（1617）所刊《吳姬百媚》二卷表現得最爲淋漓盡致〔註56〕。該書係周之標狎邪冶遊，評述蘇州、南京、吳江、崑山等地名傾一時的五十三名青樓女子之結集，即俗稱「花榜」。此種積習，肇始於北宋，至明代中後期，隨著文人士大夫狂熱追逐聲色犬馬的現世享樂而蔚然成風。王稚登標舉「金陵十二釵」〔註57〕，曹大章則在秦淮河畔首創蓮臺仙會，以紫薇讚譽女學士王賽玉、以蓮花比附女太史楊璆姬、以杏花評品女狀元蔣蘭玉、以桃花堪比女榜眼齊愛春，諸如此類，計有十三人〔註58〕。

周之標《吳姬百媚》目次所設，一甲三名，分別爲狀元王賽、榜眼馮喜、探花蔣五，餘則依次有元（會）魁八名、副榜二名、二甲十五名、三甲二十二名，並附錄新榜小狀元一名、老鼎甲三名。其中，小狀元沈六及二甲以上女子，各繫以憑欄眺望、彈琴下棋、賞花品茗等姿態各異的精美插圖一幅〔註59〕。在三甲第十七名段三、第十八名徐四、第十九名陳三、第二十名侯小乙、第二十一名馬小乙、第二十二名袁三數人之外，周之標通過詩曲、吳歌、總評等形式讚頌其餘女性，並生動記錄了其與她們的點滴交往。比如

〔註55〕 沈自晉：《南詞新譜》「參閱姓氏」，《善本戲曲叢刊》第3輯，第21頁。

〔註56〕 有關青樓女子的著作，胡文楷《歷代婦女著作考》一書「附錄二總集」分別著錄梅鼎祚纂輯《青泥蓮花記》、張夢徵輯《青樓韻語》，第890、892頁。

〔註57〕 馮夢龍：《情史類略》卷七「情癡類」。

〔註58〕 曹大章：《蓮臺仙會品》及《秦淮士女表》，《續修四庫全書》「子部」，第1192冊，第303、309頁。

〔註59〕 萬曆貯花齋刻本《吳姬百媚》「二甲十五名」，標注「有像」，實際僅十一人有圖，據此，《吳姬百媚》共計二十五幅單面圖。而周蕪、周路所編《日本藏中國古版畫精品》一書記載日本蓬左文庫藏本有選印十五頁，三十幅單面圖，備此一說。南京：江蘇美術出版社，1999年，第651頁。

會魁金湘，周之標曰：

> 余之知驚洛，不於今日也，客歲而耳中已籍籍矣。今年初夏十
> 日，放小艇，同天然抵阜，訪婁東友人。適復見友人攜小小雪衣至，
> 體輕骨媚，飄然若神仙中人。心溺之，而未暇叩其姓氏。頃之，此
> 友飛步相招，稱有一女郎欲識荊，余至叩之，則驚洛也。迨余睹勝
> 度曲，餘兩敗而後勝，驚洛才一飛聲，聽者雲集，無不歎賞。即余
> 亦且心是之矣，一見若故，便爾興狂，真輩中奇女郎也。〔註60〕

松江名妓金湘，字驚洛，號抬卿。從最初僅聞其聲名，到見其體態輕盈，驚
為天人，繼而聽其唱曲飛聲，擊節歎賞，周之標筆下的靈秀女子宛然如在眼
前。而周氏自身神魂搖盪，真性情流露的狀貌亦讓人不禁莞爾。其評小狀元
沈六，亦復如此：

> 余《百媚》將竣事，一日同友人訪沈雲停，忽從屏後見一小娥，
> 姿貌如花，余奇而招之坐，則美目之盼，巧笑之倩，令人魂煞。頃
> 之度曲，其聲繞梁，且字眼腔板，俱能微解，真天人也。惜尚小雛，
> 無先前輩體，余因呼之曰小狀元，而遂紀之如此。〔註61〕

周之標癡迷的正是此種「天然色韻，亦不脂粉，亦不伎倆，而自令人淫」〔註62〕
的「媚」態。如許憐愛，形之花榜，並藉所作諸贊辭，長其聲價，殷殷提攜
初出茅廬的小狀元。與此同時，亦拳拳追念風韻猶存的名宿馮乙，將其置於
《吳姬百媚》正文卷首，冠以老鼎甲狀元，意在提醒讀者勿忘這位曾經與馬
湘蘭並稱於世的煙花女子。受此書之影響，次年，邗江李雲翔傚仿其例，撰
著《金陵百媚》二卷，馮夢龍參與批閱。取姿態雅潔、清芬可挹者為最，才
色俱次者殿後，以作「青樓之規箴，風月之藻鑒」〔註63〕。

明季花榜層出迭見，固然是由於歷來文士生性詩酒風流所致，卻也得益
於「南闈」舊院與貢院近水樓臺的便利。余懷描述曰：

> 舊院與貢院遙對，僅隔一河，原為才子佳人而設。逢秋風桂子

〔註60〕 周之標：《吳姬百媚》。
〔註61〕 同上書。
〔註62〕 周之標：《吳姬百媚》「小引」。
〔註63〕 周蕪記載日本內閣文庫藏本七卷八冊，題為「廣陵爲霖子著次，吳中龍子猶
批閱」，「閶門錢益吾梓行」。《日本藏中國古版畫精品》第 634 頁說該刊本「卷
首冠圖十三頁，二十四單面圖」，而第 645 頁卻又說「卷首冠圖二十四頁，前
圖後題，四十八單面」，前後相矛盾。

之年，四方應試者畢集。結駟連騎，選色徵歌。轉車子之喉，按陽阿之舞。院本之笙歌合奏，回舟之一水皆香。或邀旬日之歡，或訂百年之約。蒲桃架下，戲擲金錢；芍藥欄邊，閒拋玉馬。此平康之盛事，乃文戰之外篇。〔註64〕

鏖戰於科場日久的文人學士，在春明待榜之時，容易萌生冶遊之心。高中者自可快意人生，將一己之現實功名恣意揮灑於舊院。而落第舉子也可輾轉於「文戰之外篇」，充當評榜之人，藉以撫慰失落情懷。例如，《桃花扇》描述中州名士侯方域南闈下第，僑寓莫愁湖畔，歸家無日，「對三月豔陽之節，住六朝佳麗之場，雖是客況不堪，卻也春情難按。」〔註65〕聽聞平康女子李香君妙齡絕色，不禁尋訪。於此，一些提供冶遊指南，堪稱「嫖界指南」、「嫖學教科書」的書籍應運而生。萬曆四十四年（1616），朱元亮輯注校證、張夢徵匯選摹像、著名徽籍雕工黃桂芳與黃端甫刊刻的《青樓韻語》四卷行世〔註66〕，輯古今詞妓凡一百八十人，韻語五百有奇：

> 以《嫖經》為綱，上加一圈，以便條覽。次注釋，次經目，次詩，次詞，次曲。而古今世代名次，其中又各為先後。〔註67〕

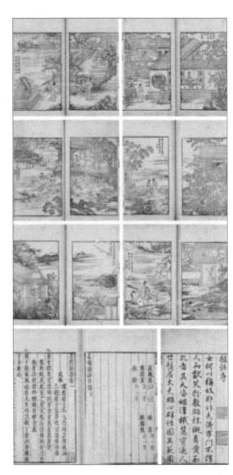

上圖為朱元亮輯注校證，張夢徵匯選摹像《青樓韻語》，明萬曆刊本。

〔註64〕 余懷：《板橋雜記》，《余懷全集》，上海古籍出版社，2011年，第409頁。

〔註65〕 孔尚任：《桃花扇》第五齣【訪翠】，第36頁。

〔註66〕 周越然藏明萬曆木刻本，刊本白口，單魚尾，上題「韻語」二字，四周單欄，每半葉九行，行十八字。卷一圖六幅全，卷二圖四幅（缺兩幅），卷三圖六幅，卷四圖四幅（缺兩幅），周越然：《書書書》，上海：中華日報社，1944年，第145頁。

〔註67〕 張夢徵：《青樓韻語》「凡例四」，上海：同永印局，1914年。

用圓圈在欄外標記經文，注釋則降低一格，使讀者一目了然，花裀上人指稱
該書「雖曰品題，實《嫖經》注疏」〔註68〕，洵爲實論。《嫖經》一書「語多
俚而搜引變態」，但因有「青樓左券」、「因之用世，允稱通人」〔註69〕的切實
功用，故仍存錄全文，然僅止於經文及注釋，於詩詞則付諸闕如，可見編者
力圖爲讀者提供清新雅潔的圖文本，亦與其倡導青樓有情、蘊藉勝地的主旨
保持高度一致。相反，在彼時人欲橫流社會生態下胎生的色情小說標榜「原
是替世人說法，畫出那貪色圖財、縱慾喪身、宣淫現報的一幅行樂圖」〔註70〕，
精心設置各種駭人聽聞的因果報應故事勸人止淫。落實到具體的敘事操作，
作者卻津津樂道混亂的兩性關係。讀者亦不禁「多肯讀七十九回以前，少肯
讀七十九回以後」〔註71〕，這種致人「每至流蕩」的客觀效果，恐怕非責備
讀者不善讀書所能蒙混過關，無怪乎劉廷機痛心疾首呼籲：「天下不善讀書
者，百倍於善讀書者。讀而不善，不如不讀；欲人不讀，不如不存。」〔註72〕
同爲「風月寶鑒」，張夢徵跋《青樓韻語》曰：

　　　　想個中銷鑠神情，漸滅人品，知愚賢不肖更當以倚蕩十伯（百）

　　千萬人計，乃附見於詩篇者，視所覯遇，萬不盡一。即詩篇所見，

　　又安必其盡所鍾情人也。〔註73〕

雖有「調情」、「投好」等教學環節容易使人冶蕩無檢，卻與鋪張渲染的色情
小說大異其趣。其書又敦敦告誡青樓雖有情，卻未必盡爲重情之人，尤其是
「鴇子創家，威逼佳人生巧計；撅丁愛鈔，勢摧妓子弄奸心」〔註74〕，因此
需要謹慎提防，確保情色投資有賺無賠。如此實用，卻又不乏風流蘊藉的指
南書，對豔羨露水姻緣的書生，抑或長期混跡歡場的恩客而言，洵爲袖中秘

〔註68〕 花裀上人：《青樓韻語》「題詞」。

〔註69〕 張夢徵：《青樓韻語》「凡例三」。

〔註70〕 丁耀亢：《續金瓶梅》第一回，《丁耀亢全集》中冊，第2頁。

〔註71〕 劉廷機撰，張守謙校點：《在園雜志》卷二，北京：中華書局，2005年，第82頁。

〔註72〕 同上注。黃衛總指出，晚明色情小說「通常數衍草率的結尾與其前面冗長而帶有撩撥性的關於性事的生動描述之間的明顯矛盾嚴重地削弱了這些小說道德的勸懲力」。即使如《癡婆子傳》，通篇敘述一女子關於自身縱慾的懺悔自供，但其詳述過去林林總總的放縱方式，使讀者不得不懷疑這究竟是真誠懺悔還是自我炫耀。參閱黃衛總著，張蘊爽譯：《中華帝國晚期的欲望與小說敘述》，南京：江蘇人民出版社，2010年，第54頁。

〔註73〕 張夢徵：《〈青樓韻語〉跋》。

〔註74〕 同上書，卷一。

寶。與此同時，編者張夢徵精心刊刻《青樓韻語》，邀請名家朱元亮注釋文本，而張氏自身繪畫技藝迥出時輩，鄭應臺稱頌曰：

> 夢徵少年，胸次何似，何以唐晉宋元工師法無不具。山形水性，天態喬枝，人群物類，無不該淋漓筆下，絕於今而當於古也，有家學也夫。〔註75〕

張氏父親張堯恩「善山水，筆意與文氏相似。大約摹仿吳仲圭一派者爲佳。」〔註76〕張夢徵秉承家學，天啓年間曾與徐元玠繪製《東西天目山志》山水圖景。《青樓韻語》一書「圖像仿龍眠、松雪諸家，豈云邁工，然刻本多謬稱仿筆以誑古人，不佞所不敢也。」〔註77〕張氏採擷曲中香豔作品，依詩句布景設境，精心摹仿李公麟、趙孟頫筆意而成。十二幅合葉連式插圖，精麗絕倫，令人歎爲觀止。不僅如此，其延聘以精工婉麗、細密典雅著稱的徽派刻工代表人物——虯村黃氏第二十六世孫黃應秋〔註78〕、第二十七世孫黃一彬〔註79〕加盟，使《青樓韻語》成爲晚明木刻藝術登峰造極的作品。

目見此書「聲價籍籍，一時海內爭相購賞」〔註80〕的盛況，天啓四年（1624），同里張栩亦按捺不住，編選《彩筆情辭》十二卷，輯錄元明文人歌詠妓女的小令三百餘首，套數二百餘章，以期與專錄煙花女子題贈文人的《青樓韻語》互爲映證。卷首載詞人姓、字，疏其名號、里籍，需要注意的是，在「有別號無姓字者」欄著錄有「宛瑜子」（按：此即周之標），並於卷一「贈美類」載其南散套【南呂梁州小序】《贈馮姬喜生》〔註81〕一首。編者爲書籍插圖煞費苦心：

〔註75〕 鄭應臺：《韻語畫品》，刊於《青樓韻語》卷首。

〔註76〕 託名藍瑛、謝彬纂輯：《圖繪寶鑒續纂》卷一，於安瀾編：《畫史叢書》第 2 冊，上海人民美術出版社，1963 年。

〔註77〕 張夢徵：《青樓韻語》「凡例七」。

〔註78〕 黃應秋（1587～？），字桂芳，黃鏻三子，參刻《元人雜劇選》二十卷。

〔註79〕 黃一彬（1586～？），黃烈仲子。萬曆年間曾刻有《北西廂記》二卷、《元曲選》一百卷、《牡丹亭記》二卷、《元人雜劇選》二十卷、《剪燈餘話》五卷、《浣紗記》二卷、《樂府先春》三卷、《閨範》四卷；天啓年間刻有《彩筆情辭》十二卷、《琵琶記》四卷、《西廂記》五卷；崇禎年間刻有《會真六幻西廂》十四卷、《王李合評琵琶記》二卷、《水滸葉子》四十圖、《閑情女肆》四卷。參閱劉尚恒：《徽州刻書與藏書》「附錄一：徽州刻工刻書輯目」，揚州：廣陵書社，2003 年，第 301 頁。

〔註80〕 張栩：《〈彩筆情辭〉敘》，《善本戲曲叢刊》第 5 輯，第 1 頁。

〔註81〕 馮喜，周之標《吳姬百媚》列之「榜眼」，並評曰：「喜生久有大志，今果然矣。……所適友爲予素契，待之顧厚，有情相遇，自不能捨。」

　　　　　圖畫俱係名筆仿古，細摩辭意，數日始成一幅。後覓良工精密
　　　雕鏤，神情綿邈，景物燦彰，與今時草草出相者迥別。〔註82〕

例如，卷二插圖「欺風美縞衣，妬月搏紈扇」，皓月當空，清風拂袖，疏密有
間的花草樹木顯襯持扇閒庭信步、婀娜多姿的女子，雕刻精工細膩。然而，
卷八題曰「《青樓韻語》八卷」，並署「西湖澹然子方悟輯證，靜應子張幾摹
像」，所附插圖圍繞「斜陽江上煙波疾，怎對卻西風立」〔註83〕詩句構設，用
剛勁筆鋒勾勒煙波浩渺、山石嶙峋之姿，氣勢雄渾，韻致蒼涼，與其餘插圖
旖旎柔媚的風格迥然有異。而崇禎四年（1631），方悟編輯、古歙黃君蒨刊刻
《青樓韻語廣集》七卷〔註84〕，文字、插圖全本於《彩筆情辭》，當係坊賈改
竄而成。至崇禎六年（1633），李萬化獨自輯注摹像、評次校訂，聘請黃一彬
鐫刻《閑情女肆》四卷行世。以《青樓韻語》為底本，逐條注解，間仍舊注，
博採古今名妓詩詞，「明季此類書，當不僅二、三種，約當以此本雕刻為最精，
可與小說戲曲之精本爭勝。」〔註85〕卷首九幅插圖，與《青樓韻語》圖版相
同，應據原書摹刻，或直取舊版刷印〔註86〕。

二、笛破・弦折：《蘭咳集》的感傷主題

　　置身於明季清初競相品評或刊行才女作品的出版風潮，周之標及時跟
進，輯刊《女中七才子蘭咳集》（以下簡稱《蘭咳集》）「初集」。書凡五卷，
卷一為馮小青《焚餘草》，卷二為王修微《未焚稿》、《遠遊篇》，卷三亦續刊
王修微詩集《閒草》、《期山草》，卷四為尹紉榮《斷香集》，並附有杜瓊枝，
劉玄芝《宮詞》三十七首，卷五選取會稽女子題壁詩，且附有徐安生傳、佘
五娘詩〔註87〕。以此數及刊本所載才女，則有馮小青、王修微、尹紉榮、杜
瓊枝、劉玄芝、會稽女子（按：指李秀）、徐安生、佘五娘，並未嚴格限定於

〔註82〕張栩：《彩筆情辭》「凡例」，第16頁。

〔註83〕同上書，第585頁。另參閱黃裳：《晚明的版畫》，《黃裳文集》「榆下卷」，上
　　　　海書店出版社，1998年，第118頁。

〔註84〕此書為任中敏收藏。黃君蒨，徽州人，寓居杭州。與黃一彬同刻《彩筆情辭》，
　　　　另刻有《水滸頁子》。或以黃君蒨即黃一彬，張秀民著，韓琦增訂：《中國印
　　　　刷史》，杭州：浙江古籍出版社，2006年，第362頁。

〔註85〕王重民：《中國善本書提要》「子部－雜家類」，上海古籍出版社，1983年，第
　　　　351頁。其實，《青樓韻語》、《彩筆情辭》諸書，雕刻質量絲毫不遜於《閑情
　　　　女肆》，因甚為稀見，王重民未見原刻之故，而對《閑情女肆》推崇備至。

〔註86〕周心慧：《中國版畫史叢稿》，北京：學苑出版社，2002年，第251頁。

〔註87〕胡文楷：《歷代婦女著作考》「附錄一」，第884～885頁。

周氏宣稱的「七才子」數目。乾隆年間，文人程襄龍《澄潭山房文稿》有詩《送〈蘭陔（按：應爲咳）集〉歸吳穎嘉，附詩三首》，詩注云：

> 長洲周之標，集女中七才子詩詞，題曰『蘭陔』。穎嘉家藏抄本，惜闕其二。因余得杜瓊枝畫冊，出示此集。七女子者，馮小青、王修微、尹紉榮、杜瓊枝、李秀、徐安生、佘五娘也。〔註88〕

依此，所謂「七才子」則不計劉玄芝在內。究其因，《蘭咳集》「初集」刊錄劉玄芝作品前附有編者周之標識語，曰：

> 余偶輯《蘭咳集》成，質之青門申少司農，知其長日無事，讀書自娛，必有餘閒，爲吾玄晏也。青門性慧，一目十行俱下，笑謂余曰：「七才子，得子表而出之，差不寂寞千古。佳則佳矣，然都是怨姬愁女，且大半在小星之列。尹少君與劉晉仲解元有伉儷之雅，晉仲又子友也，留以待閨中七才子，如徐小淑、陸卿子輩，更得子表而出之，豈不炳炳烺烺，更足千古？」余曰：「吾固知之，然業以晉仲昔年見託，不欲負其意而遙相許矣。尹少君十九而亡，冥冥之中亦應是怨姬愁女，把臂入林，似亦不惡。」青門復從難弟霖臣所搜得《露書》一冊，載有劉玄芝《宮詞》百首，選存三十七首，欲余取代尹少君詩。余笑曰：雨才豈相厄哉，遂附集中卷四之後，先以公諸海內。當今固不乏才，閨中七才子更爲訂而入之可也。〔註89〕

這則申紹芳〔註90〕與周之標晤談史料，提供了有關《蘭咳集》編刊的諸多信息：其一，所謂「女中七才子」，實則收錄八名才女作品，即增補劉玄芝《宮詞》。其二，周之標刊刻女性作品合集，同里縉紳申紹芳襄助頗多。早年所刊《香螺卮》卷一題署「同社徐文衡以平甫參訂」，其餘各卷則分別標注申紹芳、吳思穆、湯本沛、徐文堅、趙玉成、徐遵湯、曹璣、鄭敷教諸輩參與評

〔註88〕 許承堯撰，李明回、彭超、張愛琴校點：《歙事閒譚》卷三，合肥：黃山書社，2001年，第84頁。

〔註89〕 周之標：《蘭咳集》「初集」。

〔註90〕 申紹芳，字維烈，長洲人，明萬曆內閣首輔申時行之孫。萬曆丙辰進士，初任應天府學教授，遷南京國子助教，升禮部主事。歷郎中，調吏部，出爲山東按察副使，累官戶部右侍郎。傳記見朱彝尊《明詩綜》卷六十六。顧震濤《吳門表隱》卷十五記述其「貫綜經史，崇尚實學。」「崇禎五年平海匪劉香亂，乞歸。嚴課子弟，籌恤宗黨，力倡善舉，捐修寺觀。篤孝其父，父歿，哀毀卒，配仁孝祠。」南京：江蘇古籍出版社，1999年，第226頁。

閱〔註91〕。而今,當周之標出示《蘭咳集》「初集」時,申紹芳認爲才女馮小青、王修微、徐安生等「都是怨姬愁女,且大半在小星之列」,而大家閨秀尹紉榮乃舊交劉泌妻室,其《斷香集》不宜與之相提並論,而應該「留以待閨中七才子,如徐小淑、陸卿子輩,更得子表而出之」,因而輾轉以刊載劉玄芝《宮詞》三十七首的史料筆記《露書》相示。其三,《蘭咳集》「初集」偏取怨姬愁女的文學作品。因「尹少君十九而亡,冥冥之中亦應是怨姬愁女,把臂入林,似亦不惡」,才女尹紉榮及其詩集《斷香集》亦吻合《蘭咳集》「初集」的旨趣。而周之標聽取申紹芳建議,進而輯刊《蘭咳集》「二集」,收錄大家閨秀吳絹、浦暎淥、沈宜修、王鳳嫻、徐媛、余尊玉、陸卿子的詩集。於此可見,「初集」以主題先行,「二集」則強調身份認同。

周之標亟需刊刻女子尹紉榮作品,實則緣於好友劉泌囑託,「以晉仲昔年見託,不欲負其意而遙相許矣」。至於不惜以兩卷篇幅刊刻王修微詩集四種,亦滲透著相識情誼。《蘭咳集》「初集」刊錄王修微作品時,附錄陳繼儒《微道人生壙記》,周之標加附按語,曰:

　　　　余嘗偕麻城王圯生晤修微於西湖草堂,才貌兩豔,所不待言。與

　　余講一「淡」字,大有悟入。如此女子,始不負眉公此記。〔註92〕

王修微曾雲遊匡廬、武當,參拜高僧憨山德清,耽溺禪悅。周之標造訪其居所,乃儒商汪然明修葺,名曰「淨居」〔註93〕。由於能獲見王氏數種詩集,《蘭

〔註91〕 參閱黃霖:《關於古小說〈香螺卮〉》。

〔註92〕 周之標:《蘭咳集》「初集」。

〔註93〕 汪然明詩集《綺詠》記述,泰昌元年(1620),其與王修微初識。其後,詩作《春日同胡仲修、賀賓仲、徐震岳、(徐)泰岳、王修微六橋看花,夜聽馮雲將、顧亭亭簫曲》云:「堤頭羅綺千行,月下霓裳一曲。……爲問生平感遇,何如此夕憐春。」得以與這些知己醉心於紅妝紫陌間,夫復何求,汪然明快意人生之感,溢於言表。而詩作《秋日同友人過快雪堂訪王修微夜話》,據錢謙益《列朝詩集小傳》「馮祭酒夢禎小傳」云:「築室孤山之麓,家藏快雪時晴帖,名其堂曰『快雪』。」(上海古籍出版社,2008年,第620頁)又柳如是《湖上草》有詩作《過孤山友人快雪堂》,可知應馮雲將延請,王修微暫居快雪堂。日後汪然明爲王修微修葺淨居。汪然明《余爲修微結廬湖上,冬日謝於宣伯仲過臨,出歌兒佐酒》:「一望湖光十里餘,遙將輕艇到幽居。入林霜冷塵囂遠,揮塵風生俗慮除。竹映迴廊堪步屧,雲連高閣可藏書。」依《冬日夢於修微淨居與張卿子評夢草,淨居近西泠》,可知汪然明爲王修微結廬以遠塵囂俗慮,名「淨居」。《俱舍論頌疏》卷八云:「此五天(無煩天、無熱天、善現天、善見天、色究竟天)名淨居天,唯聖人居,無異生雜,故名淨居。」汪然明詩作《王修微校書遊匡廬、武當,探討諸勝,秋歸湖上,晚泛》云:「一

咳集》「初集」嚴格刪汰其作品：

> 此修微序其《閨中草》，而未嘗行之世也。原刻七十四首，似是
> 焚餘所留，而余選僅三十八首，竟刪其半，較之《遠遊篇》、《閒草》、
> 《期山草》，反似嚴汰。正以其詩境愈老，詩情愈深，詩律愈熟，不
> 得不更苛於昔也。嗟乎，如修微者，豈特女中崢嶸哉，始可云盛明
> 詩人矣。〔註94〕

此爲周之標在王修微詩集自序之後的按語。王氏自序又見諸《古今圖書集成·
閨媛典》「閨藻部」，題爲《〈樾館詩〉自序》。董其昌《〈樾館詩選〉序》推許
王修微詩作取境闊大，不黏滯。而《閨中草》從未見於《名媛詩歸》、《燃脂
集》等其他文獻，疑爲即此詩集《樾館詩》。「原刻七十四首，似是焚餘所留」，
周之標選錄三十八首，置於《未焚稿選》。王修微其他作品集《宛在篇》、《名
山記》、《浮山亭草》均已亡佚〔註95〕，以《蘭咳集》「初集」以及坊刻本《名
媛詩歸》刊錄其作品數量最多，且兩者能互相補闕，尤顯珍貴。此外，《蘭咳
集》「初集」亦附錄周之標妻室胡貞波《周君建鑒定古牌譜》二卷〔註96〕，周
之標爲之撰序曰：

> 近如吾家冰心氏，能琴、能簫、能曉音律，古今人詩，靡不披
> 覽，間亦短吟，而不能長詠。余舊有牌譜而未全也，冰心氏出胸中
> 之詩，詮補無遺。……近余刻《女中七才子書》，因此此譜可附以
> 儔。〔註97〕

嚴格算來，《蘭咳集》「初集」刊錄了九名才女。何人入選，其實存在諸多偶
然性或隨意性。周之標並非擇取當時最具盛名的才女，而是以詩作宗尙爲準
則，茲舉各例爲證：

棹能輕萬里程，祗緣無繫世緣輕。漫隨流水禪心淨，轉向叢林道念生。」王
修微此行，乃參拜憨山德清（時結庵廬山五乳峰），禪悅之心甚切。錢謙益《列
朝詩集小傳》閏集「草衣道人王微」云：「布袍竹杖，遊歷江楚，登大別山，
眺黃鶴樓、鸚鵡洲諸勝，謁玄嶽，登天柱峰，溯大江上匡廬，訪白香山草堂，
參憨山大師於五乳。」（錢謙益《列朝詩集小傳》，第760頁）

〔註94〕周之標：《蘭咳集》「初集」。
〔註95〕胡文楷：《歷代婦女著作考》（增訂本），第88頁。
〔註96〕具體細分爲《宣和譜》、《投瓊譜》、《雙成譜》、《門腰譜》、《除紅譜》、《續貂
譜》。一色爲投瓊，二色爲雙成，三色爲門腰，四色爲除紅，五色爲續貂，六
色爲宣和。采詩以唐宋爲主，六朝及元代，間有所錄，明詩則較少。所引詩
句有「會意」、「象形」、「辨色」、「諧聲」、「紀數」五類。
〔註97〕周之標：《〈古牌譜〉序》，《蘭咳集》「初集」。胡貞波，字冰心，安徽天都人。

　　因父母之命、媒妁之言，徽籍才女余五娘嫁揚州鹽商爲妾侍，「鬱鬱不得志，日以短吟自娛，積而成帙」，「其中恨恨詩居半」〔註98〕，周之標選詩七首。與之相似，杜瓊枝隨夫宦閩中，兩次題詩建寧浦城旅壁，詩句如「芳姿不慣天涯旅，弱質何堪海角塵。紅袖只今多有淚，翠袞從此懶將薰。」〔註99〕「不信杜瓊枝，知音終弗遇」〔註100〕。雖然僅賦兩首詩歌，然其紅袖搵淚、知音難遇引起了周之標強烈的情感共鳴，遂邀請諸多友輩賡韻和詩，如申繹芳《偶見女子杜瓊枝題壁詩，屬和二首》、徐文衡《和杜瓊枝壁間詩》、馮謙吉《和杜瓊枝原韻》，並將之刊於《蘭咳集》「初集」。會稽女子李秀題詩新嘉驛三絕句，詩自序言其嫁與燕客，卻遭受河東獅吼，題

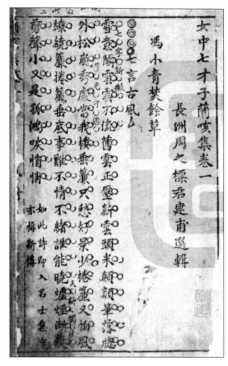

上圖爲周之標《女中七才子蘭咳集》，明末刊本，國家圖書館藏。

壁敘述原委，以期知音悲其不幸。《蘭咳集》「初集」附錄范景文、申繼揆、申紹芳、吳楨、汪大年以及閨秀黃雙蕙的唱和詩，周之標亦賦詩《和會稽女子詩並爲解嘲》三首，並記述曰：

　　　　續聞驛壁有「李秀題」三字，墨少淡，故當時失傳，遂以爲隱
　　　其姓名。近查《露書》，亦云「鄭謙伯曰會稽女子名李秀」。〔註101〕

馮小青與之同樣遭遇妒婦，亦在當時引起軒然大波。其夙根穎異，妙解聲律。年十六，歸適虎林某生爲姬妾，卻慘遭妒婦百般欺壓。爲免無端受罵，馮小青深自斂戢，借詩詞以抒吐幽憤，鬱鬱感疾而卒，「小青之死未幾，天下無不知有小青者」〔註102〕。萬曆四十年（1612），戔戔居士撰寫《小青傳》，

〔註98〕呂尚絅撰寫余五娘小傳，轉引自胡文楷《歷代婦女著作考》，第101頁。
〔註99〕杜瓊枝：《題浦城店壁》，王端淑《名媛詩緯》卷二十二。
〔註100〕杜瓊枝：《再題絕句》。
〔註101〕周之標：《蘭咳集》「初集」。
〔註102〕卓人月：《〈小青雜劇〉序》，吳毓華編：《中國古代戲曲序跋集》，北京：中國戲劇出版社，1990年，第301頁。

《綠窗女史》、《情史類略》、《虞初新志》競相收錄〔註103〕。以之爲藍本，支
如璔、陳翼飛亦紛紛加盟改編。影響所及，戲曲徐士俊《春波影》、朱京藩
《風流院》、吳炳《療妒羹》，小說鴛湖煙水散人《女才子傳》均圍繞馮小青
事蹟而作。清初文人張潮慨歎「紅顏薄命，千古傷心，讀至送鳩焚詩處，恨
不粉妒婦之骨以飼狗也」〔註104〕。徐釚弟中溪子載酒放鶴亭，尋訪小青之
墓。正因爲能激發文人群體顧影自憐的轟動效應，《蘭咳集》「初集」將馮小
青置於卷首，刊錄其詩作十一首，詞一首，並附支如璔、陳翼飛分別撰寫的
《小青傳》以及支琳《弔小青文》。

　　需要指出的是，現存善本《蘭咳集》「初集」所附女子徐安生傳殘闕，而
此全文卻有幸轉錄於王端淑《名媛詩緯初編》「逆集」。絕色女子徐安生具詩
才，擅細楷，爲紹興陳太學妾侍。尋與陳生私通，事敗露，被訟至官衙。因
詩作見賞於御史而獲釋，然徐安生卻甘願受刑。《呈御史詩》呈現「可憐人草
可憐詩，聲聲啼出杜鵑血」的姿態、《永訣詩》抒發「所悲未得酬知己，幽恨
綿綿無日舒」〔註105〕的哀愁，亦使名媛王端淑心生憐憫之情。

　　由此可見，《蘭咳集》「初集」最初刊錄的七位女子，或遭遇婚姻不幸，
或慨歎知音難求，詩作多抑鬱愁苦之音。即使是閨秀尹紉榮詩作，「悽音斷
響，若笛破，若弦折。即不必皆悽斷之詞，而聲響乃如是」〔註106〕。周之標
亦言其詩「可與小青諸詩相伯仲」〔註107〕。才女王修微雖時常輕舟載書往來
五湖間，然「自傷七歲父見背，致飄落無所依，眉嫵間常有恨色」〔註108〕。
凡此，一方面秉承了周之標早年編刊小說、戲曲選本的風格。曲本《吳歈萃
雅》題詠「暮秋閨怨」、「閨情」、「夏日閨思」、「怨別」、「恨別」作品達數十
首，而續輯選本《增訂樂府珊珊集》更見極致，幾乎都是圍繞宮閨別怨的主
旨選錄，可謂「悲涼之霧，遍被華林」。開篇爲沈仕【錦纏道】《離恨》，抒寫
人恨迷離，柳愁花怨，悽楚之至。另一方面契合當時的社會文化心理。正如
周清原《西湖二集》卷十六「月下老錯配本屬前緣」說天下有兩種傷心之事

〔註103〕鄧長風：《卓人月：一位文學奇才的生平及其與〈小青傳〉之關係》，氏著：《明
　　　　清戲曲家考略》，上海古籍出版社，1994年，第242頁。

〔註104〕張潮：《虞初新志》卷一，北京：文學古籍刊行社，1954年，第19頁。

〔註105〕王端淑：《名媛詩緯》卷三十四。

〔註106〕王士祿：《宮閨氏籍藝文考略》。

〔註107〕周之標：《蘭咳集》「初集」。

〔註108〕署名鍾惺編：《名媛詩歸》卷三十六。

——才子困窮、佳人薄命：

> 古來道「紅顏薄命」，這「紅顏」二字不過是生得好看，目如秋
> 水，唇若塗朱，臉若芙蓉，肌如白雪，白玉琢成，紅粉捏就，輕盈
> 嫋娜，就隨你怎麼樣，也不過是個標緻，這也還是有限的事，怎如
> 得「佳人」二字？那佳人者，心通五經子史，筆擅歌賦詩詞，與
> 李、杜爭強，同班、馬出色，果是山川美秀之氣，偶然不鍾於男而
> 鍾於女，卻不是個冠珠翠的文人才子，戴簪珥的翰苑詞家？若説紅
> 顏薄命，這是小可之事，如今是佳人薄命，怎麼得不要痛哭流涕？
> 〔註109〕

從慨歎閉月羞花的薄命紅顏置換成精擅詩文的薄命佳人，實際上仍是文
人群體懷才不遇、蹭蹬厄窮的自我投射，「借他人之酒杯，澆自己之磊塊」
〔註110〕，或者如《《天花藏合刻七才子書〉序》云：「借烏有先生以發洩其黃
粱事業」〔註111〕。鴛湖煙水散人無鷦鷯之枝可棲，「於是唾壺擊碎，收粉黛於
香閨；彤管飛輝，拾珠璣於繡闥」〔註112〕，編著《女才子書》，將馮小青置於
卷首。如前所述，《蘭咳集》「初集」附錄了周之標及其朋輩申繹芳、申紹
芳、徐文衡、馮謙吉、鄭元勳、汪大年、支如璔等步韻感懷薄命佳人馮小
青、杜瓊枝、會稽女子、佘五娘的詩文，亦可見這個文人士大夫群體的感傷
抑鬱情結。

鍾斐爲《女才子書》撰序，推介此書敘幽怨、述豔情，行文雅馴，使人
不禁神魂搖盪。「倘遇不芳不韻，岑寂無聊之際，足以解頤而破恨，則惟秋濤
子之《女才子集》在。」〔註113〕該書「凡例」亦宣稱「足使香閨夢寂，可醒
閒愁；騷客吟餘，能銷俗思」〔註114〕，並附繡像八幅，半葉繪像，半葉則分
別偽託名士徐渭、馮夢龍、湯顯祖、董其昌題贊，其商業營銷的訴求頗爲顯
見。從現存《女才子書》、《天花藏合刻七才子書》數種版本來看，此類書籍

〔註109〕 周清原著，周楞伽整理：《西湖二集》，北京：人民文學出版社，1989年，第
263頁。

〔註110〕 湖海士：《〈西湖二集〉序》，同上書，第567頁。

〔註111〕 天花藏主人：《〈平山冷燕〉序》，佚名著，李致中校點：《平山冷燕》，瀋陽：
春風文藝出版社，1982年，第233頁。

〔註112〕 鴛湖煙水散人：《〈女才子書〉敘》，鴛湖煙水散人著，馬蓉校點：《女才子書》，
瀋陽：春風文藝出版社，1983年，第2頁。

〔註113〕 同上書，第5頁。

〔註114〕 同上書，第6頁。

在明末清初備受讀者追捧。周之標編刊《蘭咳集》「初集」，不僅邀請友朋紛紛題詠，以壯聲勢、增聲價，而且自身撰寫大量評語。比如，刊錄支如增《小青傳》時，周之標撰寫了「有情人竟嫁儈奴，忉利天翻成恨海」、「如許清才，墮入魔劫。造物何心，令人懊惱」、「石爛海枯，灑盡英雄之淚」〔註115〕等十餘則行間評。

繼而周之標編刊《蘭咳集》「二集」，凡八冊，收錄吳綃《嘯雪庵詩》、浦暎淥《繡香小集》（附周姍姍遺詩）、沈宜修《鸝吹》、王鳳嫻《焚餘詩草》（附張引元、張引慶詩）、徐媛《絡緯吟》、余尊玉《綺窗迷韻》（附余珍玉詩）、陸卿子《考槃集》與《玄芝集》。此實則周氏聽從申紹芳的建議，刊行吳中地區大家閨秀之作，故在「女中七才子蘭咳二集姓氏」強調其中六位才女均係某進士或名士之「正夫人」，而余尊玉亦爲萬曆辛丑進士余起潛孫女，地位尊顯。論及她們的文學創作，支如增爲之撰序鼓吹云：「其人皆大家、道韞流亞，在文人中即何減李端、沈宋」〔註116〕。吳綃精通詩文書畫、緇黃內典，被王端淑譽爲「吳中女才子第一」〔註117〕。周之標評述其《〈嘯雪庵稿〉自序》「不染閨人脂粉，亦不落文士鉛華，即茲小序，已冠絕一時。」〔註118〕徐媛與陸卿子時常唱和，「吳中士大夫望風附景，交口而譽之，流傳海內，稱吳門二大家。」〔註119〕進士黃永妻室浦暎淥工詩、善小楷，著有《繡香小集》：

> 浦夫人詩名滿江左，或曰獨惜皆七言絕句耳。余曰此方是捉刀
> 人本色，況如此才情，異日定未可量。道韞、易安且未許詩文雙絕，
> 若夫人年少時也。〔註120〕

周之標選錄其詩四十九首。尤爲獨特的是，《蘭咳集》「二集」附刻黃永姬妾周姍姍遺詩四首，亦刊錄了周之標、董以寧、鄒祗謨、薛宷、錢光繡、宋實穎、惲向等十六人的悼亡詩，計二十八首。女子周姍姍稟性宛媚，深受黃永憐愛，未及歸嫁而卒。黃氏悲慟不已，爲之撰《姍姍傳》，並邀請諸多文人賦詩詠懷。王端淑《名媛詩緯》著錄周姍姍，全文迻錄了周之標評語：

> 長州周君建云：「雲孫多情才子，亦多福文人也。既如少游之唱

〔註115〕周之標：《蘭咳集》「初集」。
〔註116〕周之標：《蘭咳集》「二集」。
〔註117〕王端淑：《名媛詩緯》卷十三。
〔註118〕周之標：《蘭咳集》「二集」。
〔註119〕錢謙益：《列朝詩集小傳》，第752頁。
〔註120〕周之標：《蘭咳集》「二集」。

和才妻，復如康成之消受詩婢。此刻一出，恐世間有才有情者不但
羨殺，且妒殺矣。」此論千古定評，不可一字更易。〔註121〕
素以詩文才華自重的王端淑極爲尊崇周氏評語，推爲「千古定評，不可一字
更易」，故《名媛詩緯》時常引據《蘭咳集》「初集」、「二集」。

　　概而言之，職業出版者周之標洞悉讀者閱讀需求，四面出擊，舉凡詩文、
小說、戲曲各文類，均予涉足，編刊數種書籍，取得了良好的市場反響。由
於以迎合讀者、銷售書籍爲終極目的，周氏無需正襟危坐的著述姿態，大肆
抨擊陳腐濫調的八股時文，擇取編選婉轉流麗、表現眞性情的時曲。爲契應
「當代」社會文化心理，周之標祭起香豔、感傷（抒情）傳統之旗幟，推刊
《女中七才子蘭咳集》及續集等，並憑藉其自身不俗的文化素養加注評點，
既爲女性刊本進行文化增值，亦能藉以抒吐一己情懷。

第三節　商業運轉的「雙刃劍」：以《翠樓集》、《唐宮閨詩》爲例

　　劉雲份，生卒年不詳，字青夕〔註122〕，淮南人，爲康熙年間著名書坊主。
其以輯刻唐詩選本聞世，擁有夢香閣、野香堂、貞隱堂、玉持堂等諸多書坊
名號，先後刊刻《翠樓集》、《十三唐人詩選》、《八劉唐人詩》、《全唐劉氏詩》、
《中晚唐詩選》〔註123〕、《青夕選唐詩》〔註124〕、《唐宮閨詩》。其中《翠樓
集》、《唐宮閨詩》二種爲女性詩歌選本。

一、《翠樓集》：抄襲與拼湊的經典案例

　　康熙十二年（1673），劉雲份編刊《翠樓集》〔註125〕。書凡三集：「初集」
七十七人，「二集」六十八人，「新集」五十六人。劉氏自言其平素留心檢閱

〔註121〕王端淑：《名媛詩緯》卷十七。
〔註122〕永瑢等纂《四庫全書總目》著錄《翠樓集》，曰：「國朝劉之份編。之份，字
　　　　平勝，里籍未詳。」此處著錄有誤。
〔註123〕據孫琴安編著《唐詩選本提要》（上海書店出版社，2005年，第296頁）。所
　　　　言，江蘇省立國學圖書館藏錄《中晚唐詩選》，選錄十家，無序跋、目錄、卷
　　　　帙、箋評。較之《十三唐人詩選》，此書闕林寬、孟貫、伍喬三家。
〔註124〕《青夕選唐詩》有目無序，凡三冊，其中孟郊詩集二冊，書縫題「中唐詩」；
　　　　曹松、張夫人、元淳、李冶、魚玄機詩作，計一冊，書縫題「晚唐詩」，參閱
　　　　孫琴安編著《唐詩選本提要》，第298頁。
〔註125〕民國二十五年（1936），上海雜誌公司排印出版。

明代才女詩集，萌發了編刊女性作品的濃厚興趣。江都名士宗元鼎爲其《翠樓集》撰序，曰：

> 青夕天才清麗，以女紅之剪，貫木難之珠，始自懷初《寄衣》之篇，訖於雲生《答贈》之詠。紀年則三百餘載，選勝則一百八十餘家，存詩則七百有奇，而計紙則僅逾二百，是何其詳細得宜！便於清風皓月，芸閣蘭窗，抽毫而垂露，校墨而餐霞哉？〔註126〕

在長達近千言的序文中，宗元鼎推許劉雲份學識廣博，堪比唐代深諳氏族之學的士子李守素。《翠樓集》一書因詳考女性傳記，可稱之爲《鏡臺人物志》；因網羅明代才女甚夥，可名之曰《淑女廚》；又因其剪裁得當、辭約事詳，形同荀悅《漢紀》，故命之爲《香閨紀略》亦未爲不可。凡此，過度褒譽此刻本的學術價值。《翠樓集》無凡例，如何編排才女，編者劉雲份並未釋解。事實上，此書編排相當含混，既不分疏才女身份，評選詩歌標準亦不甚明瞭，容易讓讀者如墮五里霧中。比如，「初集」首列劉王煥詩作二首，無論是考察作爲士子葉正甫妻室的閨閣身份，抑或論及詩歌《製衣寄夫》、《夢》的創作水準，均難以窺見編者劉雲份別有幽懷。此外，繼才女王虞鳳、陳玉之後，刊本依次輯錄了金陵妓、尹紉榮、馬守眞、李秀、許景樊，就中尹氏乃解元劉晉仲妻，置身於金陵妓與馬守眞之間，致使讀者容易忽略其閨閣身份。然而，宗元鼎卻有意爲選本存在的這種雜亂叢生現象開脫，引經據典曰：

> 余嘗取而披覽集中所載倫類，未嘗分署，亦如琴瑟管籥，聲歌迭奏。細思輯此者之用心，夫非法《三百篇》，《關雎》《柏舟》，互爲正變之首；《雞鳴》《會朝》，雜見鄭齊之風。寄溫厚於陽秋，是則劉子之志也夫？〔註127〕

稱許編者意在倣仿《詩三百》之成例，未區分女子身份。從後世諸多學者徵引此書的情況來看，《翠樓集》的學術價值似乎得到了認可。馮金伯《國朝畫識》著錄錢宛鸞，引據劉雲份《翠樓集》「新集」，曰：

> 翔青美姿容，工翰墨，風流儒雅，擅絕三吳。今讀其詩，如「魂迷蝶枕三更夢，腸斷花箋一紙詩」。又「翠屏斜倚思無奈，夢

〔註126〕宗元鼎：《〈翠樓集〉序》，《四庫全書存目叢書》「集部」，第395冊，第158頁。宗元鼎言《翠樓集》選錄女詩人凡一百八十餘家，是不計此書「初集」、「二集」與「新集」之重複者。

〔註127〕宗元鼎：《〈翠樓集〉序》。

捉飛花過小橋」，豈非自爲
寫照耶？〔註128〕
胡文楷讚歎《翠樓集》「刊印極精」
〔註129〕，《歷代婦女著作考》據以
著錄馮小青《焚餘草》、顧若璞《臥
月軒集》〔註130〕。

　　然而，究考劉雲份編刊《翠樓
集》之意旨以及該書的學術價值，
果眞如宗元鼎所言？比對明末清初
數種輯錄有明一代女性作品的選
本，則會驚訝地發現，《翠樓集》
「初集」、「二集」取資於明末坊刻
本、署名鍾惺的《名媛詩歸》，適時
雜湊錢謙益《列朝詩集》「閏集」而
成。其投機取巧的商業伎倆，與王
士祿、王端淑正襟危坐、燃脂暝寫
的謹嚴態度有天壤之別。茲舉數例
爲證，略見其具體的編選過程：

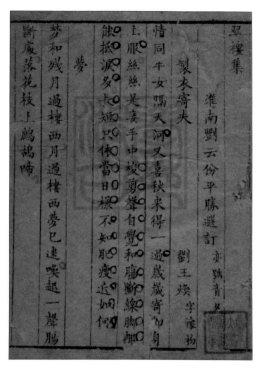

上圖爲劉雲份《翠樓集》，清康熙間野香堂刊
本，北京大學圖書館藏。

　　《翠樓集》「初集」刊錄儲氏，曰：「泰州人，文懿公瓘之女，嫁興化舉
人成學。」〔註131〕此傳記與錢謙益《列朝詩集》如出一轍。而《名媛詩歸》
僅簡單記述爲「大學士儲瓘女」。就選錄儲氏詩作而言，《翠樓集》所刊《雨
後詠桃》，卻與《名媛詩歸》相同，詩曰：「夭桃灼灼倚窗前，春色繽紛帶紫
煙。昨夜雨聲來枕上，惜花人聽不曾眠。」〔註132〕而田藝蘅《詩女史》、錢謙
益《列朝詩集》及王端淑《名媛詩緯》刊錄此詩，曰：「夭桃灼灼向窗前，十

〔註128〕　馮金伯：《國朝畫識》卷十六。此書徵引文獻不夠謹嚴，比如，其援引坊刻本
　　　　　《圖繪寶鑒續纂》多達百餘次，而《圖繪寶鑒續纂》舛誤比比皆是，詳參論
　　　　　文第五章的辨析。
〔註129〕　同上書，第 902 頁。
〔註130〕　胡文楷：《歷代婦女著作考》（增訂本），第 176、206 頁。
〔註131〕　劉雲份：《翠樓集》，《四庫全書存目叢書》本，第 162 頁。
〔註132〕　此題爲《雨後詠桃》，見《名媛詩歸》卷二十七、《翠樓集》「初集」。此後，
　　　　　張灝等奉敕編《廣群芳譜》、張豫章等奉敕編《宋金元明四朝詩》、朱彝尊《明
　　　　　詩綜》等，均以此爲據。

二闌干次第看。昨夜雨聲三四點，惜花人聽未曾眠。」〔註133〕由此可見，《翠樓集》著錄儲氏，乃拼湊《列朝詩集》之傳記與《名媛詩歸》的詩作。

經比對，《翠樓集》「初集」自仁和陳德懿以迄才女王微，凡五十餘人的傳記及詩作，均完全引據《名媛詩歸》。

《名媛詩歸》選錄明代女性作家一覽表

名媛詩歸	卷　　次	目　　　　錄
	卷二十五（明之一）	鐵氏長女－鐵氏次女－周氏－郭愛－劉方－沈氏－孟淑卿－林氏－**陳德懿**－陳少卿妻－潘氏
	卷二十六（明之二）	**朱靜庵**－茅氏－林鴻妻朱氏－**鄒賽貞**－虞氏－宋氏－王素娥－淮安妓－張紅橋－甄氏－王司綵
	卷二十七（明之三）	黃氏－馬孺人－**儲氏**－俞節婦－孫夫人－翠翹－豫章婦－王淑人－章節婦－費氏－王氏－董夫人－王嬌鸞－顧氏－陸氏
	卷二十八（明之四）	王妃－婁妃－鄧氏－李玉英－桑貞白－梁善娘－姚氏－素蘭－王虞鳳－陳玉－劉季招－金陵妓－蕭鳳質－尹氏（按：指尹紉榮）－徐淑英－徐氏－馬守眞－會稽女子
	卷二十九（明之五）	**許景樊**
	卷三十（明之六）	**李淑媛**－成氏－俞汝舟妻－權賢妃－德介氏－小水人－端淑卿－馬氏－楊氏－嘉定婦－鄭無美－邵氏－項蘭貞－陸娟－朱桂英－楊玉香
	卷三十一（明之七）	王鳳嫻－張引元－張引慶－陳氏－吳宗文－薛素素－景翩翩－舜玉－王夫人
	卷三十二（明之八）	陸卿子
	卷三十三（明之九）	徐媛
	卷三十四（明之十）	薄少君
	卷三十五（明之十一）	小青－吳氏－朱瀾－孔氏－趙今燕－劉文光妾－華小英－丁孝懿－陸聖姬－周文－朱泰玉－郁文珠－張回－崔小英－梁玉姬－楊宛－齊景雲－方氏－林奴兒－徐驚鴻－王玄
	卷三十六（明之十二）	王微

〔註133〕此題爲《戲贈小姑》，見《列朝詩集》「閏集」卷四。王端淑《名媛詩緯》卷四於此詩題補注曰：「一作《雨後詠桃》」。揆敍《歷朝閨雅》刊錄此詩，亦題爲《戲贈小姑》，然具體詩句又有不同，曰：「夭桃灼灼向窗前，春色繽紛帶紫煙。昨夜雨聲三四點，惜花人聽不曾眠。」明清女性作品選本刊錄詩句存在差異的情形甚爲常見，且難以釐辨其始末。

坊刻本《名媛詩歸》以十二卷（卷二十五至三十六）的篇幅刊錄明代女詩人，王士祿認為「似出坊賈射利所為，收採猥雜，舛訛不可悉指」〔註134〕。劉雲份將其疊加拼湊為《翠樓集》「初集」。上述表格中著重標注者，即依次為「初集」目錄。較之《翠樓集》，《名媛詩歸》僅闕劉王煥、戴伯璘、張嫻婧、王賽玉四人，孟淑卿與陳德懿、陸娟與項蘭貞之先後次序錯亂。

　　大體而論，《翠樓集》「初集」選錄明代才女之目錄及詩作，均迻自《名媛詩歸》。至於「諸名媛族裏」（按：指女性傳記）則倣仿《列朝詩集》區別女性身份的操作模式，將楊玉香、素蘭、金陵妓、馬守真、德介氏、楊氏、景翩翩、舜玉、朱瀾、趙今燕、周文、朱泰玉、張回、梁玉姬、楊宛、齊景雲、林奴兒、王玄、王賽玉等十九名青樓女子統歸於閨秀之後，且傳記內容均引據《列朝詩集》〔註135〕，而這有別於閨秀傳記迻自《名媛詩歸》的具體操作。舉例而言，《名媛詩歸》著錄才女梁玉姬，曰：「吳興妓，號瑯環女史，有《瑯環集》一卷」〔註136〕，刊選詩作《漫興》、《館娃宮》、《贈少年》、《探花信》、《賦佳人新婚》、《雜詠》、《賦得落花》、《無題》（三首）。《列朝詩集》則選錄其詩作《雜詠》（二首）、《落花》（六首）、《珠》、《珀琥枕》、《包頭》、《篆章》、《釀酒》、《驢》、《酬詩以香》。劉雲份《翠樓集》依據《名媛詩歸》之次序著錄梁玉姬，且選其詩作《雜詠》、《賦得落花》、《無題》，曰：

> 名小玉，武陵人。七歲依韻賦《落花詩》，八歲摹《大令帖》。
> 長而涉獵群書，作《兩都賦》，半載而就。著《嫏嬛集》三卷。其和
> 冷香字韻詩，幽倩欲絕。〔註137〕

此傳記即節錄《列朝詩集》而成，但將《嫏嬛集》二卷誤錄為三卷。其他如女子素蘭等，亦復如此。

　　需要指出的是，《翠樓集》在引據《名媛詩歸》卷末「王微」之外，另選錄王賽玉、方孟式以迄余珍玉、余尊玉，凡十六人。尤其是刊錄方孟式詩歌十一首、沈宜修詩歌四十首、葉紈紈詩歌十四首、葉小鸞詩歌三十六首，如此數量驚人的作品，殆非《名媛詩歸》、《名媛詩緯》、《列朝詩集》諸選本能圉，亦非《午夢堂集》之類合刻書所能涵括，劉雲份採擇何種文獻，暫未

〔註134〕王士祿：《燃脂集例》，《四庫全書存目叢書》「集部」，第 420 冊，第 730 頁。
〔註135〕《翠樓集》刊載女子楊玉香傳記，依據《名媛詩歸》，較之《列朝詩集》所言更為詳盡。
〔註136〕署名鍾惺編：《名媛詩歸》卷三十五。
〔註137〕劉雲份：《翠樓集》「初集」。

可考。

《翠樓集》「二集」自沉瓊蓮以迄梅生，凡二十六人〔註 138〕；自朱斗兒至羽孺，凡十三人的傳記及詩作亦引自錢謙益《列朝詩集》。然而，就中言方維儀「十七適姚，十八守節」、沈紉蘭「如桐城之方、吳江之葉、華亭之張，皆近代所希有也」，以及自田玉燕以迄劉玄芝，凡十四人〔註 139〕，則不見載於《列朝詩集》，俟考。

最劣者無過於《翠樓集》「新集」之編刊。女性傳記及詩作全部鈔自鄒漪《詩媛名家紅蕉集》。笨拙之處，次序亦基本雷同。

《詩媛名家紅蕉集》刊選明代才女目錄

選　本	目　　　　　　　　錄
《紅蕉集》	陳結璘－朱德蓉－張德蕙－祁德茝－王煒－章有湘－章有渭－李似妫－李因－吳胐－祁修嫣－丁啓光－彭琬－彭琰－徐簡－吳貞閨－吳靜閨－徐安吉－郭琇－韓佩－韓宛－浦映淥－巢麟徵－漢寧王氏－鄭慧瑩－胡氏－王靜淑－瞿珍－方維儀－龔淑英－王芳輿－黃荃－張在貞－張靜紈〔註 140〕－袁潔－王琛－王靜言－陶履垣－時嫻－戴淑貞－顧若璞－余尊玉－余珍玉－無名氏－王德嘉－孫蘭媛－王蓮雯－吳湘－越郡女子－范能紅－宋蕙湘－吳芳華－葉文－吳氏－尼靜照－無名女子－馬淑禧－錢宛鸞－高幽貞－王毓貞－柳聲－張婉－胡蓮－范璣－喬容－鄧太妙

表格中著重標注的人名，依次構成《翠樓集》「新集」目錄。雖易「無名女子」為「容湖女」，「張在貞」與「張靜紈」、「錢宛鸞」〔註 141〕與「高幽貞」先後次序錯亂，餘則所選女性作家全然相同，且每位作家的詩作數量未逾越鄒漪《詩媛名家紅蕉集》。如此襲用既定刊本，劉雲份射利之心昭然若揭。

自明代中葉以來，女性作品刊刻久經不衰，獲得了良好的市場效應和經濟利益，為書坊主（或下層文人）帶來了頗為豐厚的利潤。如果布告徵稿，周轉時期較長，尤其是去函從女性作家徵求作品，需費時日，亦難以如願。為了迅疾擠佔市場份額，劉雲份編刊《翠樓集》，在如下方面苦心籌謀：

〔註 138〕 《翠樓集》「二集」之鄭允端，不見刊載於《列朝詩集》。

〔註 139〕 才女「周蘭秀」見於《列朝詩集》，故不計。此處亦去除與「初集」重複者，如王鳳嫻、張嫻婧二人，故合計為十四人。

〔註 140〕 鄒漪《詩媛名家紅蕉集》正文中，「張靜紈」位居「張在貞」之前，與劉雲份《翠樓集》著錄次序相同。

〔註 141〕 現存清初刊本《詩媛名家紅蕉集》目錄著錄錢宛鸞十一首，而正文闕載。相形之下，《翠樓集》卻刊錄錢氏詩作八首。

其一，先單刊，後匯刻。現存康熙刊本《翠樓集》凡三卷，僅「初集」刊錄目次，緊隨其後則是各卷女性作家小傳及詩作，沒有嚴整劃一的體例。卷帙短小，「二集」作家小傳且標注曰：「前集已見者，茲不更述」。據此可推考，《翠樓集》應有各卷單行本，而康熙刊本則為匯刻本。換言之，劉雲份頗為謹慎地推出《翠樓集》「初集」。見其有良好的市場反響，進而急就編刊「二集」、「新集」。

其二，壓減篇幅。將相關文獻改頭換面，另取新名，而內容則一仍如舊，或屬雜其他刊本內容，以亂讀者耳目。所刊才女詩作數量，全憑案頭書籍而定，多則數十首，少則僅一首，並未有嚴格的取捨標準。正如明人謝肇淛批評吳興凌氏刻本所言「急於成書射利，又慳於倩人編摩，其間亥豕相望，何怪其然。」〔註142〕《翠樓集》各卷篇幅短小，固然是由於引據文獻篇幅所限（如《詩媛名家紅蕉集》僅二卷），也應有壓減成本的考量。為了減聘採編人員、刊工，或減輕自身精挑細選、反覆斟酌的工作量，劉雲份不加遴選，依據唾手可得的文獻，稍加刪改而成。這種行為在明末清初並不鮮見，各書坊主版權意識淡薄，翻刻、隨意刪改的現象隨處可見。明人郎瑛指謫福建閩刻書籍之弊端，曰：

> 閩專以貨利為計，但遇各省所刻好書，聞價高即便翻刊，卷數目錄相同，而於篇中多所減去，使人不知，故一部止貨半部之價，人爭購之。〔註143〕

因無官方法律條文出刊或嚴格貫徹，儘管有編刊者余象斗、夏履先等義正詞嚴予以聲討，亦無補於事，拼湊、刪改的不良行徑依然大行其道。因劉雲份無暇細細覆核，《翠樓集》一書時能顯見倉促編就的蛛絲馬蹟。例如，「初集」依據《列朝詩集》著錄梁玉姬，但將其《嬝嬛集》二卷誤刻為三卷〔註144〕；目錄題曰「楊玉香四首」，正文僅錄其詩作二首〔註145〕。「新集」誤

〔註142〕謝肇淛：《五雜俎》卷十三，上海書店，2001年，第266頁。

〔註143〕郎瑛：《七修類稿》卷四十五，北京：中華書局，1959年，第665頁。另參閱程國賦《明代書坊與小說研究》第二章「明代坊刻小說的發展階段及其特徵」，北京：中華書局，2008年，第60頁。

〔註144〕《名媛詩歸》著錄為一卷。姚旅《露書》、錢謙益《列朝詩集》、王士祿《燃脂集》均著錄為二卷。清代諸多史料如《兩浙輶軒續錄》、《國朝杭郡詩輯》及沈善寶《名媛詩話》等著錄為三卷。

〔註145〕劉雲份：《翠樓集》「初集」，第178頁。明刻本《名媛詩歸》卷三十目錄著錄楊玉香及其詩作《答林景清》，卻在卷二十六具體刊選其詩歌《題壁》、《答林

「朱德蓉」爲「朱德容」，刊錄大家閨秀季嫻傳記，正文卻將其詩作付諸闕如，等等。

毋庸諱言，劉雲份所刊《翠樓集》因襲成分極爲顯眼，學術價值自然大打折扣，故鄧漢儀在《天下名家詩觀》「凡例」曰：「閨秀詩，另爲一帙，尤嚴贗本，已登《翠樓》諸集者不載」〔註146〕試圖與之劃清界限。由於此類刊本翻刻氾濫，康熙年間，胡孝思輯刊《本朝名媛詩鈔》，在「凡例」中亦聲稱：

> 是編之成，搜輯固非一日，而相與晨夕較（按：應爲校）勘，共爲商確（按：應爲榷）者，實惟友倩朱子。至共襄厥成者，皆門人沈萃庵、沈修林之力也。版藏凌雲閣，倘有翻刻，千里必究。〔註147〕

當時，諸多書坊主刊刻小說、戲曲，標注醒目大字曰：「倘有棍徒濫翻射利，雖遠必治，斷不假貸，具眼者當自鑒之」〔註148〕。胡孝思與朋輩辛苦搜討本朝名媛詩歌，精心校勘，殊爲不易，故對當時書坊主妄行翻刻的舉止深爲痛恨，忍無可忍的情況下傚仿此法，敬告諸位「倘有翻刻，千里必究」。

二、《唐宮閨詩》：匯抄而來的集成之作

《翠樓集》「初集」卷末著錄劉雲份妾侍王疊影，曰：

> 字文娟，浙蘭溪人，隨父寄居廣陵。年十四，工蘭善奕，精曉梵典。許字劉生青夕爲侍者，將次于歸，倏爾謝世，豈瑤宮淨質，不欲受塵凡點染耶？秦淮野遺冀子，爲詩弔之，以示青夕。〔註149〕

劉雲份編刊女性作品，刊錄王疊影詩作十二首。文中所言秦淮野遺冀子賦詩悼念，即爲清初著名遺民畫家龔賢〔註150〕。明亡後，龔賢飽經喪亂流離之

景清》、《和景清》二首、《留別》二首。

〔註146〕鄧漢儀：《天下名家詩觀初集》，第193頁。

〔註147〕胡孝思：《本朝名媛詩鈔》，清康熙五十五年（1716）平江胡氏凌雲閣刻本。

〔註148〕《新鐫批評出像通俗奇俠禪眞逸史》牌記，明末杭州爽閣刻本。頗爲滑稽的是，此時金陵翼聖齋亦刊刻此書，亦曰：「倘有無恥濫翻射利，雖遠必究。」

〔註149〕劉雲份：《翠樓集》「初集」。

〔註150〕龔賢（1618～1689），又名豈賢，字半千、半畝，號野遺，晚年又號柴丈人、鍾山野老，江蘇崑山人。明亡後，曾一度遁入空門，號大啓。繼而因好友羅難文字獄而遷徙。工詩善畫，著有《草香堂集》、《半畝園詩草》、《半畝園尺牘》，並編有《詩遇》、《中晚唐詩紀》等。其畫山水，常用「積墨法」，層層皴染，濃鬱蒼秀，時輩張庚將其冠爲「金陵八家」之首。現代學者陳傳席《關

苦，築室於清涼山麓，與方文、湯燕生諸遺老過從甚密。龔賢貧弱不堪，詩句「已逃債主子生去，大笑饑腸只我隨」〔註151〕生動描述其窘況。為了維持家計，龔賢主要從兩方面籌劃：一是出售字畫、收徒課藝。「憶余十三便能畫，垂五十年而力硯田，朝耕暮獲，僅足糊口」〔註152〕。「從余學者甚多，余曾未以此道（按：指畫柳）示人」〔註153〕。《畫訣》、《柴丈畫說》、《柴丈畫稿》，以及數種《龔半千課徒稿》旨在為初學者指示門徑，詳實淺近。二是編刊詩歌選本，《詩遇》、《中晚唐詩紀》即為其例。此外，龔賢曾擬編海內名家詩〔註154〕。《詩遇》輯選明季清初詩人作品，王士禛批評當時許多編者以選本作為「結納之具」、徇私情而濫收的不正之風，卻推許此選本「率近體，專宗晚唐，亦不至惡道」〔註155〕。

上圖為龔賢輯《中晚唐詩紀》，清康熙間龔氏半畝園刻本，北京大學圖書館藏。

於「金陵八家」的最早文獻和三類記載》對此提出疑義，氏著：《西山論道集》，瀋陽：遼寧美術出版社，2004 年，第 285 頁。

〔註151〕 龔賢：《懶》，刊於劉海粟主編，王道雲編注：《龔賢研究集》，南京：江蘇美術出版社，1988 年，第 62 頁。

〔註152〕 龔賢：《〈溪山無盡圖〉跋》，同上書，第 155 頁。

〔註153〕 龔賢：《畫訣》，同上書，第 127 頁。

〔註154〕 見顧與治《與龔野遺》、胡介《與龔半千論詩書》，刊於《賴古堂尺牘》卷二、卷三。

〔註155〕 王士禛：《帶經堂詩話》卷四。

《中晚唐詩紀》更屬龔賢嘔心瀝血之作，歷時數年精心選錄、校勘而成，好友孔尚任曾賦詩句「幅幅江山臨北苑，年年筆硯選中唐」〔註156〕描述龔氏家居情形。此書並無定本刊數，「隨得隨刊」，周亮工曾慨歎曰：「搜羅百餘家，中多人未見本，曾刻廿家於廣陵。惜無力全梓，至今珍什笥中。」〔註157〕此後，經好友傾力資助，得以刊刻六十餘家中晚唐詩人集。在《〈中晚唐詩紀〉僑立姓氏說》一文中，龔賢如是說：

> 是書外欄相等，而其中之行款疏密，分行本、秘本二種，故此書且不得謂之《中晚唐詩紀》，謂之《中晚唐詩紀草稿》可也。今計新舊友人出資助刻六十餘家，因僑立姓氏，先爲印行，不獨行者可流傳於世，人家藏集，見有是刻，可不鈎而出矣。緣日有增益，篇數無定，計紙取價，旦晚不同。若□此書，可稱大備。較之初、盛多寡，余約略計之，奚啻十倍，其去廿一史無幾。今凡大家、名家，世有善本者，或刻，或緩刻，此後唯一意搜括隱僻，隨得隨刊，即用售書之價薄，海內外諒有同心，乞爲襄力云。〔註158〕

龔賢已經梓刊中晚唐詩人六十餘家，人各一卷。其中「行本」錄張籍、李嘉祐等三十二家；「秘本」錄鮑溶、張祜等三十一家。至於龔氏聲稱搜羅全備，行將刊刻僻密之作，不無商業廣告的意味。從現存《〈楊巨源詩〉跋》、《〈楊衡詩〉跋》、《〈朱慶餘詩〉跋》可知，龔賢輯錄楊巨源、楊衡，分別爲《中晚唐詩紀》第七十一、七十二家，好友王昊廬襄助刻板。尤其是，經朱雯出資助刻朱慶餘詩集，龔賢繼而擬輯錄朱放、朱長文、朱灣等中晚唐朱姓詩集，「凡唐中晚朱姓詩，嗣其成帙者，皆欲付慶餘而出，亦從公（按：指朱雯）之志也。」〔註159〕鄭振鐸收藏《中晚唐詩紀》四種版本，將其別爲甲、乙、丙、丁。甲本收錄最多，總計有一百零二家。目錄三頁，第一頁題爲「中晚唐詩姓氏總目」，凡五十四家，劉姓佔有三十七家；第二頁亦題爲「中晚唐詩姓氏總目」，卻不見任何劉姓蹤影；第三頁則標注「女才子」，凡十三家，而劉姓

〔註156〕孔尚任：《喜晤龔半千，兼謝見遺書畫》，《湖海集》卷二。龔賢晚年與孔尚任交往甚密，孔氏詩作《龔半千抱病回金陵，疊前韻賦送》、《虎踞關訪龔野遺草堂》、《哭龔半千》，以及兩封書札《答龔半千》等可資爲證。尤其是，據宗元鼎描述，在龔賢辛後，孔尚任打理其後事，撫養孤子。
〔註157〕周亮工：《讀畫錄》，《中國書畫全書》本。
〔註158〕龔賢：《〈中晚唐詩紀〉僑立姓氏說》，王道雲編注《龔賢研究集》，第171頁。
〔註159〕龔賢：《朱慶餘詩跋》。

女子佔有八家。鄭振鐸認爲，隱居者龔賢想要刊刻中晚唐詩，無疑需要借助
於有財力之人：

> 他的刻朱姓的詩人們的詩，既借助力於朱雯，則他的刻劉姓的
> 詩人們的詩，當然也是說動了一位劉姓的有財力者——也許就是那
> 位號夕青（按：應爲青夕）的劉雲份的吧——而得以告成的。劉雲
> 份的力量比較大，合作得比較久，所以，當時就成了一位合編者。
> 〔註160〕

上述《中晚唐詩紀》（甲本）中，劉姓詩人之所以佔據如此份額，與劉雲份出
資助刻密不可分。而依據刊錄於劉雲份所編《全唐劉氏詩》的杜濬《二劉詩
敘》一文可知，龔賢曾合刻唐代劉姓最著者劉長卿、劉禹錫詩集，「此吾友野
遺龔子、夕青劉子，閔斯道之弊，合刻二家，爲詩家津梁。」〔註161〕事實
上，龔賢從周亮工借閱閩刻本劉禹錫詩集，獨自校訂補遺，而劉雲份僅僅爲
刻書贊助者。

　　龔賢費數年之功編刊《中晚唐詩紀》，緣於其癡好中晚唐詩歌之故，亦是
明末清初詩壇中晚唐詩風始盛的風氣使然。當時，以王次回爲代表的沉淪放
浪的詩人追摹晚唐豔體；雲間、西泠詩派取法晚唐詩之華豔；以早年王士禎
爲代表的清初詩人鍾情於晚唐香奩體；虞山派馮舒、馮班昆仲，以及吳喬重
新詮釋晚唐詩人李商隱紹續風騷之傳統，挖掘其詩歌創作的政治寓意，使李
商隱日益受到關注〔註162〕。與之相關的是，箋注與刊刻中晚唐作品風行於
世。學者爭相購置馮氏兄弟所評韋縠《才調集》，「轉相模寫，往往以不得
致爲憾」〔註163〕。虞山士子陸貽典、錢朝鼐、王俊臣、王清臣精心箋注《唐
詩鼓吹》，推許選編者元好問「思以文章存故國」、「猶變風、變雅之寄位」
〔註164〕。其他中晚唐詩專輯有陸次雲《唐詩善鳴集》、杜詔、杜庭珠《中晚唐
詩叩彈集》，查可弘、凌紹乾《晚唐詩鈔》。此外，黃周星《唐詩快》、顧有孝
《唐詩英華》等唐代詩歌選本亦側重收錄中晚唐詩歌。

〔註160〕鄭振鐸：《中晚唐詩紀》，《鄭振鐸全集》，石家莊：花山文藝出版社，1998年，
　　　　第6冊，第141頁。
〔註161〕劉雲份：《全唐劉氏詩》。
〔註162〕參閱張健：《清代詩學研究》第四章「對漢魏、盛唐審美正統的突破：晚唐詩
　　　　歌熱的興起」，第198頁。
〔註163〕汪文珍：《〈二馮先生評閱才調集〉序》，清康熙四十三年宛委堂刻本。
〔註164〕陸貽典：《〈唐詩鼓吹〉注解題詞》，《唐詩鼓吹補注》，清順治十六年刊本。

龔賢《中晚唐詩紀》所刊各家詩集，中縫標注「中唐詩」或「晚唐詩」以示區分，頁面底端則刻有隸屬劉雲份的書坊名「玉持堂」、「貞隱堂」、「野香堂」。龔賢去世後，劉雲份相繼刊刻數種與之相關的唐詩選本〔註 165〕，所用底本即《中晚唐詩紀》。比如，《十三唐人詩選》依次收錄姚合、周賀、戎昱、唐球、沈亞之、儲嗣宗、曹鄴、姚鵠、邵謁、韓偓、林寬、孟貫、伍喬。劉雲份撰寫《〈姚合詩集〉序》、《〈韓偓詩〉序》，好友費密協助撰寫《〈曹鄴詩集〉序》。此書刊刻後，「令讀者如歷異境，如嘗異味，海內能詩家既已爭購一編，寶爲異書矣。」〔註 166〕康熙四十二年（1703），劉雲份又輯刻《八劉唐人詩》，收錄劉叉、劉商、劉言史、劉得仁、劉駕、劉滄、劉兼、劉威。李翰熙爲之撰序，亦如推崇此前刊本《十三唐人詩選》「傳當世之所不傳，備行本之所未備」，表彰《八劉唐人詩》在文獻輯佚方面的顯著功績：素來爲藏家所倚重的私家書目晁公武《郡齋讀書志》著錄劉叉詩集一卷，二十餘首，且闕《冰柱》、《雪車》二詩。相形之下，《八劉唐人詩》不僅稽考此二首詩冠於篇首，並增補劉叉詩歌達三十餘首。其餘如劉言史、劉兼、劉威諸子詩集，均爲《郡齋讀書志》闕載，劉雲份輯錄他們詩作各有數十首。故此，李翰熙倡言讀者應繼續購置《八劉唐人詩》，以期與《十三唐人詩選》並置庋藏。

在此之後，劉雲份進而輯刊《全唐劉氏詩》，凡六卷，收錄唐代劉姓詩人七十一家。鄭振鐸所藏龔賢《中晚唐詩紀》（甲本）收錄劉姓四十五家，其中女性八家，分別爲劉蘭翹、劉瑤、劉媛、劉氏婦、劉採春、劉雲、劉淑柔、劉氏。除劉蘭翹之外，其餘七人的詩歌悉數刊錄《唐宮閨詩》。需要指出的是，劉雲份先後刊刻數種唐人合集，應受明末名重一時的出版家毛晉的啓發。毛晉以編校書籍爲畢生志業，「夏不知暑，多不知寒，晝不知出戶，夜不知掩扉。迄今頭顱如雪，目睛如霧，尚矻矻不休。」〔註 167〕曾刊刻《盛唐二

〔註165〕陽海清指出，劉雲份曾編刊《中晚唐詩》，凡五十五卷，包括「中唐十三卷」、「晚唐十六卷」、「中唐十卷」、「晚唐十六卷」。究其因，此書前二十九卷，乃在其編刊《十三唐人詩》、《八劉唐人詩》的基礎上，增選劉長卿、劉禹錫、裴度、李遠、喻鳧五家詩集，進而再補錄中唐十卷、晚唐十六卷。末二卷是「女唐詩」、「女才子詩」，選錄女子十一人。尤其是，作者念念不忘在各集之後附錄諸多劉氏詩人之作，實則爲《全唐劉氏詩》零散詩作。氏著：《中國叢書綜錄補正》，揚州：江蘇廣陵古籍刻印社，1984 年，第 240 頁。

〔註166〕李翰熙：《〈八劉唐人詩〉序》，《四庫全書存目叢書補編》第 38 冊，第 363 頁。

〔註167〕毛晉：《重鐫〈十三經〉、〈十七史〉緣起》，毛晉撰，潘景鄭校訂：《汲古閣書

大家》、《三唐人文集》、《四唐人集》、《五唐人集》、《八唐人集》、《六唐人集》、《唐三高僧詩集》、《唐人選唐詩》〔註168〕。相較之下，劉雲份全然採擷於經龔賢細心校勘的選本《中晚唐詩紀》，僅僅從不同角度、以不同名目選錄而已。

在此基礎上，劉雲份編刊另一種女性詩歌選本《唐宮閨詩》，自序曰：

> 近世選家，互有行本。遠自上古，下逮今茲，代僅數人，人止數章，殊為不備。即余《翠樓三刻》，或一人而錄其多篇，或多人而未載其一首，蓋取其詩之工，不遑攬其全也。近因輯中晚唐人詩，遍閱諸集，念此簾幙中人，蘭靜蕙弱，何能搦數寸之管，與文章之士競長鬥工。〔註169〕

明言《唐宮閨詩》是承續輯刊中晚唐詩集而成，且與此前所刊明代女性作品選本《翠樓集》相較，此刊本意在搜羅唐代全部才女作品。《唐宮閨詩》凡二卷，編錄唐代女詩人一百十五家，詩四百二十六首。品行端潔者列為上卷「正集」，如長孫皇后、徐賢妃、陳玉蘭；「敗度逾閑者」列為下卷「外集」，諸如武則天、上官婉兒、薛濤、魚玄機。就中以選錄薛濤、魚玄機詩作最多，分別有八十八首、四十七首。費密為之撰序，曰：

> 劉子取人志之無有不同者，定唐之婦人，以為婦人之規。使凡為婦人者，皆安

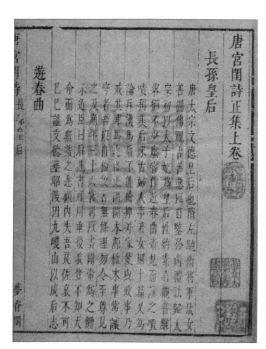

上圖為劉雲份《唐宮閨詩》，清康熙間夢香閣刊本，北京大學圖書館藏。

跋》，上海：古典文學出版社，1958年，第123～124頁。

〔註168〕參閱悔道人輯、顧湘參校：《汲古閣校刻書目一卷》。另《汲古閣刻板存亡考》著錄《三唐人文集》之李習之詩集刻板尚存；《四唐人集》刻板已作薪煮茶；《八唐人集》刻板為山東趙秋谷購藏。

〔註169〕劉雲份：《〈唐宮閨詩〉自序》，《四庫全書存目叢書補編》第38冊，第632頁。

順守身，退然深靜，上之不敢亂國，下之不致污俗。儒者疏經正史，

亦於此有取焉耳。則劉子此書，其可少哉！其可少哉！〔註170〕

費密贊許此書頗有勸善規誡之功，堪稱閨範教科書，並認為儒學之士著書立說，亦可從此書獲益，足以躋身案頭必備。其正襟危坐從旁推介的說辭，旨在為書籍刊售樹立堂而皇之的理由〔註171〕。如前所述，《唐宮閨詩》刊錄劉姓女子七人，得益於龔賢《中晚唐詩紀》。此外，《中晚唐詩紀》（甲本）「女才子」類另刊有薛濤、元淳、李冶、魚玄機、張夫人等五人詩集，亦為《唐宮閨詩》引據。

在此之前，諸多女性作品選本曾大量刊錄唐代作品。張之象《彤管新編》以兩卷篇幅選編五十四人，田藝蘅《詩女史》卷六至卷九收錄八十七人。酈琥《彤管遺編》則將唐代才女散落於各卷次，「前集」五人、「後集」六十一人、「續集」九人、「附集」七人，凡八十二人。鄭文昂《古今名媛彙詩》集錄規模最為可觀，達一百十七人。然而，從《唐宮閨詩》作家小傳及所錄詩作來看，劉雲份並未參閱上述刊行已久的數種選本，而是基於先前編刊《翠樓集》的閱讀經驗，獨取於坊刻本《名媛詩歸》。

《名媛詩歸》卷九至卷十五收錄唐代女詩人，凡七卷，計一百十二人。以備存作家傳記資料而言，刊本頗有可取之處。如卷九著錄宣宗宮人韓氏，輯存了三種不同觀點，「三說不同，皆不可曉，故詳紀於此。」〔註172〕一是為宣宗朝宮人，題詩紅葉，為應舉士子盧渥拾取；一是在僖宗年間，文人於祐閒步禁衢，撿獲韓氏題詩；三是《北窗瑣言》記載進士李茵巧遇韓氏。嘉靖年間所刊女性作品選本《彤管新編》僅備錄第一種觀點，《詩女史》並置第一、二種成說。萬曆年間刻本《名媛詩歸》率先彙集了三種史料。刊印於泰昌初年的鄭文昂《古今名媛彙詩》因襲《名媛詩歸》的傳記資料，茲以引據孫光憲《北夢（窗）瑣言》為證：《名媛詩歸》、《古今名媛彙詩》均作《北窗瑣言》。《唐宮閨詩》著錄宮女韓氏，曰：「三說不同，並紀於此」〔註173〕，但將孫氏史料筆記校改為《北夢瑣言》。究其原，劉雲份《唐宮閨詩》仍以《名

〔註170〕費密：《〈唐宮閨詩〉序》，同上書，第631頁。
〔註171〕《清文獻通考》卷二百三十七「經籍考」、《清通志》卷一百零四「藝文略」、四庫館臣纂修《四庫全書》，以及秦瀛《己未詞科錄》，均將《唐宮閨詩》一書的編者誤認為費密。
〔註172〕署名鍾惺編：《名媛詩歸》卷九。
〔註173〕劉雲份：《唐宮閨詩》卷上。

媛詩歸》爲底本〔註174〕。

　　雖然整體上可稽考承襲內容，然因劉雲份首先引據《中晚唐詩紀》，故著錄薛濤、魚玄機、元淳、李冶、張夫人以及劉姓女子詩作，《名媛詩歸》與《唐宮閨詩》之間又存在差異。前者刊錄劉姓女子六人，後者則收錄七人（其他不同之處，見表格）。

選本　女詩人	《名媛詩歸》	《唐宮閨詩》
薛　濤	八十三首	八十八首（按：增補《鄉思》、《西岩》、《罰赴邊上武相公二首》、《江月樓》）
元　淳	《寄洛中諸妹》	《寄洛中諸妹》、《秦中春望》
李　冶	《寄朱放》、《相思怨》、《留別廣陵故人》等十四首	刊錄十六首（按：增補《得閻伯鈞書》、《感興》二首。且詩作《恩命追入留別廣陵故人》，較之《名媛詩歸》所選，溢出詩句「馳心北闕隨芳草，極目南山望舊峰。桂樹不能留野客，沙鷗出浦謾相逢。」）
魚玄機	四十六首	四十七首（按：增補詩作《折楊柳》；詩作《秋怨》，《名媛詩歸》題爲《秋思》）
張夫人	《古意》、《拜新月》、《柳絮》、《誚喜鵲》、《拾得韋氏花鈿，以詩寄贈》	《古意》、《拜新月》、《春日雪》（按：《名媛詩歸》題名爲《柳絮》）、《誚喜鵲》、《拾得韋氏花鈿，以詩寄贈》

　　因《中晚唐詩紀》有數種刊本行世，難以究考其在當時刊刻的具體情形，故《唐宮閨詩》不同於《名媛詩歸》之處，是否即爲《中晚唐詩紀》其他版本所刊，亦不得而知。舉例而言，《名媛詩歸》輯錄眉娘，言不詳何人，論其詩歌《和錦城春望》、《和理箏》「語氣太直，殊欠仙人風度」〔註175〕。相形之下，《唐宮閨詩》記述事蹟頗爲詳盡，並加附按語曰：「《杜陽雜編》載盧眉娘事如此，不知詠詩旨是此人否？附記於此，就正博雅。」〔註176〕類似地，卷下「周德華」條曰：

　　　　所唱諸篇，乃當日名流所詠，非德華作也。他本何以獨取夢得

〔註174〕在《名媛詩歸》與《唐宮閨詩》之間，或許存有另一種刊本。換言之，該刊本基本上據《名媛詩歸》而成，後來又爲《唐宮閨詩》所本。筆者推測，此刊本應爲方維儀所編《宮閨詩史》。據王士祿《燃脂集例》曰：「方夫人仲賢《宮閨詩史》持論頗駁《詩歸》，實以《詩歸》爲底本，以云區明風烈則有之，辨正舛訛功猶疏焉。」（《四庫全書存目叢書》「集部」，第420冊，第730頁）
〔註175〕署名鍾惺編：《名媛詩歸》卷十五。
〔註176〕劉雲份：《唐宮閨詩》卷上。

（按：指劉禹錫）一篇爲德華詩耶？今特訂正如左。〔註177〕

「他本」當指《彤管新編》、《彤管遺編》、《名媛詩歸》、《古今名媛匯詩》之類將劉禹錫詩歌誤認爲女子周德華所作，故《唐宮閨詩》在周德華條目之下擯棄原本屬於劉禹錫創作、卻又爲此前數種女性作品選本刊載的詩句——「清溪一曲柳千條，二十年前舊板橋。曾與情人橋上別，更無消息到今朝。」轉而集錄文人滕邁、賀知章、楊巨源、劉禹錫、韓琮各自賦寫的《聽歌楊柳枝詞》，並於篇末加附按語曰：「其時，裴郎中諴、溫舉子岐好爲歌曲，頗稱豔麗。德華終不及焉，二君皆有愧色。」〔註178〕此則依據唐代史料筆記范攄《雲溪友議》卷下「溫裴黜」條補述〔註179〕。

《唐宮閨詩》校勘文獻之得失，以刊錄薛濤詩作最爲典型：

> 此詩（按：指《江月樓》）及《西岩》一絕，出《簡池志》。曹能始大參收入《蜀中詩話》，成都楊家抄本不載。別書所載田洙遇薛濤，有落花聯句、夜月聯句、四時廻文、折齒曲，皆後人附會，茲概不錄。〔註180〕

曹學佺《蜀中廣記》卷一百二十述其初入西蜀，獲見出自楊愼家藏抄本薛濤詩集一卷，可與流行於江南地區的另一種抄本互校。其後，曹學佺又檢閱《簡池志》，輯補薛濤詩歌《江月樓》、《西岩》二首，殊爲可貴。至於言「別書所載田洙遇薛濤，有落花聯句、夜月聯句、四時廻文、折齒曲」，即指小說篇目《田洙遇薛濤聯句記》所載詩文。小說敘述唐代才女薛濤的鬼魂與明初士子田洙頻頻幽期密約，以落花、夜月爲題賦詩聯句。以憑空杜撰的故事爲據而輯錄薛濤詩歌數首，其眞實性自然難以令人信服，故《唐宮閨詩》以及康熙年間御選《全唐詩》均予棄錄。然而，《唐宮閨詩》卻依據計有功《唐詩紀事》，

〔註177〕劉雲份：《唐宮閨詩》卷下。

〔註178〕同上書，卷下。

〔註179〕范攄：《雲溪友議》卷下，上海：古典文學出版社，1957年，第65頁。楊愼《詞品》質疑其眞僞，曰：「此詞小說（按：指宋人張君房編《麗情集》）以爲劉採春女周德華之作。又云劉禹錫，然劉集中不載也。」王士禛《香祖筆記》卷五予以辨正，認爲其詞實爲白居易所作，「此乃白樂天詩，詩本六句，非絕句，題乃《板橋》，非《柳枝》。蓋唐樂部所歌，多剪截四句歌之。……白詩云：『梁苑城西三十里，一渠春水柳千條。若爲此路今重過，二十年前舊板橋。曾與美人橋上別，更無消息到今朝。』……升菴博極群書，豈未睹《長慶集》者，而亦有此誤耶？」（王士禛著，袁士碩主編：《王士禛全集》，第4572～4573頁）

〔註180〕劉雲份：《唐宮閨詩》卷下。

刊選了薛氏另一首詩歌《贈楊蘊中》，詩小注曰：「進士楊蘊中下成都獄，夜夢一婦人曰吾薛濤也，贈詩云。」〔註181〕其他文獻如宋代洪邁《萬首唐人絕句》選錄此詩，曰：「死後作」〔註182〕。明末徐𤊟認爲此詩「雖悽惋可詠，然鬼語無稽。」「田洙聯句，尤爲不經，竟刪去之。」〔註183〕《全唐詩》則於薛濤名下棄錄此作，將之編入「仙鬼類」，其眞僞不言自明。至於《唐宮閨詩》刊載的薛濤其他頗受爭議的詩歌《牡丹》、《十離詩》、《謁巫山廟》、《寄舊詩與元微之》等，王士祿《燃脂集例》辨正曰：

> 薛濤「去年零落暮春時」（按：此即《牡丹》開篇詩句）一首，爲薛能詩。見《才調集》。「白玉堂前一樹梅」（按：此爲《春女怨》開篇詩句）一首，爲薛維翰詩。《十離詩》十首，爲薛書記詩。詳說《唐詩紀事》。〔註184〕

揆敘《歷朝閨雅》亦云：

> 唐宋以來，詩句流傳不無訛謬。……唐薛濤《謁巫山廟》詩，則韋莊作；《牡丹》詩，則薛能作，且以元稹寄濤之作，誤爲濤詩，不可不正。〔註185〕

御選《全唐詩》將詩歌《謁巫山廟》並記於韋莊與薛濤名下，將《寄舊詩與元微之》劃歸薛濤作品，但補注曰：「此首集（按：指抄本薛濤詩集）不載」〔註186〕，意在提醒讀者此詩之眞僞尚未確考〔註187〕。而對於詩歌《牡丹》，韋縠《才調集》早已明確著錄爲薛能作品，《唐宮閨詩》未能參閱，誤認爲薛濤所作，但在刊選女子魚玄機詩作《贈鄰女》時又引據韋縠編著，曰：「《才調集》作《寄李億員外》」〔註188〕。於此，恰能證明劉雲份編刊《唐宮閨詩》，並未躬體力行翻檢原始文獻，而是覆刻既定刊本，故存在著本可避免的訛誤。

〔註181〕同上書。
〔註182〕洪邁：《萬首唐人絕句詩》卷六十五，明嘉靖刻本。
〔註183〕徐𤊟：《紅雨樓題跋》。
〔註184〕王士祿：《燃脂集例》，第733頁。
〔註185〕揆敘：《歷朝閨雅》「凡例」，《四庫未收書輯刊》，北京出版社，2000年，第10輯，第30冊，第2頁。
〔註186〕《全唐詩》卷八百零三。
〔註187〕據張蓬舟考辨，《十離詩》、《謁巫山廟》、《寄舊詩與元微之》應爲薛濤作品。氏著：《薛濤詩箋》，北京：人民文學出版社，1983年，第43頁。
〔註188〕劉雲份：《唐宮閨詩》卷下。

最令人費解的是，《唐宮閨詩》選錄南北朝《戍邊詩》（又名《木蘭辭》，首句爲「促織何唧唧，木蘭當戶織」），並附錄《樂府木蘭詩》（首句爲「木蘭抱杼嗟，借問復爲詩」），謂木蘭：

> 唐人也。代父戍邊十二年，人不知其爲女。歸，賦詩一篇。……世以女子，故疑無有是事，並無是人。蘇氏遂謂此詩爲後人擬作，殊不知一時悲憤之下，句句是英雄本色語，卻字字不離女兒情事，信爲木蘭作無疑也。《文苑英華》直作韋元甫名字；茂倩《樂府》兩篇謂元甫所入，其次篇或韋作也，今附於後。〔註189〕

此段描述大體因龔酈琥《彤管遺編》，就中因其他刊本轉錄或增補相關史料（如木蘭墓、《文苑英華》之記載）而稍有不同。《彤管遺編》著錄木蘭《戍邊詩》，注曰：「此詩二篇（按：指《戍邊詩》、《樂府木蘭詩》），一眞一擬，謂盡眞、盡擬者皆非也，附眞者以俟精辨。」〔註190〕儘管就作品之眞僞進行辨析，然將之歸屬唐代女子木蘭，卻引發了兩個重要命題，即木蘭生活朝代與《木蘭辭》之作者。概言之，唐代女子木蘭是否創作《戍邊詩》，成爲明清女性作品選本刊錄的關鍵。自宋代以來，《木蘭詩》創作年代一直是聚訟紛紜的文學公案，頗具影響的觀點有「北朝創作說」、「南朝至初唐人寫定說」、「隋代創作說」、「唐代創作說」〔註191〕。雖然各陳己見，但均不將女子木蘭與《木蘭辭》之作者等同，《彤管遺編》、《唐宮閨詩》等諸多女性選本之刊錄顯然有誤，此即王士祿《燃脂集例》所言：「《木蘭詩》，或疑爲漢魏人作，或疑爲六朝人作，或疑爲唐人作，要無以爲木蘭自作者。」〔註192〕王士祿跳出懸而未決的論辯，直指《木蘭詩》並非女子木蘭創作。《全唐詩》、《全唐詩錄》等唐代詩歌總集均予棄錄。

《唐宮閨詩》作爲第一部刊錄唐代才女的斷代型女性作品總集，上承《詩女史》、《彤管遺編》、《名媛詩歸》、《古今名媛匯詩》等歷代女性作品選本，下啓康熙年間御選《全唐詩》及私家修撰的《全唐詩錄》，自有其不可小覷的學術價值。以《唐宮閨詩》爲轉關視角，可考察歷代女性作品選刊

〔註189〕劉雲份：《唐宮閨詩》卷上。
〔註190〕酈琥：《彤管遺編》卷十，明隆慶元年刻補修本，《四庫未收書輯刊》第6輯，第30冊，第532頁。
〔註191〕參閱劉躍進《中古文學文獻學》，南京：江蘇古籍出版社，1997年，第255頁。
〔註192〕王士祿：《燃脂集例》。

錄唐代才女之流變，進而如何影響到清代康熙年間官方的文化盛舉。如前釐辨薛濤、木蘭作品之著錄，實已觸及。為論述明晰起見，茲另擇他例，分述如次：

（一）《全唐詩》校改辨正：本為陸暢酬元和宮人詩作《解內人嘲》（「粉面仙郎選聖朝」），《彤管遺編》、《名媛詩歸》、《唐宮閨詩》諸選本誤解文意，以「暢酬」為題，將之繫為宋若憲作品。同樣，本為唐代裴說《寄邊衣》，《彤管遺編》曰：「史謂悅妻作，《品匯》附無名氏。予考諸書，出仙手筆無疑也」〔註193〕，將之歸屬裴羽仙作品，《名媛詩歸》、《唐宮閨詩》以及清初奉敕纂進《歷朝閨雅》均沿襲其誤。

（二）《全唐詩》並置著錄：自《詩女史》始，誤將張籍《楚妃怨》、白居易《（有）期不至》歸入姚月華作品，《彤管遺編》、《名媛詩歸》、《古今名媛匯詩》、《唐宮閨詩》沿襲其誤。《全唐詩》、《全唐詩錄》難以區辨，故將《楚妃怨》分置於張籍與姚月華名下，將《（有）期不至》各列於白居易與姚月華名下。類似地，長孫佐輔《答邊信》，《彤管遺編》則訛為長孫佐轉（按：將繁體「輔」誤為「轉」）妻作，《名媛詩歸》、《古今名媛匯詩》、《唐宮閨詩》沿襲其誤。《全唐詩》、《全唐詩錄》並置於長孫佐輔與長孫佐轉妻名下。

（三）《全唐詩》沿襲謬誤：如蕭妃《夜夢》一首，本為梁武帝第八子武陵王蕭紀所作，《彤管遺編》誤「紀」為「妃」，著錄為武陵王蕭妃所作，並加附按語曰：「以下附。凡書附字，皆考核之不精者，後放此。」〔註194〕《名媛詩歸》、《唐宮閨詩》、《全唐詩》則徑直收錄。又如，元末至正年間東平女子趙鸞鸞，見李昌祺《剪燈餘話》卷二《鸞鸞傳》。《彤管遺編》、《名媛詩歸》、《唐宮閨詩》均誤為唐代名妓，《全唐詩》亦沿襲謬誤，刊詩五首。此外，《唐宮閨詩》以及其他女性作品選本所錄女子晁采、李節度姬、史鳳，唐宋文獻未見刊載，而始見於明代史料（如馮夢龍《情史類略》），其真偽亦頗可疑，《全唐詩》均予採錄〔註195〕。

綜上所述，書坊主劉雲份出於商業盈利，編刊兩種斷代型女性作品選本。分別究考《翠樓集》三卷之史料來源，可發現此書乃改頭換面、雜亂拼湊而成，鮮明地體現了明末清初諸多書坊主急功近利之心。《唐宮閨詩》一書雖為

〔註193〕酈琥：《彤管遺編》卷十。

〔註194〕酈琥：《彤管遺編》卷十。

〔註195〕參閱陳尚君撰寫唐代詩人條目，見周勳初主編：《唐詩大辭典》，南京：江蘇古籍出版社，1990年，第80、373頁。

劉氏以慣常伎倆編撰，眞僞雜陳。然作爲第一部關於唐代才女的詩歌選本，自有其獨特的學術價值，直接影響到康熙年間御選《全唐詩》之編撰。唐代詩歌總集輯錄女性作品錯訛、混雜之處，無疑會折損此項文化工程的形象。然而，經過官方頒佈，文人士大夫爭相購置或廣泛閱讀，即使存在諸多錯誤信息，亦在普遍傳閱及交相討論的過程中漸成思維定勢，唐代才女的群體形象藉以定型並根植人心。

結語　性別反轉與文學訴求

　　明末清初，文人士大夫或才女名媛以充沛的熱情編刊女性作品，由此呈現出遠較明代中葉的同類行為更為複雜的文化心理。明遺民王端淑試圖以「緯」存「經」，毫不懈怠，歷經萬難，輯錄有明一代女性作品，以為故國文化存續之一脈。同樣作為明遺民，鄒漪編刊三種女性作品合刻書，大張旗鼓擬定醒目標題「詩媛名家」，並在選錄八名家詩集的基礎上再行續刊之舉。此舉儘管體現了作為職業編輯者商業盈利的意圖，不過，鄒漪亦並非隨意選刻。八名家入選固然是基於相識情誼及不俗才藝，然諸才女對於清廷的決絕態度，更為鄒漪等人歎服。事實上，女性作品總集編刊關涉數量驚人的或隱或顯的文人士大夫，其人或親自編刊，或從旁推助，或依違其間，諸如此類，可窺見當時才女之湧現給文士社會帶來的種種新現象。

　　眾所周知，晚明政局始終危機頻仍。萬曆時期，圍繞立儲問題展開了無休無止的宮廷鬥爭，神宗皇帝荒於政事，致使朝綱紊亂；天啓年間，宦官專權，血腥屠戮東林士子，橫征暴斂，以致民怨民變迭起。迨至崇禎朝，流民起義、外敵壓境，天下大勢「如人衰病已極，內而腹心，外而百骸，莫不受患。即欲拯之，無措手之地方」〔註1〕，文人士大夫深感英雄無用武之地。比如，崇禎三年（1630），因邊陲烽警，工部虞衡司主事葉紹袁被委派負責朝陽門城守，恪守職責，矢心捐節。然而，面對「國家任事，今日始甚難」〔註2〕、

〔註1〕　張廷玉等纂：《明史》卷二百零九《楊爵傳》，北京：中華書局，1974年，第5524頁。

〔註2〕　葉紹袁：《葉天寥自撰年譜》，《午夢堂集》附錄一，北京：中華書局，1998年，第843頁。

憑藉個人力量亦無濟於事的現實情形，葉氏不得已上疏陳情終養，歸而與妻沈宜修、女葉小鸞等共享天倫之樂，「貧賤終身，即大樂事，永不作長安想矣」：

> 季女瓊章，朝夕左右，傾國殊姿，仙乎獨立，韶年靈慧，語亦
> 生香。小庭無多，芳卉繁列，風月映戶，琴書在床，一詠一觴，致
> 足樂也。生平佳景，斯年為最。〔註3〕

此為明季諸多文士隱退家居的典型一例。從才女角度而論，恰印證了柴靜儀寄賦兒媳朱柔則，敦勸其柔順侍夫的詩句：「丈夫志四方，錢刀非所求。惜哉時未遇，林下聊優游。相對理琴瑟，逸響隨風流。」〔註4〕不幸的是，葉女小鸞與紈紈相繼病卒，葉紹袁為之編刊《返生香》、《愁言》諸集。需要注意的是，依據自撰年譜，崇禎六年（1633），葉紹袁前往鎮江，遊覽鐵甕堅城，憑弔射堂遺跡，評述彈劾逆璫的請諡名冊，尤稱許同邑監察御史周來玉在魏忠賢羽翼未豐之際，即已深憂其患，且劾奏其罪狀。而葉氏撰寫悼亡之作《窈聞》、《續窈聞》，則設置了城隍神周來玉，通過參禪方式，探尋亡女往世因緣，暗寓亡國之恨。與之相似，茅元儀《西玄青鳥記》亦以扶乩方式，敘述其與才女陶楚生矢志不渝的生死愛情，宣洩其報國無門的遭遇。文中「東府」、「彤皇」、「日神」、「月宮」諸意象，既暗合當下明王朝形勢，更遠紹屈原《九歌》「上陳事神之敬，下見己之冤結，託之以風諫」〔註5〕的抒情傳統。無獨有偶，鴛湖煙水散人編撰《女才子書》，將抑鬱哀怨的女子馮小青比擬為屈原，「姬之前身似屈平」，「姬病益苦，益明妝靚衣，又似當年汨羅將沉，猶餐英而紉蕙也」，甚且幻化或串聯出自古至今、由神及人的傳承譜系：

> 斯三閭之為三閭，亦小青之為小青歟！三閭求知己於世人不
> 得，而索之雲中之湘君。湘君，女子也，因想輪結，還現女子身而
> 為小青。〔註6〕

而清初文人士大夫面對動輒得咎的文字獄，或身處「伴君如伴虎」、朝不保夕的危險境地，如履薄冰，「學而優則仕」的士人傳統漸行漸遠。季嫻弟季開生

〔註3〕 同上書，第 847 頁。
〔註4〕 柴靜儀：《與冢婦朱柔則》，完顏惲珠編：《國朝閨秀正始集》卷四。
〔註5〕 洪興祖撰，白化文等點校：《楚辭章句》，北京：中華書局，2006 年，第 55 頁。
〔註6〕 鴛湖煙水散人：《女才子書》卷一，瀋陽：春風文藝出版社，1983 年，第 1 頁。

奏疏諫買揚州秀女，慘遭流放，卒於戍地。蕭山毛奇齡曾與同郡徐緘、祁班孫、姜廷梧諸輩談論文辭，合編《越郡詩選》，後又將徐緘、何毅庵及自身詩作輯爲《越州三子》。然有人訐告何氏詩歌諷刺朝政官員，「乃搜其舊稿，深文其辭字而指謫之，謂犯國禁死罪」〔註7〕。彼時文字獄大興，窮極株連，此事雖因三藩禍亂而得以優容處理，卻讓毛奇齡驚悸不已。尤其是，清朝甫建，便嚴令漢人剃髮、易服以示歸順，此即民間廣爲流傳的「生降死不降」、「男降女不降」之說：

> 國初，人民相傳，有生降死不降、老降少不降、男降女不降、妓降優不降之說。故生必從時服，死雖古服無禁；成童以上皆時服，而幼孩古服亦無禁；男子從時服，女子猶襲明服。蓋自順治以至宣統，皆然也。〔註8〕

是以冒襄在《影梅庵憶語》一文中描述甲申、乙酉之變，愛姬董小宛臨危不亂，精細處理細瑣之事，非讀書破萬卷之士子所能及。又清兵壓境檇李，剃髮令初下，人心惶惶，冒襄不得已暫將董氏委與好友照顧，小宛深明其義，曰：

> 我隨君友去，茍可自全，誓當匍匐以俟君回；脫有不測，前與君縱觀大海，狂瀾萬頃，是吾葬身處也！〔註9〕

綜括而言，晚明文人士大夫面對日薄西山的明王朝，慨歎「無可奈何花落去」；至清初，又遭遇異族強制推行的剃髮（易服）政策的威逼，這與漢人自古以來堅定不移尊奉的「身體髮膚，受之父母，不可毀傷」的信念背道而馳。即使出仕清廷，卻又需要在遍佈朝野的文字獄環境中作稻粱謀。故黃衛總研究指出，明末清初士子頌揚貞節烈女，普遍表現出性別焦慮，即一方面感歎自身作爲男性行爲的相形見絀，另一方面又意識到忠臣烈女的類比潛藏著進一步加深士人女性化的危險和尷尬〔註10〕。

〔註7〕 毛奇齡：《何毅庵墓誌銘》，《墓誌銘》卷十四，清康熙間蕭山書留草堂刻本。

〔註8〕 徐珂編：《清稗類鈔》「服飾類」，北京：中華書局，2010年，第6146頁。「男降女不降」一說，在晚清得到了諸多志士的正面闡釋，詳參夏曉虹：《晚清女性與近代中國》第四章「歷史記憶的重構——晚清『男降女不降』釋義」，北京大學出版社，2005年，第115頁。

〔註9〕 冒襄：《影梅庵憶語》，上海古籍出版社，2000年，第28頁。

〔註10〕 黃衛總：《國難與士人的性別焦慮——從明亡之後有關貞節烈女的話語說起》，王瓊玲主編：《明清文學與思想中之主體意識與社會》「文學篇」，臺北：中央研究院中國文哲研究所，2004年，第385頁。

　　相形之下，才女群體在「男降女不降」、「女子猶襲明服」之類政策的「遮護」下，「身巾幗而行衿士」。明末清初，此類讓文人士大夫頂禮膜拜的才女比比皆是。舉例而言，陶楚生以豪俠名重廣陵、武林，名士茅元儀對其青睞有加〔註11〕。柳如是「爲人短小，結束俏利，性機警，饒膽略」〔註12〕，「輕財仗義，卓識過人」〔註13〕，鴻儒錢謙益爲之折服。林天素「綸巾羽扇氣從容」，自家認定「是個鬚眉如戟的丈夫，把那些男子反當做婦人看待，自然氣雄膽壯，不露纖弱之容」，故而在長亭送別時，儒商汪然明以女豪傑視之，「你看他心便留連，氣偏決烈，頭也不回，飄然去了，眞女中之豪傑也！」〔註14〕楊雲友「極有智謀，不但不中他（按：指李漁《意中緣》傳奇中的是空和尚）的詭計，反把賊子沉於水中，依舊完全名節，回到故鄉」，贏得「閨中豪傑」之譽〔註15〕。陳懿卜追懷楊雲友，亦盛讚其俠氣如虹：「蠱心枉有皆堪裂，俠骨終當待押衙。」〔註16〕而王修微「草衣之詩近於俠」〔註17〕，陳繼儒《微道人生壙記》曰：「修微少不諱言死，死不諱言墓。……修微達視生死，如晝夜寒暑之序，女史乎？女俠乎？」王氏之不以生死爲掛礙，故陳繼儒以「俠」目之。一代文宗阮元更徑直以「揚州女俠」呼之，稱譽「揚州女俠草衣道人王微有紅妝季布之風韻」〔註18〕，對其「生非丈夫，不能掃除天下」的心志，以及亂世中襄助許譽卿的傳奇事蹟深表敬佩。迨至乾隆年間，董榕撰寫戲曲《芝龕記》，取材明季三朝遺事，敷陳女將軍秦良玉、沈雲英殺敵報國之壯舉，藉以抒吐「明季一純陰之世界」的深沉感喟。范泰恒爲之撰寫序跋，曰：

　　　　抑余觀故明末造，口談道學、鬚眉如戟輩，或俯首降賊；中原陸沉，辦賊者又多束手無策，何儒生不如武夫，丈夫不如婦女？〔註19〕

〔註11〕茅元儀：《亡姬陶楚生傳》。

〔註12〕顧苓：《河東君小傳》，范景中、周書田編：《柳如是事輯》，第5頁。

〔註13〕王端淑：《名媛詩緯》卷二十。

〔註14〕李漁：《意中緣》第十三齣〔送行〕，《李漁全集》，第359頁。

〔註15〕李漁：《意中緣》第二十五齣〔遣媒〕，《李漁全集》，第398頁。

〔註16〕汪然明：《聽雪軒集》之《陳懿卜先生來湖上，聞雲友近況，賦懷楊詩十首》之六。

〔註17〕錢謙益：《初學集》卷三十三，《錢牧齋全集》第2冊，第967頁。

〔註18〕阮元：《廣陵詩事》卷九，《叢書集成新編》第79冊，第665頁。

〔註19〕蔡毅編著：《中國古典戲曲序跋彙編》，濟南：齊魯書社，1989年，第1719頁。此戲曲對晚清俠女秋瑾影響甚深，參閱夏曉虹：《始信英雄亦有雌——秋瑾與〈芝龕記〉》，刊於周勛初等主編：《文學評論叢刊》，南京：江蘇文藝出

此類議論，在明末清初士人話語中屢見不鮮。陳繼儒慨歎文人士子沉溺於個人享樂，對於戰事日緊的嚴峻局面無動於衷，「封疆縮其地，而中庭之歌舞猶喧；戰血枯其人，而滿座貂蟬之自若」，故欲以筆墨文字為當頭棒喝，「使天下之鬚眉而婦人者，亦聳然有起色」〔註20〕。然而，「今天下皆婦人矣」的論調，卻將陳繼儒自身置於一種頗為尷尬的境地，顯示出其同樣遭遇到前所未有的「被女性化」的壓力〔註21〕。以之評述才女王修微的詩詞創作，亦出現了「無類粉黛兒，即鬚眉男子，皆當愧煞」〔註22〕的性別錯置。當是時，「女子無才便是德」之說也藉助陳繼儒《安得長者言》一書適時面世，廣為流傳。直接將這種性別焦慮與女子才德相妨的觀點相嫁接，則以明季大儒孫奇逢的論述最為典型：

> 我聞之「婦人無才即是德」，近來婦人結社，拜客作詩，至男子為其婦兒才，持其詩獻當道，求為刻傳，大家稱述以為韻事。吁嗟！此風浸淫不已，豈世終無陽剛大人，一洗此陰靡者乎？〔註23〕

孫奇逢雖批判在其看來已屬反常的女性文學創作、作品編刊風氣，卻將「女子無才便是德」的道聽途說與陰盛陽衰的現實情形縐合在一起，其內心的性別焦慮已然顯現。在《李節婦於氏傳》一文中，孫奇逢亦不無偏激地說：「舉世皆婦人，滿朝皆婦人，總歎冠而笄者之不可勝數。」〔註24〕與上說正出自同一理路。

　　而同樣從女性文學才能角度立論，支如璔為周之標《女中七才子蘭咳集》「二集」撰序，對文壇上性別反轉的現象憤憤不平，曰：

> 予諷《蘭咳》而不禁鼓掌也！近古率以升平公主慕李端詩，上官婉兒評沈、宋優劣，為騷壇氣色。予心殊不甘，即奈何以文人慧業，俯首受女子秤量哉？居嘗設一癡想，……因召夫賦離思，續班史，頌椒花，詠柳絮，織迴文，隔絳紗，授生徒諸才女，俾發妙騁

版社，1998年，第1卷第2期，第227頁。
〔註20〕　陳繼儒：《哨》，《小窗幽記》卷三，上海古籍出版社，2000年，第41頁。
〔註21〕　參閱黃衛總：《國難與士人的性別焦慮——從明亡之後有關貞節烈女的話語說起》。
〔註22〕　陳繼儒：《題〈修微草〉》，刊於王士祿：《宮閨氏籍藝文考略》。
〔註23〕　孫奇逢：《孫徵君日譜錄存》卷十三，《續修四庫全書》「史部」，第558冊，第843頁。
〔註24〕　孫奇逢著，朱茂漢點校：《夏峰先生集》，北京：中華書局，2004年，第191頁。

妍於濤箋紈扇間，畢竟林下風，閨中秀，誰當第一。予亦藉以一灑

李唐女子秤量文人之恥。〔註25〕

康熙年間，褚人獲《隋唐演義》第七十六回「結綵樓嬪御評詩　遊燈市帝后行樂」曾敷陳唐代上官婉兒品評沈佺期、宋之問詩才高低的故事。只是，作者認爲上官氏作爲皇家嬪御，輕炫其才，有「褻士林而瀆國體」〔註26〕之嫌。「才何必爲女子累，特患恃才妄作」成爲其對「女子無才便是德」一說的新注解，意即「有才之女，而能不自炫其才，是即德也」〔註27〕。

王端淑編選《名媛詩緯》，對甚囂塵上的女子才德相妨觀點亦有回應，「有眞正才學，方具眞正節烈。『無才便是德』一語，亦爲不識字人開多少方便」〔註28〕，既在邏輯上推進了女性文學才華與士人競相膜拜的貞節烈女現象的關聯，又例舉呂雉、武曌、（趙）飛燕、（楊）玉環之類的女性雖具才學，在德行方面卻無足取，傾危社稷，不啻爲「大惡人」、「大狠人」、「大罪人」、「大蠢人」，「須知此論（按：指『女子無才便是德』），蓋爲此輩而說，不可一概藉爲口吻」〔註29〕，由此可見，王端淑又在一定範圍內默許了才德相妨說的合理性。

針對「女子無才便是德」一說，明末清初文人士大夫與才女群體闡釋「才」之內涵、才與德之關係，各陳己見。一場曠日持久的討論，使我們看到，面對傳統思想的阻滯，諸多文士與才女爲爭取女性文學創作及作品流傳合法性所付出的艱辛努力。

〔註25〕 周之標：《女中七才子蘭咳集》「二集」卷首。

〔註26〕 褚人獲著，《隋唐演義》，上海古籍出版社，1981 年，第 662 頁。

〔註27〕 同上注。

〔註28〕 王端淑：《名媛詩緯》卷十三，「正集」十一。

〔註29〕 王端淑：《名媛詩緯》卷十三，「正集」十一。

附錄一　書畫鑑藏與女性作品總集之新變

　　經由第二章抉發，王端淑以女遺民身份、卓越的詩學識見，編撰《名媛詩緯》四十餘卷，影響深遠。在此，需要進一步強調的是，該刊本卷四十設置了「繪集」，據王端淑自述：

> 《詩緯》告竣，猶恨畫媛姓氏之不傳，爲缺陷也。乃因簡編所載，耳目所見，自許靜芬下若而人，名曰「繪集」。余女子也，搜羅未廣，遺漏頗多。名公鉅卿，知者不妨賜教，以便陸續增刊，共成盛事。〔註1〕

該卷著錄文俶、周祐、周禧等，凡三十二人，儘管只簡略記述姓氏、里籍、擅繪何物，甚且急切之下，標舉諸如范道坤、范元坤、范隆坤時僅曰「會稽人」，讓人如墮五里霧中，更見其補「恨」意識之強。至於在其他卷次著錄詩文時，亦不時彰顯才女的書畫技藝，其例指不勝屈，這無疑是編者王端淑自身的藝術情結使然。

　　清代張庚《畫徵錄》言王端淑「善書畫，長於花草，疏落蒼秀」〔註2〕，側重評述其畫山水、花草的特點；而惲珠《國朝閨秀正始集》依據此前文獻記載，稱其「楷法二王，畫宗倪、米」〔註3〕，進一步確指王端淑書畫師承。北京故宮博物院現藏王端淑墨筆《山水圖》冊頁，六開紙本。就中第二

〔註1〕　王端淑：《名媛詩緯》卷四十。
〔註2〕　張庚：《畫徵錄》，盧輔聖主編：《中國書畫全書》（修訂本），上海書畫出版社，2009年，第15冊，第30頁。
〔註3〕　惲珠：《國朝閨秀正始集》卷二，清道光十一年至十六年紅香館刻本。

幅,王端淑題署曰:「仿元章筆意」〔註4〕(右二),已自承其與米芾的關聯。六幅山水畫,無一例外均鈐有與《名媛詩緯》相同的「清音堂」印章,落款為「王端淑印」、「玉映」。署名則分別題為「映然子端」、「王端淑」、「山陰史妹玉映端」、「山陰王端淑」、「山陰女史王端淑寫」、「山陰王端淑」。作者仿用米芾、米友仁父子「落茄法」:以淡墨勾勒山體輪廓、淡墨水染出凹凸面、枯筆略加披麻皴,進而從下往上加用橄欖形狀的臥筆橫點,表現出江南山水煙雨迷蒙的特點。王端淑喜以疏鬆筆法,繪製樹木枯榮相生、山石突兀嶙峋之狀,以表達虛靜沖淡的隱逸情趣。其繪畫之所以宗尚「二米」,是受其父王思任影響。謔庵先生工書畫,書法媲美董其昌、陳繼儒,葛嗣浵《愛日吟廬書畫續錄》著錄王思任於崇禎七年(1634)赴任江西前,有行書贈別同僚之作,「書法得力於米,蒼勁深厚,明季書之含蓄者」〔註5〕。其畫山水,淡遠空潤;鉤皴山石,格高韻逸,間仿米家數點,饒有雅致。姜紹書《無聲詩史》卷四謂之:「寫山水林屋,皴染滃鬱,超然筆墨之外。」〔註6〕謝巍《中國畫學著作考錄》亦稱王思任曾撰《遂東畫談》,現散失不知去向〔註7〕。出身書香門第,得益於言傳身教,王端淑的繪畫水準獲得了時賢稱許。著名遺民金堡題贊王氏畫荷花,「見其亭亭特立,點漬不沾之概」〔註8〕。錢謙益更賦詩歌詠

〔註4〕 參閱李湜:《明清閨閣繪畫研究》第六章「明清閨閣畫家的繪畫創作──山水畫」,北京:紫禁城出版社,2008年,第151頁。

〔註5〕 葛嗣浵:《愛日吟廬書畫續錄》卷三,民國二年(1913)刻本。

〔註6〕 姜紹書著,印曉峰點校:《無聲詩史》卷四,上海:華東師範大學出版社,2009年,第97頁。

〔註7〕 謝巍:《中國畫學著作考錄》,上海書畫出版社,1998年,第403頁。

〔註8〕 金堡:《題映然子畫荷花》,《徧行堂集》卷十六,《四庫禁燬書叢刊》「集部」,第127冊,第369頁。金堡,字道隱,浙江杭州人。曾入唐王政權,任兵科

其書畫才藝：

> 《臨河》殘帖妙通神，放筆能開桃李春。傳語山陰王逸少，王
> 家自有衛夫人。（之四）
>
> 過雨溪山潑墨濃，清琴徐拂半床風。那知淺絳輕綃裏，身在陶
> 家畫扇中。（之七）〔註9〕

譽其書法深諳衛茂漪、王羲之法書三昧，潑墨山水畫頗顯閒適歸隱之趣。《名
媛詩緯》卷四十二選錄王端淑《錢牧齋宗伯爲柳夫人徵予詩畫，爲其長姑佟
匯白撫軍配錢夫人壽》一詩，曰：

> 慚予彤管濫吹竽，澹寫溪山入畫圖。班史雄文兄有妹，謝庭高
> 詠嫂酬姑。清新開府西湖在，南國佳人間世無。青鳥雲搏徵翰墨，
> 可容王母備雲衢。〔註10〕

錢謙益出脫黃毓祺案之牽累，惟賴梁維樞、佟國器襄助。佟氏，字彙白，漢
軍正藍旗人，順治初年授嘉湖兵備道，後官至浙江巡撫〔註11〕。其繼配錦州
錢氏五十壽辰，牧齋撰祝嘏之詞〔註12〕，攀附道：「余於中丞公爲世交，爲末
契。於夫人爲宗老，爲伯兄」，並盛讚錢夫人「有籲天泣血之誠，有引繩束
髮之節，閨門肅穆，道路歡嗟」。錢氏爲人稱道的一事爲，才女黃媛介迭遭喪
子女之痛，憤懣南歸，「過江寧，值佟夫人賢而文，留養疴於僻園，半歲卒」
〔註13〕。對此，陳寅恪論曰：

> 牧齋強拉「錢後人」之誼，認國器爲妹丈，固極可笑。然佟夫
> 人實亦非未受漢族文化之「滿洲太太」。觀其留黃媛介於僻園一事，
> 雖與錢柳有關，但亦由本人眞能欣賞皆令之文藝所致也。〔註14〕

　　　給事中，後因彈劾權臣而被謫。明亡後，削髮爲僧，字澹歸，著有《徧行堂
　　　詞》等。參閱嚴迪昌《清詞史》第一編第三章，南京：江蘇古籍出版社，2001
　　　年，第 99 頁。

〔註9〕 錢謙益：《贈王玉映十絕句》，《有學集》卷十一，錢謙益著，錢曾箋注、錢仲
　　　聯標校：《錢牧齋全集》，上海古籍出版社，2003 年，第 533 頁。

〔註10〕王端淑：《名媛詩緯》卷四十二。

〔註11〕李元度：《佟勤惠公事略》，李元度著，易孟醇校點：《國朝先正事略》卷二，
　　　長沙：嶽麓書社，1991 年，第 42 頁。

〔註12〕錢謙益：《佟夫人錢太君五十壽序》，《牧齋外集》卷十二，《錢牧齋全集》第 7
　　　冊，第 722 頁。

〔註13〕施閏章：《黃氏皆令小傳》，《學餘堂文集》卷十七，施閏章著，何慶善、楊應
　　　芹點校：《施愚山集》，合肥：黃山書社，1992 年，第 353 頁。

〔註14〕陳寅恪：《柳如是別傳》，第 1001 頁。

為迎合佟夫人文藝趣味，錢謙益代柳如是致信王端淑，求取詩畫。鋪敘如此繁複的交遊場景，可證數端：其一，佟夫人頗具鑒賞力，賢而有才，曾延請詩文、書畫臻於至境的才女黃媛介留居。為求入其法眼，選擇何人書畫以作祝壽贈儀，自不能草率敷衍，故王端淑之書畫藝境當甚可觀。其二，王端淑慨然允諾，卻不勝惶恐，覺有班門弄斧之嫌。因柳如是書法深得楷書名家虞世南、褚遂良兩家遺意，錢謙益初見其投刺之作，即佩服得五體投地，後有題詩《觀美人手跡戲題絕句七首》。書畫藏家汪砢玉亦曾見柳如是水仙竹石畫作，「淡墨淋漓，不減元吉、子固（按：指易元吉、趙孟堅）」〔註15〕。而所繪紅豆山莊

八景之一「月堤煙柳」畫卷，更是引起諸多縉紳士大夫競相收藏。驚詫於柳如是徵請翰墨之舉，王端淑只好勉為其難，「可容王母備雲衢」，權當鞍馬僕從。其三，王端淑與文士、其他才女之交遊，除借助於詩文唱和外，書畫亦是另一重要媒介。其編刊《名媛詩緯》，去函徵請各地才女惠賜詩文，也時常附寄各類畫箑。比如，徽籍女子林文貞《寄山陰王玉映夫人》一詩，曰：

> ……門閥舊金張，流風存筆硯。鐵網下珊瑚，蘭心落釵鈿。詩
> 畫咄驚人，衣香惹紈扇。時見扇頭詩畫。揮毫金石鏗，染素煙嵐絢。
> 彼哉冠蓋雄，三舍避時彥。閨閣能幾人，四海不相見……〔註16〕

王端淑亦於林氏小傳云：「甲辰秋，林寄詩紈一握，並秋蘭數筆及余，嫣然可愛。」頻繁的詩文、書畫來往，對其編刊選本顯然大有助益。

　　考究上述才女王端淑、柳如是、黃媛介，乃至明清之際諸如吳山、林天素、楊雲友的書畫交遊，不期然而然地落實到了儒商汪然明。其詩集《夢香樓集》載有王端淑和詩，黃媛介亦仰仗其救濟，柳如是更得到汪的殷殷眷顧，

〔註15〕 汪砢玉：《珊瑚網》「名畫題跋」卷十八，《中國書畫全書》本，第8冊，第451頁。

〔註16〕 王端淑：《名媛詩緯》卷十八，正集十六。

不僅得以刊刻《湖上草》與《尺牘》，更在汪然明的襄助下，終與錢謙益攜手情緣〔註17〕。事實上，在當時，汪然明頗負聲名，與眾多文人士大夫詩酒往還，也與諸多才女流連酬唱，被譽爲「風雅典型」。

　　因此，本章的論述理路是，以汪然明書畫交遊爲核心，呈現明清之際蔚然成風的書畫鑑藏景觀：文士不惜鉅資修建藏書樓，百計搜求藝術藏品。兼具詩畫才藝的女子遊走其間，賣畫自活，或投刺造訪，聲名鵲起，由此改變了當時女性著述彙刊的面貌。

第一節　文士藝術賞鑑與收藏競逐

　　汪然明（1577～1655），號松溪道人，自歙縣叢睦坊遷居杭州錢塘，居缸兒巷。《春星堂詩集》卷一云：「然明先生，諱汝謙，先世徽州歙縣叢睦坊人」，「自徽遷杭，遂家錢塘」〔註18〕。其傳記有錢謙益撰《新安汪然明合葬墓誌銘》〔註19〕，而以延豐等纂修《欽定重修兩浙鹽法志》記載最爲詳細：

> 　　汪汝謙，字然明，歙叢睦人，萬曆丙子貢生。年十三而孤，嶄然如成人。事母捧手肅容，視氣聽聲，七十年如一日；於諸兄姊同仁均愛，從無間言；收族三黨，婚嫁葬埋及緩急叩門無不應。善屬文，有《春星堂文集》、《夢草軒詩集》、《雙青閣法帖》行世。業鹽桐江，急公辦課，杜絕私販，桐民至今賴之。子孫曾元以科第世其家，稱望族云。〔註20〕

「貢生」的學識涵養、「婚嫁葬埋及緩急叩門無不應」的豪俠行爲、「業鹽桐江」的生財之道，自是汪氏的貼身標籤，並時刻顯現於其與文士、才女的具體交遊中。而子孫汪鶴孫、玄孫汪師韓均高中進士，更使汪然明聲名遠揚。

〔註17〕 陳寅恪《柳如是別傳》頻頻提及汪然明的作用，如第 374 頁「錢柳因緣之完成，然明爲最有力之人」；第 434 頁「柳錢之因緣，其促成之人，在正面爲汪然明，在反面爲謝象三」；第 439 頁「然則臥子既難重合，象三又無足取，此時然明胸中，必將陳謝兩人之優劣同異，互相比較，擇一其他之人，取長略短，衡量斟酌，將此條件適合之候補者，推薦於河東君。」以及第 458 頁言崇禎十三年冬，汪然明、馮雲將二人「欲同至虞山者，當是勸說河東君不再放棄機會，即適牧齋也」，不一而足。

〔註18〕 汪然明：《春星堂詩集》，《叢睦汪氏遺書》本，清光緒十二年錢塘汪氏刻本。

〔註19〕 錢謙益：《有學集》卷三十二，《錢牧齋全集》第 6 冊，第 1154 頁。

〔註20〕 延豐等纂修：《欽定重修兩浙鹽法志》卷二十五「商籍二・人物」，《續修四庫全書》「史部」，第 841 冊，第 560 頁。

倪匡世選刊《振雅堂彙編詩最》，錄汪然明詩作《送吳岱觀計偕北上》一首，評曰：「古體奔軼豪放，無百鍊千錘之跡。近體疏雋遒逸，有一唱三歎之風。初盛典型，於茲不墜。」〔註21〕汪然明現存著作《春星堂詩集》，取杜甫「春星帶草堂」之句，柳如是致信「弟欲覽草堂詩，乞一簡付」〔註22〕，即指此。是集存於《叢睦汪氏遺書》，計有《不繫園集》、《隨喜庵集》、《綺詠》及續集、《西湖韻事》、《夢草》、《聽雪軒集》、《遊草》、《閩遊詩草》、《遺稿》（又名《松溪集》）、《夢香樓集》。王道焜編《雪堂韻史》「清燕第五」云：「《畫舫記》一卷，明汪汝謙撰。」〔註23〕應指

上圖爲汪汝謙《春星堂詩集》，清光緒十二年（1886）《叢睦汪氏遺書》本，北京大學圖書館藏。

汪氏《不繫園集》〔註24〕。丁丙輯《武林掌故叢編》著錄汪氏三種：《西湖韻事》一卷、《不繫園集》一卷、《隨喜庵集》一卷。

翻閱汪然明詩集，赫然醒目者，是其與眾多藝人唱和往還（見附表），或書信品題，或登門造訪，或聯袂唱和，構建成一個細密的交往網絡。其中既有如董其昌、陳繼儒、祁彪佳、王思任、張爾葆、楊龍友諸文人士大夫，亦有藝人王聲、黃應聞、方季康、曹石葉、陳鉅昌。就中又以董、陳、祁三人與之交往最密（詳後論述）。尤其值得注意的是，汪然明與風靡一時的波臣畫

〔註21〕倪匡世編：《振雅堂彙編詩最》卷一，清康熙二十七年懷遠堂刻本。

〔註22〕柳如是：《柳如是尺牘》之六，柳如是撰，周書田、范景中輯校：《柳如是集》，杭州：中國美術學院出版社，2002年，第85頁。

〔註23〕陽海清：《中國叢書廣錄》上冊，武漢：湖北人民出版社，1999年，第154頁。

〔註24〕汪然明有眾多船舫，最令文人士大夫留戀的是「不繫園」。汪然明《不繫園集》收錄此類唱和詩最盛，陳繼儒、方一藻、方一蕙、方一荀、張遂辰、黃汝亨、胡潛、汪濬等均有題詩和作。

派代表人物曾鯨、謝彬的交往。日後在許多場合，肖像派畫家爲才女繪像。曾鯨（1568～1650），字波臣，原籍福建莆田，後流寓南京。其畫人物，「如鏡取影，妙得神情」，習者甚眾，俗稱「波臣派」。姜紹書《無聲詩史》曾詳細記錄其摹像技法：

> 風神修整，儀觀偉然。所至卜築以處，迴廊麴室，位置瀟灑。磅礴寫照，如鏡取影，妙得神情。其傳色淹潤，點睛生動，雖在楮素，盼睞嚬笑，咄咄逼眞。雖周昉之貌趙郎，不是過也。若軒晃之英，岩壑之俊，閨房之秀，方外之蹤，一經傳寫，妍媸惟肖。然對面時，精心體會，人我都忘。每圖一像，烘染數十層，必匠心而後止。其獨步藝林，傾動遐邇，非偶然也。〔註25〕

有別於淡墨勾廓、復用粉渲染的傳統操作模式，曾氏首創墨骨畫法，以淡墨勾勒輪廓五官，以墨色染出結構凹凸，「每圖一像，烘染數十層，必匠心而後止」，再賦色彩，以期臻於「如鏡取影，妙得神情」的逼眞效果。其《張卿子像》（如右圖）、《王時敏像》等流傳後世，至爲可貴。李漁《朱梅溪先生肖像題詠詩》即讚歎曾氏所繪肖像透顯出一種閒適、豪宕之氣〔註26〕。汪然明《聽雪軒集》載《春日湖上觀曾波臣爲雲友寫眞》、《春日馮雲將、胡仲修、許才甫、張卿子、曾波臣集不繫園，過西泠奠雲友，感去春社集淨居，因用前韻》數詩。張岱亦於甲戌（1634）十月，攜楚生往「不繫園」觀賞紅葉，不期而至者有曾鯨數人，可證曾鯨與汪然明往來頻繁。

謝彬（1604～1681），字文侯，號仙臞，浙江上虞人，寓居錢塘。《（雍正）浙江通志》記載其「隨父遊學至杭，遂家焉。少年從莆田曾波臣遊，授寫眞

〔註25〕姜紹書撰，印曉峰點校：《無聲詩史》卷四，第90頁。

〔註26〕李漁：《笠翁一家言文集》，《李漁全集》，杭州：浙江古籍出版社，1991年，第1冊，第33頁。

法，凝眸熟視，得其意態所在，濡毫點次，眉目如生，精彩殊勝」〔註 27〕。
陶元藻《越畫見聞》更推其為波臣派弟子第一。汪然明《松溪集》有《題謝
文侯畫蘭》一詩，而《夢香樓集》自序則述及：乙未仲夏（1655），松江才女
張婉仙偕鄒漪過訪，因炎歊為虐，汪然明特設清供下榻，並囑謝彬為張氏寫
照。汪鶴孫《梅坡先生延芬堂集》卷上《寄懷春星草堂兼簡諸弟》，曾追憶往
昔汪家與謝彬的深情厚誼，不勝感慨：

> 樓臺堪對月，四面攝煙霞。縹緲羽人宅，琴尊高士家。文章家
> 集在，圖畫勝情賒。謝彬為作《春星堂圖》。迢遞夢魂切，鄉心寧用
> 涯。〔註 28〕

汪然明如此熱心交往長於書畫、篆刻等才能的文士，緣自其癡好書畫的雅趣、
精於摹拓書法的才華。崇禎四年（1631），汪然明《綺詠》續集刊行，依據詩
作《余自丁卯武林鬱攸為虐，生平書畫付之劫灰。今歸故園，所喜花竹宜人，
悠然自適，因拈雜詠，凡十六章》可知，汪然明早已染指書畫收藏。儘管曾
慘遭火災之厄，全部心血毀於一旦，但癡情未泯。再歷經十年勤苦搜求，其
藝術收藏又頗有可觀，崇禎十四年（1641），王志道序《閩遊詩紀》云：「然
明家藏多古名畫，曾見《王會圖》為顏師古所繪。」迨至清初，徽籍古物商
吳其貞在其書畫經眼錄——《書畫記》中不時選刊汪然明的珍貴藏品。吳其
貞，字公一，號寄谷，素有「手揮七絃琴，目送千里雁」之能。歷經三十餘
年，目看、口述、手記書畫真跡及生平所自購者，略加品題，隨手札錄，編
就《書畫記》六卷，自晉迄明書畫及部分古玩的行款位置、方幅大小、印記、
紙絹、裝潢、卷軸，一一備列，成為後世藏家必備的參考書目。是書著錄汪
然明藏品凡四則：

> （趙千里《明皇幸蜀圖》大絹畫一幅）丹墨皆大佳，是為全璧
> 山水。此圖摹本最多，所畫人物雖有老少之別，而女人皆為一樣。
> 惟此圖女人，細觀之，面貌皆不同，方是正本。此觀於杭城汪然明
> 家。汪，歙西叢睦坊世家也，子登甲榜。為人風雅多才藝，交識滿
> 天下，士林多推重之。時辛卯八月十日。〔註 29〕

> （鄭虔《山莊圖》絹一卷）畫法圓健，如錐畫沙，絕無塵俗氣，

〔註 27〕 嵇曾筠：（雍正）《浙江通志》卷一百九十六，《文淵閣四庫全書》本。
〔註 28〕 汪然明玄孫汪師韓注曰：丙午火災，書籍皆毀。
〔註 29〕 吳其貞著，邵彥校點：《書畫記》卷三，瀋陽：遼寧教育出版社，2000 年，第
89 頁。

神品上畫也。有「紹興」一璽。此二卷於壬辰十一月十八日，同錢
塘張公觀之汪然明家。〔註30〕

　　（蔡卞《衢山帖》）紙墨完好，計字百二十七。書法秀健，逼似
《淳化帖》上柳子厚書。後有楊鐵崖、錢惟善等題跋。此二書畫，
過武林同陶康叔、唐雲客觀於汪然明家。〔註31〕

　　（米元暉《雜詩五首》一卷）書法熟健，秀色奕奕，如此妙書，
信乎宋之二米可繼晉之二王。紙墨俱佳，卷後袁尊尼題識。此觀於
汪然明家，時六月廿八日。〔註32〕

足跡遍佈皖南、揚常蘇杭等地的吳其貞，每年（辛卯至甲午）不忘造訪汪然
明，著錄書畫珍品，說明時至汪氏晚年，收藏仍時有更新，汪然明也應是吳
氏推介書畫等藝術珍玩的主顧之一。

　　從吳其貞所例舉之唐宋人作品，可一窺汪氏收藏的趣味、不俗的眼光和
雄厚的資財。《明皇幸蜀圖》傳爲李昭道所繪，是否摹本也是眞僞難辨，如李
日華《味水軒日記》卷一載，萬曆三十七年（1609）十一月八日，「客持示趙
千里《明皇幸蜀圖》，有丘瓊山一跋，未必眞」〔註33〕。其後，汪砢玉《珊瑚
網》卷四十七亦著錄：無錫鄒氏藏《明皇幸蜀圖》，乃江陰葛惟善藏物。而吳
其貞依據多年的鑒賞經驗，判定汪然明藏品爲正本。唐代詩、書、畫「三絕」
的鄭虔，其作品在南宋以後便流傳稀少，所見僅三幅，汪氏所藏《山莊圖》
即爲其中之一，吳其貞「神品上畫」的價值定位，既是由衷讚歎鄭氏的繪畫
境界，也彰顯了汪然明不可小覷的收藏實力。又汪然明《遊草》之《褚河南
小楷書〈西升經〉》云：

　　展卷莊嚴挹古人，千年遺跡尚風神。體裁別具家家法，骨力渾
看筆筆勻。卻喜纖穠偏帶韻，轉驚飛動自生春。好藏莫落尋常手，
海內相傳已辨眞。

董其昌《畫禪室隨筆》卷三「記事」條載其遊南京，見此《西升經》：

　　結構遒勁，於《黃庭》、《像贊》外別有筆思。以顧虎頭《洛神

〔註30〕同上書，第 115 頁。按：另一幅書畫是指「蘇東坡《弔古戰場文》一卷」。
〔註31〕同上書，第 119 頁。按：依據上下文，此爲順治十年癸巳（1653）四月至七
　　　　月間事。文中另一幅書畫是指「高德符《暮江漁父圖》小紙畫一幅」。
〔註32〕同上書，第 134 頁。按：依據上下文，時爲順治十一年甲午（1654）。
〔註33〕李日華著，屠友祥校注：《味水軒日記》卷一，上海遠東出版社，2011 年，第
　　　　59 頁。

圖》易之，主人迫欲朱提，力不能有，遂落賈人手，如美人爲沙叱
利擁去矣。更償之二百金，竟靳固不出，登舟作數日惡。〔註34〕

可推考，《西升經》應落入汪然明（賈人）之手，董其昌煞費苦心而不可得，
視商人爲沙叱利，且作數日惡。汪、董之間的微妙關係，於此可見。董其
昌自我慰藉，認爲《西升經》雖俊媚，「恨其束於法」，「若兒子輩能學之，亦
可適俗」，董氏之性情可窺一斑。依據明末另一位善書畫、精賞鑒的士大夫
李日華評騭當時古器物價值的標準來看：「晉、唐墨蹟第一，五代、唐前、
宋圖畫第二，隋、唐、宋古帖第三，蘇、黃、蔡、米手跡第四，元人畫第
五。」〔註35〕據此，吳其貞所舉汪氏藏品數種，大多可置於第二層級。其中
側重於山水、碑帖的收藏指向，無疑與汪然明在這方面的興趣、識見與專長
密不可分。

其實，汪然明所屬叢睦坊汪氏族人亦多有書畫收藏之好。族叔汪宗孝
〔註36〕具有敏銳的識鑒能力與深厚的藝術素養，「與通人學士指刺瑕瑜，差別
眞贗，無不精審」〔註37〕。其收藏金石、古文、法書、名畫、彝器、古玉甚
豐，並手鈔一份收藏目錄，洋洋大觀，後由其子汪權奇裝潢成帙。錢謙益撰
《新安汪氏收藏目錄歌》，亦不憚繁瑣，一一歷數：

晉書唐畫出秘閣，永和淳化羅墨莊。昭陵玉匣誇購取，宣和金
書矜弆藏。……人間墨繪汗牛馬，敢與列宿分焜煌。清閟之閣蕭閒
堂，充棟插架聞古香。錯列几案峙彝鼎，鎮壓卷帙塡圭璋。〔註38〕

舉凡書畫法帖、彝器鍾鼎諸藏品，均屬珍稀之物，足以羨煞旁人。值得一提
的是，汪宗孝行鹽淮陰，因吳孔龍助其經營而得以優游自在，專注藝術收藏
〔註39〕。至於叢睦汪氏其他族人收藏概貌，吳其貞身爲同里，頗有近水樓臺

〔註34〕 董其昌：《畫禪室隨筆》，《中國書畫全書》本，第5冊，第150頁。
〔註35〕 李日華撰，薛維源點校：《紫桃軒雜綴》卷四，南京：鳳凰出版社，2010年，
第308頁。
〔註36〕 汪然明《閩遊詩紀》之《觀葉台山相國園》序曰：「先叔景純於相國有國士之
知，相國謂汪景純天下士也。馳驛再歸，過西子湖，臨余不繫園，時余歸新
安，未得掃榻以待。今年遊閩，過福唐，相國已歸道山。因尋園上，徘徊久
之，拈二律以存今昔之感」。
〔註37〕 李維楨：《汪景純家傳》，《大泌山房集》卷七十一，《四庫全書存目叢書》「集
部」，第152冊，第226頁。
〔註38〕 錢謙益：《新安汪氏收藏目錄歌》，《有學集》卷二，《錢牧齋全集》第4冊，
第58頁。
〔註39〕 《豐南志》之《從祖孔龍公狀》，張海鵬、王廷元主編《明清徽商資料選編》，

先得月之便，《書畫記》集中展現了徽商藝術收藏的勝景。例如，其在汪無芳〔註40〕寓所見書畫數種，中有珍品六幅，計有馬賁《獨立朝江圖》、王若水《雙禽採實圖》、蘇漢臣《擊樂圖》、林椿《林檎山鳥圖》、馬遠《柳溪水閣圖》、李營丘《雪天運糧圖》。崇禎十四年辛巳（1641）十一月望日，吳氏造訪富貴之家汪荎敬，得以披覽薩天錫《雲山圖》紙畫一卷，以及琢法精工的漢玉張牙露爪辟邪鎮紙〔註41〕。本著商人的精打細算，吳其貞不會輕易錯失此腰纏萬貫的顧主，即使不能成功轉賣藝術品，但借助登門造訪，尋求共同話題，觀閱珍稀藏品，也能增長見識，以便日後鑒別藝術品之眞僞優劣，故而隔三岔五叨擾汪荎敬：崇禎十六年癸未（1643）七月六日賞鑒謝葵丘《溪山草堂圖》小紙畫一幅、黃筌《花竹錦雞圖》絹畫一幅〔註42〕；順治三年丙戌（1646）春正月十一日觀閱趙善長《清溪垂釣圖》小紙畫一幅（卷三）、四月五日又經眼唐子華《松陰高士圖》小絹畫一幅、沈月溪《梅庵圖》小紙畫一幅。每次均大有收益。

　　擴而言之，叢睦坊汪氏藏品，亦僅僅是徽籍士、商藝術收藏的冰山一角。時值江南地區經濟富庶，各類休閒方式繁多。出於「附庸風雅」的現實目的、好古博物的濃厚興趣，抑或是「亂世藏黃金、盛世藏字畫」的經濟考量，致使藝術品收藏、買賣悄然興盛。吳其貞之父吳豹韋「篤好古玩書畫，性嗜眞跡，尤甚於扇頭，號千扇主人，然不止千也。」〔註43〕榆村程邃修恬雅好書畫，善小楷，家藏趙松雪行書小楷四卷，並有文衡山、祝枝山、王雅宜、董思白諸名家小楷不勝計數。溪南巨富賞鑒家吳新宇子五人，行皆「鳳」字，時人呼爲「五鳳」，皆好古玩，各藏有青綠子父鼎。錢塘張文光居官清介，理政之暇，惟好博古，家多收藏。諸如此類，指不勝僂，盡可從時輩吳其貞《書畫記》、李日華《味水軒日記》、汪砢玉《珊瑚網》諸多著述中擷見，而以吳其貞在《書畫記》卷二「黃山谷《行草殘缺詩》一卷」條之概括最精闢，屢被論者徵引：

　　　　憶昔我徽之盛，莫如休、歙二縣。而雅俗之分，在於古玩之有

合肥：黃山書社，1985 年，第 130～131 頁。
〔註40〕按：疑爲汪無方，吳其貞言其善花卉，「甚工致，有出類之妙」。《書畫記》卷一「宋元人小圖畫一冊十六頁」條，第 11 頁。
〔註41〕同上書，第 73 頁。
〔註42〕吳其貞：《書畫記》卷二，第 81 頁。
〔註43〕同上書，卷一「元人無名氏《野草圖》紙畫一小幅」條，第 2 頁。

無，故不惜重值，爭而收入。時四方貨玩者聞風奔至，行商於外者
搜尋而歸，因此所得甚多。其風始開於汪司馬兄弟，行於溪南吳氏，
叢睦坊汪氏繼之，余鄉商山吳氏、休邑朱氏、居安黃氏、榆村程氏
所得，皆爲海內名器。〔註44〕

時至十六世紀，士、商階層的傳統界線日益模糊〔註45〕，士、商異術而同
心、異業而同道的新型觀念大行其道。汪道昆即是「士魂商才」二而一之的
典範，其與弟汪道貫承繼祖業，進而涉足藝術投資領域，詹景鳳《詹東圖玄
覽編》記述了汪氏昆仲從古物商方用彬購置諸多名貴書畫，名重於時，遠
近翕然宗之。比如，商山吳廷以收藏碑帖著稱於世，有初唐摹本王羲之《十
七帖》、《行穰帖》，及王獻之、顏眞卿數名家法帖，並匯刻而成《餘清齋帖》
八卷。

由於藝術市場的蓬勃發展，相對固定的書畫交易時間和場所也應運而
生。吳其貞嘗記：龍宮古刹「秋月百物萃集，爲交易勝地」〔註46〕，故藏家
吳象之出資萬金修葺。正由於此，吳其貞得以賞玩汪綏之、金虎臣之子等人
所持各名畫〔註47〕。流風所及，杭州昭慶寺也是「無日不市」，「三代八朝之
古董，蠻夷閩貊之珍異，皆集焉」〔註48〕。然而，好景不長，昔日吳其貞所
見徽地藝術市場「應接不暇，如走馬看花」的繁盛景象，彈指間即已「灰飛
煙滅」。汪莘敬家族所收器物，「不亞溪南，今已散去八九」〔註49〕。行走於
淮揚的徽商吳振魯「好古玩，所藏重器，得於榆村程氏、叢睦坊汪氏者多。」
〔註50〕吳其貞亦於崇禎十五年壬午（1642）五月觀賞到原屬叢睦坊汪氏藏物
的「唐宋元人小畫冊二本，計四十八頁」，有諸如李伯時《西園雅集圖》絹畫
鏡面一頁、米元章小楷《西園雅集記》一頁，而趙大年《詩意圖》畫作則無
愧「神品」〔註51〕。

〔註44〕 同上書，卷二，第 62 頁。
〔註45〕 參閱余英時：《明清變遷時期社會與文化的轉變》與《士商互動與儒學轉向——
明清社會史與思想史之一面相》二文，氏著：《儒家倫理與商人精神》，南寧：
廣西師範大學出版社，2004 年，第 155 頁。
〔註46〕 吳其貞：《書畫記》卷二，「劉瓊《墨竹圖》小紙畫」條，第 69 頁。
〔註47〕 同上書，「黃大癡《贈別圖》小紙畫一幅」、「趙子固《幽蘭圖》紙畫一卷」條，
第 64～65 頁。
〔註48〕 張岱：《陶庵夢憶》卷七「西湖香市」，上海古籍出版社，1982 年，第 61 頁。
〔註49〕 吳其貞：《書畫記》卷二，「薩天錫《雲山圖》紙畫一卷」條，第 73 頁。
〔註50〕 同上書，卷四「虞永興《汝南公主墓誌》一卷」條，第 138 頁。
〔註51〕 同上書，第 74 頁。

汪然明交往的文人士大夫群體中，不少人擁有頗具規模的藝術收藏。獲悉徽地書畫流散，錢謙益長途跋涉前往叢睦坊，購置數量可觀的宋元人書畫作品〔註52〕。比如，庚辰（1640）年，錢謙益與程嘉燧相遇，「隨出所收汪長馭家王蒙《九峰圖》及榆村程因可王維《雪江卷》同觀」〔註53〕。壬午年（1642）十一月，吳其貞在吳子含「去非館」巧遇錢謙益，得以觀賞王蒙《九峰讀書圖》、黃公望《草堂圖》，並獲得其悉心指點：

> 先生自昔以文章名望著天下，性好博古。子含特出余所集元人字百幅，計六十有二人，知其名者有半。余皆因元朝年號，知爲元人之書，實不知其系也。訊之先生，一一悉其人始末，可見先生學博，稱爲才人，名不虛譽矣。是日仍見宗伯行囊中入記中者有：黃大癡《洞天春曉圖》、郭河陽《高松山水圖》、王右丞《雪霽圖》、薩天錫《雲山圖》、王右軍《平安帖》。不入記者：褚河南《西竹經》、米元章《多景樓詩》、米元章《題定武蘭亭記》。以上皆得於溪南叢睦坊者。〔註54〕

絳雲樓收藏宋元古籍、名畫古玩甚夥，惜盡付劫灰，令錢謙益痛徹心脾，而有天喪斯文之歎。董其昌更是不惜一切手段搜求，沈德符《萬曆野獲編》卷二十六「好事家」略述嘉靖以來士大夫見稱於書畫古玩市場的情況，而謂「近年董太史（其昌）最後起，名亦最重。人以法眼歸之，篋笥之藏，爲時所豔」〔註55〕。董其昌《跋蜀素帖》云：

〔註52〕　參閱張長虹《品鑒與經營——明末清初徽商藝術贊助研究》第六章「明末清初江南藝術市場與藝術交易人」，北京大學出版社，2010 年，第 168 頁。

〔註53〕　《十百齋書畫錄》丁卷《程嘉燧書畫冊》之「方舟話雨」，《中國書畫全書》第 7 冊，第 556 頁。

〔註54〕　吳其貞：《書畫記》卷二，「黃大癡《草堂圖》小紙畫一幅」條，第 80 頁。

〔註55〕　沈德符：《萬曆野獲編》卷二十六，北京：中華書局，1997 年，第 654 頁。

米元章此卷，如獅子捉象，以全力赴之，當爲生平合作。余先
得摹本，刻之鴻堂帖。甲辰五月，新都吳太學攜眞跡至西湖，遂以
諸名跡易之。時徐茂吳〔註56〕方詣吳觀書畫，知余得此卷，歎曰：
「已探驪龍珠，餘皆長物矣。」〔註57〕

時董其昌書法名重當世，諸多藏家如項元汴、汪砢玉、馮夢禎、汪宗孝等多
請其鑒定題跋。藉此，董其昌得以寓目名畫古帖，並百計收入囊中。鄒之麟
也篤好古玩器皿，姜紹書《無聲詩史》言其「兼蓄晉唐以來墨蹟，泊商周彝
鼎」〔註58〕，曾以千金求購唐人雙勾《萬歲通天帖》一本而不得〔註59〕。吳
其貞在鄒之麟昧庵得以觀閱黃大癡作品數十幅，其餘如米元章《天機妙帖》
等書畫二十二種〔註60〕，並陪同其前往丘園鑒賞摩挲宋高宗《臨智永千字
文》、王會《職貢圖》絹畫。吳氏特別強調鄒之麟：

特來余鄉，欲謀《祭侄文》，及見魯公《送裴將軍出征詩》，後
有太倉二王題跋，先生愛之，購此而卻《祭侄文》。〔註61〕

據姜紹書《無聲詩史》記載，鄒之麟得《出征詩》，欣喜若狂，葺齋藏之，並
鏤詩於壁。張爾葆賞鑒博雅，「與石門先生（按：指朱石門，朱虜之子）競收
藏，交遊遂遍天下。」「自是收藏日富，大江以南，王新建、朱石門、項墨
林、周銘仲，與仲叔（張爾葆）而五焉」。曾於龍山造精舍，以收藏古玩，「鼎
彝玩好，充牣其中，倪迂之雲林秘閣，不是過矣」〔註62〕。陳繼儒亦酷嗜收
藏，《妮古錄》自序云：「予寡嗜，顧性獨嗜法書名畫，及三代秦漢彝器瑗璧
之屬，以爲極樂國在是。」〔註63〕所藏名篇秘冊甚多，因得顏眞卿《朱巨川
告身》「眞跡」而名其室曰寶顏堂。

然而，因當時富商巨賈不遺餘力購置書畫古玩，文人士大夫亦對藝術收
藏如癡如醉，也催生出一批頗具藝術修養的伎術人作僞射利，以致「鍾家兄

〔註56〕 汪然明：《西湖韻事》之《重修水仙王廟記》云：「縉紳先生如馮開之司成、
徐茂吳司李、黃貞父學憲，主盟騷壇」，「而余以黃衫人傲睨其間」。
〔註57〕 徐邦達：《古書畫過眼要錄》，北京：紫禁城出版社，2006年，第316頁。
〔註58〕 姜紹書：《無聲詩史》卷四，第82頁。
〔註59〕 吳其貞：《書畫記》卷四，「唐人雙勾《萬歲通天帖》一本」條，第150頁。
〔註60〕 同上書，卷三「梁楷《寒山拾得圖》小紙畫一幅」條，第112頁。
〔註61〕 同上書，卷二「宋高宗《臨智永千字文》」條，第71頁。
〔註62〕 張岱：《家傳附傳》，《琅嬛文集》，長沙：嶽麓書社，1985年，第169頁。
〔註63〕 陳繼儒：《妮古錄序》，《叢書集成新編》，臺北：新文豐出版公司，1986年，
第50冊，第310頁。

弟之偽書、米海嶽之假帖、澠水燕談之唐琴」〔註64〕，充斥藝術市場，稍有
不慎，即會遭遇「日飲蒙汗藥，而甘之若飴」〔註65〕的苦境。有鑑於此，學
識宏通、夙有名望的文人學士受到狂熱追捧。如前所引，錢謙益歷數元代數
十位書畫家的生平繫年，令書商吳其貞心悅誠服。書畫名家董其昌更儼然如
一代宗師，汪然明曾求請其題寫齋名、為詩集撰序，而央請鑑定書畫、碑
帖，也應在情理中。一方面，儒商在眾多文化場合仰慕甚至依賴文士的專業
知識；另一方面，文士亦離不開儒商雄厚的財貲與寬廣的人脈。如祁彪佳曾
致書汪然明：

> 裱褙法書者，旦暮可得過舍否？倘來無定期，乞仁兄一字，弟
> 覓便將寄促之，何如？佳刻如印就，祈見惠為禱。

緊接第二通尺牘，即言：

> 俵偠在弟處已有二人，不便合用。且今之西渡，倘此處竣事而
> 彼人尚在，仁兄宅上當端價再促之至，因其投精而工儉，正欲用之
> 也。佳帖之賜，附此布謝，不盡縷縷。〔註66〕

祁彪佳需求一裱褙藝人，且指定要求「投精而工儉」的「彼人」。而尺牘所說
「佳帖之賜」，當指汪然明刊刻的《雙青閣法帖》，亦即柳如是致汪氏尺牘第
十二通所言「來墨精妙，齋名雙青」。至於汪然明《答吳梅村先生索墨》一詩
曰：「閒將龍劑搗青霜，幾度寒輝徹豹囊。寄語鳳凰池上客，好拈彩筆散天
香」，亦可能涉及此法帖〔註67〕。而汪然明擁有眾多船舫，為文士雅集、探親
提供了許多便利，其傾心結交才女，更成為文士結識才女的重要一環。

第二節　才女書畫交遊與聲名營造

　　叢睦坊汪氏家族業鹽江浙，財富雄冠江東。「風雅典型」汪然明添置各種
船舫，「不繫園」、「隨喜庵」屬規模較大者，餘則有「團瓢」、「觀葉」、「雨絲
風片」。厲鶚《湖船錄》曾具體描述「不繫園」：

〔註64〕沈德符：《萬曆野獲編》卷二十六「假骨董」，北京：中華書局，2007年，第
　　　　655頁。
〔註65〕同上注。
〔註66〕祁彪佳：《都門入裏尺牘》，《祁彪佳文稿》，北京：書目文獻出版社，1991年，
　　　　第2079頁。
〔註67〕汪然明：《松溪集》。查閱《吳梅村全集》，未見有載。

計長六丈二尺，廣五之一。入門數武，堪貯百壺，次進方丈，
足布兩席。曲藏斗室，可供臥吟；側掩壁廚，俾收醉墨。出轉爲廊，
廊升爲臺，臺上張幔。若遇驚飆蹴浪，倚樹平橋，卸闌卷幔，猶然
一蜻蛉耳。〔註68〕

汪然明制定過「不繫園」十二宜九忌的規則：十二宜指名流、高僧、知己、
美人、妙香、清歌、名茶、名酒等；九忌指殺生、雜賓、作勢軒冕、苛禮、
童僕林立、俳優作劇、鼓吹喧闐、強借、久借。如此輕盈精細的船舫，成
爲韻人勝士賞玩西湖、花朝社集的上佳選擇。陳繼儒曾留連於此〔註69〕，吳
孔嘉曾「攜將書畫訂鷗盟」〔註70〕，張岱、曾波臣亦不時往「不繫園」觀賞
紅葉，陸彥章曾「假載樓船二舫，攜家登泛湖上紀興」〔註71〕。王思任聲稱
「極不喜豪家徽賈，重樓架舫，優喧粉笑，勢利傳杯，留門趨入」〔註72〕，
其所謂「優喧粉笑，勢利傳杯」恰列不繫園「九忌」之中，不適俗韻的汪
然明因此而獲得王思任父女青睞。祁彪佳《歸南快錄》言其在崇禎八年
（1635）：

六月初五日，買不繫園舟，欲與內子至段橋裏湖，遇大風，舟
泊於剩園之旁，竟日不能移，遇晚益甚，僅晤王我雲即歸。〔註73〕

柳如是亦致信汪然明：「明日欲借尊舫，一向西泠兩峰」〔註74〕。尤其是，順
治十二年（1655）六月，雲間張婉仙遊杭州，汪然明記其事曰：

時尚有側目者，又有私慕者，宛仙匿影不出。予一日拉同人雅
集不繫園，致使聲名益噪，遊人多向予問津。不輕引入桃源者，時
多戎馬，恐名花爲之摧殘，可惜也。

孟冬，有文武顯貴臨湖上，聞而慕之，會予蕭齋，有不惜明珠
白璧囑予塞修者。宛仙笑而謝曰：「公輩眞鍾情，如薄命人非宜富貴
家，且何忍遽別西湖也。」聞者多病宛仙少周旋，然亦以此益高宛

〔註68〕 《武林掌故叢編》，第六集，清光緒年間錢塘丁氏嘉惠堂刻本。
〔註69〕 汪然明：《陳眉公暮春過湖上，連宴於不繫園、隨喜庵》。
〔註70〕 吳孔嘉：《同李錢兩先輩泛不繫園》，刊於汪然明《不繫園集》。
〔註71〕 汪然明：《隨喜庵集》。陸彥章，字伯達，華亭人。萬曆十七年（1589）己丑
　　　　 科進士，仕至光祿寺卿。《松江志》曰：「彥章工詩文，書法妍雅，小楷尤工」。
〔註72〕 王思任：《遊杭州諸勝記》，《文飯小品》卷三，長沙：嶽麓書社，1989年，第
　　　　 267頁。
〔註73〕 《祁彪佳文稿》，第1018頁。
〔註74〕 柳如是：《柳如是尺牘》第二通，《柳如是集》，第83頁。

仙矣。〔註75〕

汪然明拈句解嘲，精心呵護，一時名流李明睿、張遂辰、施閏章、李漁、吳孔嘉、黃媛介、王端淑等三十餘人即興和詩，盛況空前。王端淑感觸頗深，曰：「婉仙以豔冶之容，具文藻之質；生本雲間，來遊湖畔。賴然明先生珍重，遂成一時佳話，故人亦有遇與不遇到耳。」〔註76〕才女張婉仙的聲名造就，汪然明居功甚偉。不僅於此，汪氏向來自許黃衫豪客，對才女亦全力護惜，故借用洪承疇所題「風雅典型」之匾額充當擋箭牌，使前來避難投止的張婉仙得以脫免於達官顯貴的網羅。而早年柳如是受困於豪霸糾纏、庸人攪擾之際，亦亟請汪然明相助：「今弟所汲汲者，亡過於避跡一事。望先生速擇一靜地爲進退」〔註77〕，終得以飄然遠遊。

順治十一年（1654），汪然明作詩《次兒請假歸省，督師贈余「風雅典型」匾額。兒歸，因敘親友隨任十年無一存，僅僕亦亡十七。余慨八十老人，一切當謝，使余年得閒，即兒輩養志。感懷述事，復拈八章，自此當焚筆硯矣》八首，其中第四首云：

> 世事看來總戲場，如何偏我獨多傷。每逢按劍無男子，猶喜譚詩遇女郎。昔逢王（王修微）楊（楊雲友）林（林天素）梁（梁喻微）諸女史，今遇吳岩子元文（卞元文）黃皆令王端淑諸閨閣。昔慨侯門懷短鋏，今看彩服上高堂。庭前綠映逢初夏，喜視兒孫序雁行。〔註78〕

汪然明晚年追憶平生所交往的才姝，與之有深厚情誼的柳如是竟然在這份名單中付諸闕如，難免讓人生疑。陳寅恪認爲是避錢謙益之故，故而晦澀模糊，詩作《無題》也是出於這種考慮。《春星堂詩集》明確涉及柳如是的詩文，僅有《遊草》之《余久出遊，柳如是校書過訪，舟泊關津而返，賦此致懷》一首。實際上，汪然明與柳如是交往最爲密切，《柳如是別傳》已作詳細考證，茲不復述。或許，存在另外一種可能性：即汪師韓在乾隆辛卯年（1771）匯刻《春星堂詩集》所說：「（汪然明）平生著作富有，杭城多火，春星堂在缸兒巷，三被火災，版刻紙鈔盡失。」其在故交寓所、舊書肆尋獲《聽雪軒集》、《綺詠》前後集、《夢草》、《遊草》、《西湖韻事》、《閩遊詩紀》七種，合

〔註75〕汪然明：《夢香樓集》「自序」。
〔註76〕王端淑：《名媛詩緯》卷二十一「新集」。
〔註77〕柳如是：《柳如是尺牘》第五通。
〔註78〕汪然明：《松溪集》。依前一首詩《甲午七月次兒蒙洪督師調至長沙軍前》，次年汪然明卒。

以家藏本《不繫園集》、《隨喜庵集》及鈔本《遺稿》(《松溪集》) 而刊行汪然
明著作集。據其中《閩遊詩紀》、《夢草》圍繞林天素而作、《聽雪軒集》旨在
為楊雲友而作的創作路徑推測，汪氏應有為柳如是而作的專集，惜毀於火災
或散佚。需要略作說明的是，鈕琇《觚剩》記述柳如是「性獧慧，賦詩輒工，
尤長近體七言。作書得虞、褚法」〔註79〕。汪然明迷戀褚氏書法，視《褚河
南小楷書〈西升經〉》為秘本，由此而對柳如是摹仿褚氏字體惟妙惟肖，嘖嘖
稱歎。

此外，其他出現在《春星堂詩集》中的頗具書畫才藝者，如沙宛在、胡
茂生、章韻先、孫雲居，因顧及詩歌整飭之美，亦未在上詩悉數列出。沙宛
在，字嫩兒，名彩姝，以性情賦詩〔註80〕，擅長臨摹《蘭亭》〔註81〕。汪啓
淑《擷芳集》稱其「上元妓也，與姊遊蘇臺，卜居半塘，名噪一時，人以二
趙、二喬目之」〔註82〕。據汪然明記述，沙宛在曾過吳門，「為人所逼，憐才
者投詩關使君，黎明為之開關，遂得解圍」，主要彰顯其詩文才華。從《午日
同黃貞父膳部吳門舟中遇沙宛在校書，次韻贈別》、《吳鹿長招集秦淮春泛》
諸詩可知，汪然明僅遊宴雅集時與之相識，並未有過多交往，而《為吳鹿長
哭沙姬宛在》悼詩，也是出於朋友請託而寫，道出沙氏歸適侯門之後，憂鬱
而亡的悲慘境遇。同樣借助於文士雅集，汪然明亦有幸目睹才女孫雲居、章
韻先高超的書畫技藝。孫雲居在隨喜庵為鄧倩生寫真，繪《湖山雨景寫生》
〔註83〕；王端淑《名媛詩緯》「繪集」述名妓章韻先「善雜曲、畫蘭」〔註84〕。
汪然明有《秋日風雨，同吳巽之、汪爾張泊舟斷橋，觀章韻先畫扇》詩，記
其時章氏繪《西湖雨景圖》。之後，汪然明又賦詩《冬日集群妹於隨喜庵，章
姬韻先遲至，為座客解嘲》，可見其與群妹觥籌交錯、起坐喧嘩之狀。相較之
下，汪然明欲見閩妓胡蓮則沒那麼順利。胡蓮，字茂生，「才情絕世」〔註85〕。
黃瑞輯《三臺名媛詩輯》，引《樸學堂文鈔》曰：

> 天台女子胡茂生，工詩畫，隱居困溪。性不諧俗，以詩畫遊學

〔註79〕 鈕琇：《觚剩》卷三，上海古籍出版社，1986年，第47頁。
〔註80〕 王端淑：《名媛詩緯》卷二十四，「豔集上」。
〔註81〕 汪砢玉：《珊瑚網》「法書題跋」卷十八，《中國書畫全書》第8冊，第161頁。
〔註82〕 顧祿：《桐橋倚棹錄》卷八，北京：中華書局，2008年，第119頁。
〔註83〕 汪然明：《隨喜庵集》之《孫雲居於隨喜庵為倩生寫真戲作》。
〔註84〕 王端淑：《名媛詩緯》卷四十二。李因《懶園贈別章韻先校書》二首，詩注云：
　　　　章韻先「善雜劇、畫蘭」，王端淑據以知章氏擅畫，刊入「繪集」。
〔註85〕 王端淑：《名媛詩緯》卷二十，「正集附下」。

士大夫間。一時閩巨公如曹石倉、徐興公皆愛重之，相與往來贈答。

於花卉，特喜畫菊竹，妙處不減古閨閣名流，或自題其上，娟秀動

人。絹素扇頭，人爭寶之。〔註86〕

明末閩中詩壇領袖曹學佺、徐燉甚器重胡蓮，相攜與遊，可以崇禎十五年（1642），曾異《五月二日雨中同孫子長、曹能始先生、徐興公、陳克雨、周祥候、陳昌箕，集鄭汝交雙橋草閣觀競渡，遲胡茂生女史不至，次能始先生韻》、《夏日同徐興公、吳門陸視俯、周祥候、吳興錢雲卿、天台胡茂生女史，集鄭汝交補山，視俯度曲，祥候吹簫和之。時視俯已買舟歸，予偶赴汝交之招，非宿訂也，即席爲視俯送行》〔註87〕二詩爲證。此前（崇禎十四年），汪然明隻身前往福建尋訪才女林天素，不料獲見胡茂生墨妙，因賦詩《觀胡茂生校書詩畫，時聞在水口，賦此寄懷》：

名噪三山藉甚時，盈盈一水正相思。填詞爭儗李清照，寫作渾

如管仲姬。勝日聞君多倡和，殘年憐我獨棲遲。蕭然一棹停江上，

欲訪仙源未有期。

此後，經徐燉、曹學佺講述關於胡氏的種種才藝，令其怦然心動，晤敘意願更爲強烈，因而又接連作詩數首：《始客三山，徐興公出林天素蘆雁扇，又出胡茂生菊竹扇。今將歸，興公以詩寄茂生，異鄉貽剗懷天素，因拈二絕紀事》、《過石倉園，訪胡茂生校書，時尙未至》、《舟至水口，訪胡茂生，已先一日往三山矣》、《夜泊延平，懷胡茂生》、《石倉園懷胡茂生》，從以上詩作看，汪然明曾前往水口尋訪，但終究未能與胡氏成功晤面。不是胡茂生故意躲避，而是天意弄人，讓汪然明飽受思慕之苦，但也獲贈才女墨蹟。《胡茂生寄余詩畫，因索天素畫桃源圖，戲題答之》一詩曰：「草滿天台路，花紅困水濱。桃源劉阮到，不作避秦人。」借用劉阮入天台遇見仙女之事，表達探訪願望。

　　上述沙宛在、章韻先、孫雲居、胡茂生諸才女，均嘗與汪然明詩畫唱和或宴飲雅集，然俱刊落於上舉名單中。一方面，如前所說，因受七言詩體限制；另一方面，汪然明與諸人之情誼，相比而言，無疑以詩中所舉者殊勝。

　　著名女遺民吳山，以詩名垂四十年。其藝術才能，惲珠《國朝閨秀正始

〔註86〕胡文楷：《歷代婦女著作考》（增訂本），第 133 頁。

〔註87〕曾異：《紡授堂二集》卷六，《四庫禁燬書叢刊》，「集部」，第 163 冊，第 677、679 頁。

集》許爲：「工草書，善畫」〔註88〕，其他可考文獻記載甚少。王端淑《名媛詩緯》刊錄其詩九首，其中《清明前二日社集不繫園，用雨絲風片煙波畫船爲韻，各即事八首，奉和汪然明先生韻》，抒發了「遊客兩朝人，明湖古今面」〔註89〕的故國情懷。汪然明撰寫《西湖紀遊》，亦云：

> 余髦矣，撫今思昔，未免有情。偶值岩子吳校書寓遊湖上，詞采翰墨，媲美囊儔，觸目成吟，爲西湖曲，感廢興之倚伏，嗟聚散之難期。〔註90〕

不過，吳氏母女（女卞夢珏）與汪然明之詩畫交遊並不多見。與之類似，才女王修微雖與汪然明交誼匪淺，《名媛詩緯》選錄其題詠汪然明詩集一首〔註91〕，惲珠亦言其「工寫山水、花卉，筆墨超妙」，卻不見有書畫作品傳世。

總體而言，汪然明交往的眾多才女中，以書畫見長、爲文人士大夫追捧

〔註88〕 惲珠：《國朝閨秀正始集》卷一，清道光十一年至十六年紅香館刻本。
〔註89〕 王端淑：《名媛詩緯》卷十一，「正集九」。
〔註90〕 汪然明：《西湖紀遊》。
〔註91〕 王端淑：《名媛詩緯》卷十九，「正集附上」。王修微與汪然明唱和之作，有《不繫園集》之《寄題不繫園》、《夢草》之《癸亥夏日集水邊林下讀〈夢草〉，賦此請政》。據天啓元年黃汝亨序《綺詠》，及施紹莘於「庚申冬至前四日」所撰《懷王修微》，詞序載施氏「見修微於眉公山莊之喜庵」，可知汪然明《綺詠》所言與王修微之交遊，即在泰昌元年（1620）。《春日同胡仲修、賀賓仲、徐震岳、（徐）泰岳、王修微六橋看花，夜聽馮雲將、顧亭亭簫曲》（汪然明《綺詠》）：「堤頭羅綺千行，月下霓裳一曲。……爲問生平感遇，何如此夕憐春。」得以與知己沉醉於紅妝紫陌間，夫復何求，汪氏快意人生之感溢於言表。而《秋日同友人過快雪堂訪王修微夜話》詩，據《列朝詩集小傳》丁集下「馮祭酒夢禎」小傳云：「築室孤山之麓，家藏快雪時晴帖，名其堂曰『快雪』」。又柳如是《湖上草》有《過孤山友人快雪堂》詩，知王修微暫居快雪堂，應爲馮雲將所延請。日後汪然明爲王修微修葺淨居，《余爲修微結廬湖上，冬日謝於宣伯仲過臨，出歌兒佐酒》、《冬日夢於修微淨居與張卿子評〈夢草〉，淨居近西泠》。其後，王修微遠遊，參拜憨山德清，周銘編《林下詞選》卷九「王微」條載其「入匡廬，月下從開先寺看青玉峽，道遇虎，不怖。至棲賢橋，題字金井上，白雲卷之而飛。見樂天草堂圮，解衣修葺。採芝天柱峰頭，三觀日出，殆飄飄乎仙也。」雖不免神乎其跡，然可一窺王修微遊匡廬、武當之情形。王修微初歸茅元儀，後歸許霞城（譽卿）。順治五六年間，汪然明攜杖造訪許譽卿，有《過許霞城先生寓齋夜話》（《松溪集》）詩：「幽懷擬向湖心寫，靜賞偏宜旅舍同。一席話深千古事，半簾月淡五更風。寧辭地主翻爲客，北海由來酒不空。」兩人促膝長談，既有劫後餘生之慨，也應有談及王修微「當政亂國危之日，（許譽卿）多所建白，抗節罷免，（王）修微有助焉」（錢謙益《列朝詩集小傳》）的傳奇事蹟。或許，汪然明此行，專爲祭奠王修微，也未可知。

者，應數黃媛介、林天素、楊雲友。黃媛介工書畫，楷書仿《黃庭經》，畫似
吳鎮，筆意蕭遠閒淡（如圖）。姜紹書記云：

> 皆令書畫不可多得，郡城蕭儀九，裝潢家名手也。予從其處得
> 皆令詩畫扇一，出以視客，知畫者謂逼眞梅花道人筆意。字亦遒婉
> 有古法。〔註92〕

卞永譽《式古堂書畫匯考》卷六十著錄黃媛介於崇禎辛巳（1641）繪寫《南
軒松圖》、《煙水疎林圖》兩幅。甲申之變後，黃皆令貧困交加，陳維崧「嘗
見其僦居西泠段橋頭，憑一小閣，賣詩畫自活」〔註93〕。因其性情孤傲，頗
有元代畫家吳鎮抗簡孤潔之風，「稍給，便不肯作」，「終不免賣珠補屋之歎，
地主汪然明時招至不繫園與閨人輩飲集，每周急焉」〔註94〕，黃媛介亦有賦
詩《七夕汪夫人湖舫燕集，即席和韻》、《汪夫人招集湖舫，即席和韻》二首
〔註95〕。其後，汪然明雲遊嘉興，尋訪張婉仙，又變賣田產資助黃媛介。汪

〔註92〕姜紹書：《無聲詩史》卷五，第 110 頁。

〔註93〕陳維崧：《婦人集》，王英志主編：《清代閨秀詩話叢刊》第 1 冊，第 24～25
頁。

〔註94〕鄧漢儀：《詩觀初集》卷十二，《四庫全書存目叢書補編》第 39 冊，第 456
頁。

〔註95〕王修微因已適許霞城之故，陳寅恪認爲其詩作《汪夫人以不繫園詩見示，賦
此寄之》，題中「夫人」，原文疑作「然明」（《柳如是別傳》，第 383 頁）。其
實，釋爲汪然明之夫人未爲不可，汪然明曾「繼娶汪氏、周氏」（汪然明《春
星堂詩集》卷首）。同樣，黃媛介稱呼「汪夫人」，亦應指汪然明妻子。

氏詩作《壬辰初冬遊嘉禾，飢寒之客雲集，遂售田二十一畝分應之。臘月得次兒信，差足自慰。因述禾中感遇，補詩八章》，第二首詩注云：「余別南宮，楊世功袖黃皆令詩箋云：『誰識君家唯仗俠，空囊猶解向人傾。』時煉師曹朗元攜酒餞別，感賦次皆令韻。」〔註96〕黃媛介對其給予厚待與救濟銘感不已。

汪然明「黃衫豪客」的形象，在與書畫才女楊雲友、林天素的交往中表現更為淋漓盡致。楊雲友，名成岫，又名慧林，號林下風，錢塘人，「工山水，諳墨妙」〔註97〕。論者一般將其與林天素並置品題，如張爾葆評曰：

> 余猶憶天素濡毫吮墨，幽閒靜好，寂寂相對，如披寒潤之風，心地都涼。雲友恨未參承，友人汪然明以紈扇緘寄，才一展玩，煙霞片片，落坐間矣，不覺欲自焚筆硯。〔註98〕

「心地都涼」與「自焚筆硯」的不同評述，頗能見出楊、林二人繪畫境界之層次。董其昌以禪宗南北之分評判，認為林天素如「北宗臥輪偈」，楊雲友如「南宗慧能偈」：

> 或對境心不起，或對境心數起，皆菩提增長。求女人相，了不可得。然天素秀絕，吾見其止。雲友澹宕，特饒骨韻，假令嗣其才力，殆未可量。〔註99〕

臥輪偈是：「臥輪有伎倆，能斷百思想。對境心不起，菩提日日長。」即用各種技法剪除執念，抵制外界干擾，以至心如止水，增進菩提智慧。慧能偈是：「慧能沒伎倆，不斷百思想。對境心數起，菩提作麼長。」〔註100〕與禪宗著名菩提、明鏡公案如出一轍。眾所周知，董其昌喜以禪宗南、北二宗分述中國山水畫的流變及風格，北宗如李思訓父子、趙伯駒、馬遠諸輩，南宗則自王維始用渲淡之後，一變勾斫之法，承繼者有董源、巨然、米家父子、元四大家〔註101〕。董其昌五十歲後專習南宗董、巨、米三家，尤其對米氏父子推崇備至。在此以南北宗繪畫理論區分楊、林二人，楊雲友之繪畫境界顯然更

〔註96〕 汪然明：《松溪集》。
〔註97〕 王端淑：《名媛詩緯》卷三十九，「雜集」。
〔註98〕 張爾葆：《〈聽雪軒集〉題詞》。
〔註99〕 董其昌：《〈聽雪軒集〉題詞》。
〔註100〕 普濟著，蘇淵雷點校：《五燈會元》卷一，北京：中華書局，1984年，第56頁。
〔註101〕 董其昌：《畫禪室隨筆》卷二，《中國書畫全書》本，第5冊，第143頁。

勝一籌，且「吾見其止」與「殆未可量」之評判，已然高下立見。需要說明的是，董其昌僅爲評定林、楊二人繪畫技藝高低而以「南北宗論」爲喻。實際上，林天素習畫宗尚是直接摹仿以董其昌、陳繼儒爲首的松江畫派（詳見後），而不是「北宗」技法。

至於楊雲友，黃媛介在李漁《意中緣》傳奇第二十一齣【捲簾】中眉評曰：「肖人作畫，暗寓品題，是雲友生前長技。」〔註102〕其畫《斷橋小景圖》，自題曰：

> 冬日登隨喜庵，因寫斷橋小景誌喜。經年不復見湖山，重到西泠載月
> 還。風月何如今日好，天應爲我也開顏。〔註103〕

汪然明與之交往，如允承侄兒汪汝開病危之請，求取楊雲友畫扇，使其「病裏常開一解顏」〔註104〕。而汪然明詩集《聽雪軒集》幾近圍繞楊雲友而作。其中如《仲春董仲權邀過次竹園，訪楊雲友觀畫聽琴》、《王柱瀾攜雲友登隨喜庵，時董仲權挐舟以待，紀事》、《雪後過雲友》、《深秋看雲友病》等，可窺見兩人交往之頻仍。黃媛介言：「因妻得官，乃雲友良人之實事，杭人無不知之。」〔註105〕而王柱瀾究爲何人，其與楊雲友之關係，暫無文獻可考。不過，汪然明《陳懿卜先生來湖上，聞雲友近況，賦懷楊詩十首，漫和步韻》之四「莫道當年獅子吼，於今摧挫不堪聞」，之九「自惜（按：疑爲昔）摧殘風雨後，頓今咫尺不同遊」，《暮春陳庶常過湖上展觀雲友畫，作文傷之，因感賦》之「共惜摧殘千古恨，漫將遺墨想風神」，絮絮叨叨，足見其對薄命才女楊雲友因遭妒忌、鬱鬱寡歡而亡一事哀傷不已。依據《聽雪軒集》所敘兩年光景，以及崇禎己巳（1629）年春董其昌、許經撰序，可推知，楊雲友亡於天啓七年（1627）冬。汪然明義葬楊氏（《歲墓湖上送雲友葬》），並在校勘刊印宋代釋道潛詩集《參寥集》時述及：「余曩歲爲慧林埋骨寺（指智果寺）旁，彷彿類貞娘虎丘故事。既葬羅衣，復施縷裙，誓倡復舊觀。」其後，汪然明又不斷與朋輩前往弔唁，如《雲友墓在智果寺西，當百日禮懺寺中，期他日爲構一椽，梅花繞屋以貯香。予昔構一枝於西泠，范長白〔註106〕先生題

〔註102〕李漁：《意中緣》，《李漁全集》，第388頁。
〔註103〕陳文述《蘭因集》卷上，《武林掌故叢編》本。
〔註104〕汪然明《湖上傷汝開侄》曰：「曾將紈扇若爲歡，病裏常開一解顏。可惜蕭然埋玉後，空留殘墨在人間。病中索楊雲友畫扇。」
〔註105〕黃皆令評《意中緣》傳奇，《李漁全集》第4冊，第390頁。
〔註106〕范允臨，字長倩，一字長白，吳縣人。萬曆乙未進士，仕至福建參議。隨意

曰雲龕。今留佳名於此，賦以誌之》、《春日馮雲將、胡仲修、許才甫、張卿子、曾波臣集不繫園，過西泠奠雲友，感去春社集淨居，因用前韻》〔註107〕；或獨自哀念，如《雨窗讀方庶常悼雲友書》、《族弟杜若冬日遊新安，過訪詢雲友往事，感涕成吟，次韻》。嘉道年間，陳文述意外獲取楊雲友繪像，《以蒙泉外史山水畫幀易得楊雲友小像，詩以誌事》一詩小序云：

> 雲友小像，舊藏瓶花齋吳氏，不著作者姓名，有閏子將題云：「梅花數點石欹斜，料峭新寒約鬢鴉。愛住暗香疎影裏，一生應不識烏紗。」有叢睦汪氏小圓印，蓋春星堂舊物也。〔註108〕

幾經輾轉，畫像歸落另一著名文士陳文述，實屬幸事，而此即應為汪然明《春日湖上觀曾波臣為雲友寫眞》之像。汪然明之眞情厚誼、「生死金湯」，於此可見。此外，汪然明亦極力向友朋薦舉楊氏畫作，如囑楊雲友畫「閉戶著書多歲月，種松皆作老龍麟」〔註109〕圖，以賀陳繼儒七十壽誕。又珍其遺跡，倩人題跋，以「傳之同好，共聆湘浦之音」〔註110〕。出示畫作供陳庶常展觀，緘寄紈扇給張爾葆，請董其昌鑒評其山水小冊。董其昌因贊曰：

> 出入米漫仕、梅花庵主、黃鶴山樵，已涉元季名家蹊徑。乃花鳥寫生，復類宋時畫苑能品。諸人伎倆，雖管仲姬親事趙文敏，僅工竹石，未必才多乃爾。〔註111〕

其歡賞楊雲友山水畫冊幽秀輕逸，頗有南宗中堅米芾、吳鎮、王蒙之風，與此前稱述楊雲友如「南宗慧能偈」、林天素如「北宗臥輪偈」一脈相承。只是因凸顯楊雲友擅長山水、花鳥寫生諸多面向，而貶低管仲姬，似有過譽之嫌。

汪然明又將楊雲友繪畫作品寄送柳如是，請其品鑒。柳如是尺牘第六通云：

> 弟欲覽草堂詩，乞一簡付。諸女史畫方起，便如彩雲出衣。至雲友一圖，便如濛濛涼水，傷心無際。容假一二日，悉其靈妙，然後奉歸也。〔註112〕

塗抹有致，絕無畫家蹊徑。工書，遠近購者，寸練尺幅，藏為拱璧，與董其昌齊名。見彭蘊璨《歷代畫史匯傳》卷五十。
〔註107〕和詩者有方士翊、黃允交、江之璧數人。
〔註108〕陳文述：《頤道堂集》「詩選」卷二十一，清嘉慶十二年刻、道光增修本。
〔註109〕汪然明：《聽雪軒集》。
〔註110〕同上注。
〔註111〕董其昌：《〈聽雪軒集〉題詞》。
〔註112〕柳如是：《柳如是集》，第85頁。

尺牘第三通云：

> 泣蕙草之飄零，憐佳人之遲暮，自非綿麗之筆，恐不能與於此。
> 然以雲友之才，先生之俠，使我輩即極無文，亦不可不作。容俟一
> 荒山煙雨之中，直當以痛哭成之耳。〔註 113〕

此爲汪然明請河東君爲楊雲友撰寫悼辭。以楊雲友「猶繞樹三匝」之身世，與「磨磚作鏡」的心境與境界，「非然明二三君子爲之金湯」〔註 114〕，又何能至於此？與楊雲友之交往，悲涼淒婉，集中展現了汪然明的俠義形象。而與林天素的交遊，則見其深情款款之另一面。

林天素，工詩畫〔註 115〕。作山水，「筆姿秀逸，娟娟可愛」〔註 116〕。卓發之《花隱編序》云：

> 當今林天素畫極超逸，自是倪元鎮、黃子久一流人。嘗與玄宰
> 先生言，詩至薛洪度，畫至天素，具有名士風流。然詩女尚可多
> 得，古來閨秀稍工蘭竹耳，能爲山水逸格者，從來未有。天素自足
> 獨擅千古，領袖茲集。後有披攬興懷、驚魂動魄者，必我天素耳。
> 〔註 117〕

吳蘋香有《題林天素山水冊，同陸琇卿夫人作》四首〔註 118〕，《藝林月刊》亦刊出過天啓七年（1627）林天素所作山水畫冊（如下圖）：

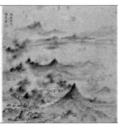

波臣畫派謝彬曾爲楊雲友、林天素繪像，陳文述《題楊雲友、林天素兩女士小影》詩注云：「此幀爲謝彬寫像，藍瑛寫圖。」〔註 119〕

〔註 113〕同上書，第 84 頁。
〔註 114〕董其昌：《〈聽雪軒集〉題詞》。
〔註 115〕王端淑：《名媛詩緯》卷十九，「正集附上」。
〔註 116〕徐沁：《明畫錄》卷五，第 110 頁。
〔註 117〕卓發之：《瀟灂集》卷十，《四庫禁燬書叢刊》「集部」，第 107 冊，第 465 頁。
〔註 118〕蔡殿齊：《國朝閨閣詩鈔》第九冊，《繡吟樓詩鈔》卷九。
〔註 119〕陳文述：《頤道堂集》「詩選」卷二十一。

　　董其昌賦詩《贈林天素》、《題林天素畫》二首〔註120〕，均以鑄劍宗匠干將比擬，譽其繪畫才藝難以爭鋒。由畫及人，董氏亦心有戚戚焉，無怪乎李漁《意中緣》傳奇將林天素、董其昌姻緣附會，以致此後諸多記載信以為實。事實上，汪然明對林氏之情真意切眾人皆知，陳寅恪認為《意中緣》傳奇姻配林天素，以汪然明替代董其昌更為允當。汪氏《夢草》、《閩遊詩紀》幾乎以林天素為中心而作。

　　依據黃汝亨在天啟元年（1621）秋撰《綺詠》序、張遂辰賦《冬夜湖上送女畫師林天素還閩中，時汪然明置酒，林彈琵琶為別》一詩〔註121〕，以及汪然明崇禎十四年（1641）作《福州訪林天素，知己移居建寧，賦懷十首》之一「不接風神已廿年，芳堤花下每相憐」句，推知林天素應於萬曆四十八年（1620）冬歸閩〔註122〕。是年，汪然明相繼寫下《冬日湖上送林天素、周善長，夜聽天素琵琶》、《冬日偕吳太寧、何紹之、方貢父湖上看紅葉，晚過天素妝閣》、《湖上逢方若淵，同訪林天素。若淵舊有〈綠窗記〉，天素為補圖》數詩，真實記錄了兩人的密切交往。待林氏歸閩後，汪然明無法釋解相思之苦，時常萌發尋訪念頭：「遨遊海國動經年，林下琴樽信夙緣」〔註123〕、「懷君令我動遊思，萬里相尋來復去」〔註124〕，並終於在崇禎十四年（1641）順利成行。陳正學撰《閩遊詩紀》序云：「其遊吾閩也，似為知己而不專為知己」，恰言中了汪氏專意追尋玉臺蹤影，卻又需要找到一個冠冕堂皇的藉口、以免落人話柄的扭捏心理。而在題詩林天素畫作《春江歸棹圖》時，汪然明又自表心跡：「江上輕帆片片飛，洲頭羈客未曾歸。非耽山水多留滯，祇為伊人似鳥依。」〔註125〕

　　應該說，汪然明在建溪，得到了林天素的悉心照料。其《初夏，馮可綱、於文玉、魏晉侯、蜀侯同訪林天素，聽琴竟日》一詩曰：「彈罷深情感去留，微言更敘腸幽結。殷勤還為問加餐，轉見行廚捧玉盤。」又有諸如「竹裏盤飧皆素手，殷勤較昔更情濃」〔註126〕、「莫感天涯知己少，多情仗得老徐娘」

〔註120〕董其昌：《容臺詩集》卷二、卷四。
〔註121〕張遂辰：《湖上編》卷一。
〔註122〕陳寅恪認為林天素在天啟元年歸閩，疑誤。
〔註123〕汪然明：《閩遊詩紀》之《於天素林下遇黃帥先貽詩，次韻奉答》。
〔註124〕汪然明：《閩遊詩紀》之《孫鳳林學憲以贈林天素長篇書卷，因次韻作相逢歌》。
〔註125〕汪然明：《閩遊詩紀》之《題天素〈春江歸棹圖〉》。
〔註126〕汪然明：《武夷遊記》之《別林天素》。

〔註127〕詩句，汪氏長期滯留異鄉，形影孤單，屢承林氏噓寒問暖、盛情款待而得到慰藉。尤其是，其《春日偕張雒尹、何栗叔、陳還之、黃宇珍、徐波如集天素齋中》詩之「誰人能下南州榻，博得多情在畫樓」，借用東漢陳蕃禮遇徐穉之典實，榮爲林天素座上賓，羨煞旁人，讓汪然明深受感動。正由於此，汪然明才能成爲其他文人士大夫會晤林天素的關鍵人選，有《穀日同王遠公司李訪林天素聽琴觀畫，時司李理歸棹》、《元宵風雨，喜陳琪華庶常過訪，期遊武夷，並訂訪林天素》諸詩可證。崇禎十五年（1642）五月，汪然明將返歸之際：

> 女史林天素恐余遡流而歸，遠使致贐，多珍奇清品，佐以宣和紙，仿倪迂筆，又剪吳綾，摹米顛《春江歸棹圖》，並以畫箋多種爲客裝助。予笑謂昔人藏黃山谷書、韋蘇州詩箋，且爲江神妬。今天素遺我煙雲滿篋，一葦將能濟乎？或如王右軍爲老嫗書扇事，假以助貧，造物庶其憐而釋之。相笑而別。〔註128〕

林天素之所以如此周密裝助，是因爲此時汪然明「那堪羞澀一錢無」〔註129〕，靠人周濟度日，如曾有「彥輔先生贈以百金」〔註130〕。而林天素習畫，「學的是松江一派，摹仿陳眉公的筆意，最爲肖神」〔註131〕，頗有洛陽紙貴的銷售效應，「丹青尺幅當釵賣，是人爭售誰不愛。」〔註132〕因擔心汪然明歸里的路途遙遠，無充足財力支撐，故不辭辛勞，潑墨揮毫，供汪然明出售其書畫作品應急。

　　綜上所述，諸多才女有鮮明的共性，詩詞才能突出，繪畫技藝高超，這對好風雅、嗜書畫的汪然明來說，自是目迷心醉，傾心交接。陳繼儒序《綺詠》云：

> 又有二三女校書如修微、天素，才類轉丸，筆能扛鼎，清言無對，詩畫絕倫，常使高才撤翰，意銷遊冶，望崖而返，顧獨推轂然明，與時論同出一口。譬如闔廬百八十寵姬，嫻習孫武子軍令，前

〔註127〕汪然明：《武夷遊記》之《午日林天素招飲，余在閩兩度端陽，感賦》。
〔註128〕汪然明：《武夷遊記》。
〔註129〕汪然明：《武夷遊記》之《留建溪三月，漸致資絕，有地主告緩急，相憐同病，典衣應之》。
〔註130〕汪然明：《武夷遊記》之《抵建溪，念故鄉飢饉示同伴》。
〔註131〕李漁：《意中緣》第四齣，《李漁全集》，第331頁。
〔註132〕汪然明：《閩遊詩紀》之《孫鳳林學憲以贈林天素長篇書卷，因次韻作相逢歌》。

後左右，悉中規矩，無敢出聲，非然明俠骨綺心，何以致此。

史載吳王闔廬召集宮中美人百八十人，讓孫武操練，以試其用兵之才。其中有二人自恃嬌寵，不聽約束，不熟申令，且哄笑以對。孫武怒斬之，其餘婦人大駭，無敢出聲，皆謹守規矩〔註133〕。明清之際的才女王修微、黃媛介、楊雲友、林天素才華出眾，名噪一時，且孤傲不群。而汪然明憑藉俠骨綺心，使群姝畢服。陳繼儒借用孫武操練吳中宮女的典故，稱頌汪然明豪俠。

眾多文人士大夫與才女唱和或追憶汪然明，多嘉許其爲黃衫豪客，而汪氏亦當仁不讓，以之自許。徐有久知其「少以俠聞」，王志道亦述及「其少也，嘗散千金以濟遊客，客遂俠之」〔註134〕。錢謙益讚賞「其熱腸俠骨，囊括一世之志氣，如汱流噴泉，觸地湧出」〔註135〕。林天素寓居西湖期間，「每見然明拾翠芳堤，偎紅畫舫，徉徜山水間，儼黃衫豪客」〔註136〕。黃媛介亦被汪氏「空囊猶解向人傾」之義舉折服。柳如是致汪然明尺牘，稱：「非先生指以翔步，則漢陽搖落之感，其何以免耶？」〔註137〕又有《贈汪然明》詩句「論到信陵還太息，中原龍臥有誰當」〔註138〕，可見，其俠客形象已經根植人心。

汪然明在《重修水仙王廟記》一文中云：

> 縉紳先生如馮開之司成、徐茂吳司李、黃貞父學憲，主盟騷壇，而四方韻士隨之，二三女校書焚香擘箋，以詩畫映帶左右，而余以黃衫人傲睨其間，若南屏之竹閣、雷峰之雲岫堂、峋嶁之山莊、靈鷲之準提閣、西泠之未來室，皆次第建置，藻繪熙朝。〔註139〕

竹閣、未來室等均由汪氏修葺。在《（己丑）冬日感懷，因誦少陵「劉向傳經心事違」之句，聊擬八章示玉立、繼昌》一詩中，汪然明坦言「肝膽逢人多激烈」，「褊衷傲骨難隨俗」，並以「先人清白重傳家」之風諄諄告誡子孫：「屬吏應當首戒貪，生民愛恤宜書座」，「還思兒俸分貧族」〔註140〕。在「家無負郭田」、「囊中羞澀塵生甑」、「八口常懷負米憂」的窘況下，汪然明仍典賣田

〔註133〕司馬遷：《史記》卷六十五，「孫子吳起列傳」第五。
〔註134〕王志道：《〈閩遊詩紀〉序》。
〔註135〕錢謙益：《新安汪然明合葬墓誌銘》。
〔註136〕林天素：《柳如是尺牘》「小引」，《柳如是集》，第81頁。
〔註137〕柳如是：《柳如是尺牘》第八通，同上書，第86頁。
〔註138〕柳如是：《湖上草》，同上書，第74頁。
〔註139〕汪然明：《西湖韻事》。
〔註140〕汪然明：《松溪集》之《己丑季冬，次兒繼昌秉憲粵西，賦此送之》。

地二十餘畝資助黃媛介、張婉仙。

　　汪然明之豪俠，淵源有自。早在萬曆二十五年（1597），潘之恒編《合刻三志》，邀請了眾多文士參與校閱。汪然明躬逢其盛，閱「志鬼類」《冥音錄》、「志寓類」《賣笛奴辭》、《黑心符》。《冥音錄》係唐代傳奇，講述崔氏長女夢中得其亡姨菭奴傳授《迎君樂》、《槲林歡》等十首陰間宮中新翻麴，播於人間。十曲皆標注調名迭數，言之鑿鑿，乃作者託鬼神之事以傳其曲目。唐代于義方著《黑心符》，極言妒婦之慘酷，諄諄告誡「有妻固所不免，當待之如賓客」。換言之，尊重女性，是確保家固邦寧的重要條件。而邵國鉉閱「志奇類」《豪客傳》，雖為明人偽託之書，然雜採《無雙傳》、《霍小玉傳》、《虯髯客傳》諸書而成的既定文本，亦讓參與校閱《合刻三志》的汪然明對「虯髯客」印象深刻。早年積澱的這些閱讀感受，潛移默化並深刻影響了汪然明日後的為人處事。

　　與之相關，則是「先人清白重傳家」、當時整個的徽商風氣使然。歙縣黃錡業鹽淮揚，「好賢禮士，揮金不靳，有柳開客大名之風」〔註141〕。休寧汪洪「樂善而親賢，疏財而仗義」，興學校、佐城築、修橋道、恤孤寡〔註142〕。汪然明族叔汪景純年十六，即以高第受廩，「筆有餘鋒，詞無竭源」，然而：

> 獨好拳捷之戲，緣壁行如平地，躍而騎危瓦無聲，已更自簷下屹立，不知於色。偃二尺竹水上，驅童子過之，皆股戰。則身先往數十過，已復驅童子從之。諸鼓舞木熙、跳丸飛劍之屬，見之赧然自廢也。〔註143〕

「時以長鎗大槊橫行天下，取富貴如拾芥。」黃汝亨《新安汪翁像贊》稱其「面滿月，髯若林，醉五斗，散萬金。吾因翁之子瞻翁之貌，而以識翁之心。翁蓋俠烈者流，而存仁義於商賈之門者耶？」〔註144〕與唐人小說中的虯髯客「中形，赤髯如虯，乘蹇驢而來」形象何其相似。

　　汪然明的黃衫豪客形象，在文學作品中，以李漁《意中緣》傳奇及茅止生《亡姬陶楚生傳》最為突出。此外，王晫《今世說》依據錢謙益《墓誌銘》

〔註141〕　《竦塘黃氏宗譜》卷五「節齋黃君行狀」。
〔註142〕　《休寧西門汪氏宗譜》卷六「題義官洪公卷」。關於徽商之豪俠，《明清徽商資料選編》一書刊載眾多事蹟，學者也作了精彩論述，此處從簡。
〔註143〕　李維楨：《汪景純家傳》。
〔註144〕　黃汝亨：《寓林集》卷三十，《續修四庫全書》「集部」，第 1369 冊，第 525 頁。

的基本史料，而將汪然明歸入「豪爽」類〔註145〕。李漁與汪然明有諸多交往，《笠翁一家言詩詞集》中錄五律《元宵無月，次汪然明封翁韻，時坐有紅妝》、七律《清明日汪然明封翁招飲湖上，座皆名士，兼列紅妝》及詞【酷相思】《汪然明封翁索題王修微遺照》。順治乙未（1655），李漁曾協助馮雲將營葬汪然明〔註146〕。汪然明《夢香樓集》載有李漁之次韻七絕四首。故此，李漁撰《意中緣》傳奇，應有所本。江懷一即以汪然明為原型。第五齣【畫遇】自報家門：

> 自家江秋明，字懷一，別號松溪道人。生來軀貌昂藏，襟懷磊落。視衣冠為桎梏，讀書不為求名；等身世於浮雲，結客非關要譽。門多駟馬心常寄，旁若無人；朝散千金暮復來，囊如有鬼。向來原籍江南，因慕錢塘山水之勝，僑居於此，與雲間董太史、陳徵君作歲寒三友。〔註147〕

從別號、原籍、友朋、志趣等，無不與汪然明一一對應。在傳奇《意中緣》中，江懷一的豪俠，概而言之，有如下數端：（1）代為尋訪才女：陳繼儒、董其昌因慕林天素、楊雲友之才，央求江懷一代為尋訪，成就美滿姻緣。江爽快承應：「只除非如今世上沒有這個婦人就罷了，若果有這個婦人，任他藏在那一處，小弟定要尋出來。」（第五齣【畫遇】）（2）仗義勸勤：林天素在閩即已聽聞江懷一大名，「極肯濟困扶危，輕財任俠，是當今一個異人。」（第四齣【寄扇】）旅居異地，擇主從良，江懷一自然就成了林氏依賴的對象，從而為江懷一在陳、林之間的牽線搭橋作了鋪墊。在第八齣【先訂】，林天素認為「老先生（指江懷一）意氣如雲，肝腸似雪，決不肯誤人的終身」，有了江氏的媒妁之言，陳、林姻緣便形同瓜熟蒂落了。而林天素返閩葬親，身陷賊寇之際，又因閩中「鎮海大將軍，是閩中第一個豪傑，與小弟有八拜之交」，江懷一修書解救，林天素方得脫身。（第二十齣【借兵】）（3）襄助始終：董其昌與楊雲友之間，因宵小之徒的挑撥離間而情形多變，戲劇衝突也是接連不斷。是空和尚冒充董其昌「賺婚」，騙娶楊氏前往京城，致使江、董之間心生疑竇，「董思白瞞我娶親，雖然是他不是」，然念及「多年好友，到底丟他不下。不知幾時同來湖上，把臂談心，消我近來的鄙吝也呵！」（第二十齣【借兵】）。楊

〔註145〕王晫：《今世說》卷六，上海：古典文學出版社，1957年，第68～69頁。
〔註146〕《李漁年譜》，《李漁全集》第19冊，第27頁。
〔註147〕李漁：《意中緣》，第332頁。徐有序《閩遊詩紀》，亦稱汪然明「素善三泖董、陳二公」。

雲友巧設計謀斬殺是空，費勁周折返回杭州，此時的董其昌因升遷禮部尚書而前往京城，才子佳人姻緣落空。爲履行此前的諾言，汪然明再次遣媒游說，並請林天素女扮男妝代爲應徵，因前車之鑒，楊雲友更加謹愼行事，提出以「人物」（容貌）、「文才」、「會寫」、「會畫」俱全爲考核標準。

此本「充佳婿代求凰」戲劇，「逢良友，齊歸趙璧，各自成雙」，黃衫豪客成了化解戲劇衝突、成就團圓結局的關節點。如果說，李漁採用喜劇技法，在《意中緣》傳奇中對事實有所改編，以塑造出地道的一波三折才子佳人劇，那麼在茅元儀娓娓道來的長達萬餘言的追憶性文字中，汪然明的豪俠顯得更爲眞實細緻。萬曆四十一年（1613），名姬陶楚生卒，茅元儀撰寫了《亡姬陶楚生傳》（以下簡稱《楚生傳》），一時海內同人爲作傳記及悼亡詩賦甚眾，茅氏釐爲三卷，名《西玄洞志》，汪然明也因此更加名重一時。《亡姬陶楚生傳》不啻爲一部現實生活版的《意中緣》：才子佳人締結因緣，宵小無賴從中作梗，豪客俠士出手搭救。（1）陶楚生生性孤傲，不事逢迎，且抱幽憤之疾。因名噪武林，「往來者多貴人，姬薉之」〔註148〕。「武林之貴人子、素不讀父書者及四方之巨商賈人，皆徒以名慕姬，甫交，即怒去。」汪然明卻能以商賈身份得見。（2）陶楚生雅慕茅氏德才，欲相訪，遣侍兒通報。茅元儀怒叱，「倚門之輩，鼓妖望歡，故名下姬無不自重，安有破世俗之見，先施以訪客者乎？」以一種思維定勢堅決拒絕。又早已聽聞楚生之操守，念及自身有心疾，沈寂已久，不聞見於時，難以見容於頗具盛名的楚生。在此尷尬處境下，兩人的姻緣，更有賴於汪然明的豪俠了。萬曆庚戌（1610）年秋，藉造訪之機，汪然明苦口婆心勸說，破除既有成見，茅氏得以頑石點頭。（3）事情再次突變，陶楚生「近爲一商所挾，不可蹤跡。」且此商人「負氣，不可與言。又素不嗜才，當不知子（指茅氏）」，雖汪然明與之素交，但難度很大。即使如此，汪然明亦主動請纓，「余受子之託，試爲嬰其鋒，事不濟無以爲咎。」當欲述說其中緣由時，商人「瞬目相視」，以致汪然明「不敢發一言」，所幸得見楚生，暗地道出原委。《楚生傳》筆鋒轉而述及茅元儀壽誕時，見一扁舟，「船頭者爲汪然明，船尾之偉丈夫，則不識耳」，並攜有陶楚生。至此，汪然明方陳說解救過程，因「復側席不安，故靦顏過吾友」，由過去「不敢發一言」到攜俠士程生（即船尾之偉丈夫）前往，講究說服策略，大肆敷陳茅氏的才名與陶氏的倨傲。商人甚爲忌憚，且敬重汪氏豪俠，畏懼程生「欲持刃往刺」

〔註148〕茅元儀：《石民四十集》卷三十，明崇禎刻本。以下未標注者，均引自該傳記。

之怒狀，終應允短暫相見。程生在茅氏畫舫中直視不答，直言「余固不知有茅先生也，爲天下持不平耳」及「然明，吾友也，當不負我」的陳詞，亦爲汪然明之豪俠作了一個有力的注腳。要言之，茅氏「非子（指汪然明），餘終不識楚生」或「終負楚生」的感激涕零，將《意中緣》中林天素「若不是江先生救援，幾乎不能再會」（第二十七齣【設計】）的感恩，由虛飾性的傳奇變爲現實版的奇傳。茅元儀這段千古情事及眾多紀述歌詠，若非汪氏襄助，終如鏡花水月。

汪然明不遺餘力幫助才女尋求棲身之地，並借各種機會在文人士大夫前贊許她們的膽識氣魄和文藝才華。祁彪佳《山居拙錄》記載，崇禎十年（1637）「八月初四日，汪然明來晤，出梁夷素所作《壽陳眉公圖》以示」〔註149〕。梁孟昭，字夷素，錢塘人，葛徵奇內姊。徐沁《明畫錄》贊其：

> 善山水，深遠秀逸，風格不群。前代畫品中，如李公擇妹、文與可女、管夫人道升，輝映筆墨，始知林下風調，爲最勝耳。〔註150〕

汪然明前往福建專訪林天素，隨身攜帶梁夷素畫作，如《梁夷素女史畫西湖六橋景，余攜遊三山，孫鳳林學憲見而愛之，余因題三絕以贈》〔註151〕一詩所紀。祁彪佳又在日記《自鑒錄》中述及，崇禎十一年（1638）「三月三十日，予送汪然明，抵梅市堰，方別舟次，然明劇談王修微女俠狀，可下酒一斗」。〔註152〕此外，錢謙益曾賦詩《爲汪然明題宛仙女史午睡圖》，李漁經歷過「汪然明封翁索題王修微遺照」，張爾葆更是因獲觀汪氏所寄楊雲友紈扇而「不覺欲自焚筆硯」〔註153〕。與此同時，汪然明亦在群姝之間巧結因緣。林天素《柳如是尺牘》「小引」曰：

> 歸三山，然明寄視畫卷，知西泠結伴，有畫中人楊雲友，人多妒之。今復出懷中一瓣香，以柳如是尺牘寄余索敘。琅琅數千言，豔過六朝，情深班蔡，人多奇之。然明神情不倦，處禪室以至散花，行江皐而逢解佩。再十年，繼三詩畫史而出者，又不知爲何人？總添入西湖一段佳話。〔註154〕

〔註149〕《祁彪佳文稿》，第 1093 頁。
〔註150〕徐沁：《明畫錄》卷五，第 111 頁。
〔註151〕汪然明：《閩遊詩紀》。
〔註152〕《祁彪佳文稿》，第 1118 頁。
〔註153〕錢謙益：《牧齋雜著》，《錢牧齋全集》第 7 冊，第 82 頁。
〔註154〕《柳如是集》，第 81 頁。

由於汪然明「神情不倦」，先後寄贈畫作、尺牘，使林天素雖遠居閩地，卻得以聽聞才女楊雲友、柳如是聲名。而汪然明遊閩期間，胡茂生寄贈詩畫，藉此索求林天素畫桃源圖。凡此種種，豐富了當時才女名姝的交遊面向。

第三節　女性書畫集錄之歷史發展與轉變

儒商汪然明癡好書畫，與眾多聲聞遐邇的書畫家，如鄒之麟、藍瑛、曾鯨、謝彬交往密切，並以其雄厚家財，染指藝術收藏，成為古玩商家的常年主顧。錢謙益、祁彪佳、陳繼儒、董其昌、張爾葆等文人士大夫迷戀收藏，亦使汪然明、吳其貞等藏家（或古玩商家）成為其搜羅珍奇所倚重的重要人物。而汪然明詩文創作的不同凡響，「摹拓書法，編次金石，刊度律呂」的過人才華，更易獲得文士群體另眼相待。其擁有「不繫園」、「隨喜庵」諸多精緻靈巧的船舫，加重了唱和交遊的砝碼，亦為文人士大夫與才姝名媛連袂唱和提供了平臺。

「風雅典型」汪然明，傾心結交詩書畫兼擅、俠氣如虹的才女，柳如是、王修微、林天素、楊雲友、黃媛介均曾沾其澤溉。給予種種物質照顧的同時，汪氏亦助其建立安身立命之所，或巧結姻緣（如錢謙益與柳如是、茅元儀與陶楚生婚配），或修葺居所（如營造王修微「淨居」、張宛「夢香樓」），成為「安得廣廈千萬間，大庇天下寒士俱歡顏」的另一圖釋，也為汪然明「黃衫豪客」形象注入了實質內容。更為重要的是，汪然明尋求一切時機，向文人士大夫引介才女：囑畫祝壽，倩人題跋，劇談女俠，苦求繪像。凡此種種，無疑能造就才姝群體的聲譽遠播。

綜上所述，王端淑《名媛詩緯》設置「繪集」專欄，簡要記述才女書畫技藝。而將其他卷帙稍加釐次，取資其他文獻，便可構建一個以汪然明為中心的才女與文士書畫交遊網絡。此後，女性文學總集刊本，如汪啟淑《擷芳集》，均逐漸關注才女的書畫交遊。惲珠編選《國朝閨秀正始集》，著錄清初才女，更為重視書畫才藝，甚且從書畫專書中鉤稽彌足珍貴的女性詩文。例如，著錄清初女子顧姒，未能獲見全集，僅於畫冊中輯錄其《題林亞畫》一首〔註155〕。

而就歷代畫史專書對女性的記載而言，始自唐代張彥遠《歷代名畫記》，援據王子年《拾遺錄》，著錄三國時期素有機絕、針絕、絲絕之稱的吳王趙夫

〔註155〕惲珠：《國朝閨秀正始集》卷四。

人〔註156〕。米芾《畫史》亦記錄朝議大夫王之才妻、尚書李公擇妹善繪松竹。南宋鄧椿《畫繼》承繼其說，特設「世冑婦女」專欄，不再依附於男性畫家之後，而爲李公擇妹加注醒目標題「崇德郡君」。與此同時，增補擅長山水、梅竹或翎毛的女性，諸如和國夫人王氏、張昌嗣母文氏、章友直女煎、任才仲妾豔豔、陳經略婦方氏，總計六人，尤具始創意義。此後畫史專欄著錄女性，日趨普遍。明代中葉，王稚登《國朝吳郡丹青志》列「閨秀志」，選錄仇英女〔註157〕。迨至明清之際，擅長繪畫的才女群體湧現，經由汪然明輩以及女性詩文刊本的極力推揚，聲名大噪。著錄女性畫家亦呈現出新氣象。姜紹書《無聲詩史》曰：

> 扶輿清淑之氣，不鍾於男子，而鍾於婦人。醴泉紫芝之鮮于江
> 河蔓草者，無所因也。丹青出於粉黛，非天授夙慧，誰驅而習之？
> 余每睹彤管繪事，其豐神思致，往往出人意表，不惟婉而秀，蓋由
> 靜而專也。名媛可無紀乎？〔註158〕

很明顯，在繪畫領域表彰女子書畫作品清雅秀婉，深受當時強調女子文學創作清古觀念的影響。姜紹書《無聲詩史》卷六亦附錄名媛九人，有編者僅聽聞其名而未見書畫作品者，如梁夷素，「陳眉公比之爲天女花、雲孫錦，非人間所易得」〔註159〕；或偶而點染而不以繪畫名世者，如姚月華、顧眉。《無聲詩史》卷五則專錄明代女畫家，凡二十二人。其中如黃媛介書畫，姜紹書從郡城裝潢名家蕭儀九獲贈一柄黃皆令題詩畫扇，「出以示客」〔註160〕。姜氏不僅推揚才女黃媛介書畫，而且洞悉其詩歌取徑及選錄情況，「其詩初從選體入，後師杜少陵，清麗高潔，絕去閨閣畦徑」、「朱太史《明詩綜》不載皆令詩」。而明末著名女畫家文俶的兩位私淑弟子周淑祜、周淑禧的繪畫作品，姜紹書因與其父周仲榮相識亦有緣獲致：

〔註156〕 此僅就書畫專書著錄而言。明末沈顥《畫麈》「表原」曰：「世但知封膜作畫，
不知自舜妹嫘始。客曰：『惜此神技創自婦人。』予曰：『嫘嘗脫舜於瞽象之
害，則造化在手，堪作畫祖。』」《中國書畫全書》本，第6冊，第430頁。
湯漱玉編撰《玉臺畫史》，依據沈顥觀點，首列畫祖嫘。

〔註157〕 參閱赫俊紅：《丹青奇葩——晚明清初的女性繪畫》第一章「晚明清初文人視
野中的女性畫家」，北京：文物出版社，2008年。此章清晰梳理了畫史著錄
女畫家的歷史發展脈絡，頗具借鑒意義。

〔註158〕 姜紹書：《無聲詩史》卷五，第103頁。

〔註159〕 同上書，第170頁。

〔註160〕 同上書，第110頁。

　　辛卯春，余兒彥初、彥禧應試江上，藉仲榮爲居停主，得二女
合作花鳥八幀以歸。余甚喜，急籌燈觀之，相與歡賞，謂天孫雲錦，
不是過也。〔註161〕

與姜紹書《無聲詩史》相類似，徐沁《明畫錄》亦刊載才女二十三人，別爲
「名媛」、「妓女」二目，分述於人物、山水、花鳥、墨竹等不同畫科。而畫
史著錄明清之際女畫家，尤以託名藍瑛、謝彬編纂的坊刻本《圖繪寶鑒續纂》
爲最，卷三「女史」選錄九十六人。總體看來，此書頗能顯見女性詩文合刻
書與總集的反響。比如，「準確無誤」地稱說王端淑著有《吟紅集》、《留篋集》、
《名媛詩緯》行世；才女吳琪詩集刊於周之標《女中七才子集》。而若將《圖
繪寶鑒續纂》所錄女性畫家與王端淑《名媛詩緯》逐一比對，則會驚訝地發
現，此刊本粗製濫造，無以復加，射利動機顯露無遺。貌似「準確無誤」，實
則逕直抄襲。舉例而言，明末女畫家文俶，先祖是吳門畫派名宿文徵明，累
世家學，以評鑒翰墨聞名。文俶擅繪花草蟲蝶，「遠近購者填塞，貴姬季女，
爭來師事，相傳筆法」〔註162〕。汪砢玉《珊瑚網》、張庚《國朝畫徵錄》對此
均有詳細記述。然而，《圖繪寶鑒續纂》卻無視這些相關的且易爲援引的繪畫
專書，全文抄錄王端淑《名媛詩緯》的簡要記載，曰：「文俶，吳縣人，高士
趙凡夫宦光之媳也。工花卉草蟲。」〔註163〕對於才女林文貞，亦據《名媛詩
緯》迻錄林氏寄贈王端淑詩作一首（見本章前言）；評述名媛余尊玉，則綜括
王端淑撰寫的傳記及評語。其餘如曹妙清、章韻先、呼祖等眾多女性畫家條
目，均妄自抄襲，不勝繁舉。因完全照搬女性詩文選本，呈現的居然是女性
詩詞交遊、詩集刊刻的面目，而繪畫才藝卻湮沒不彰，至爲拙劣。此外，《圖
繪寶鑒續纂》又存在錯選宋代楊妹子、編排無倫次等諸多弊端〔註164〕。雖然
如此，仍需要指出，坊刻本《圖繪寶鑒續纂》並非一無是處。託名聲望如日
中天的浙派殿軍藍瑛、波臣畫派中堅謝彬編纂，並與風行已久的元代夏文彥
《圖繪寶鑒》合刻，題名曰《增廣圖繪寶鑒》，書籍銷售當頗有可觀。王聞遠

〔註161〕姜紹書：《無聲詩史》卷五，第 109 頁。

〔註162〕錢謙益：《趙靈均墓誌銘》，《初學記》卷五十五，《錢牧齋全集》第 3 冊，第
　　　　1383 頁。

〔註163〕《圖繪寶鑒續纂》卷三。另見王端淑《名媛詩緯》卷四十「繪集」。

〔註164〕《圖繪寶鑒續纂》（《畫史叢書》本）附錄余紹宋《書畫書錄解題》評語，言
　　　　此書「爲坊賈僞託欺人」、「凌亂無紀」。於安瀾《圖繪寶鑒續纂校勘記》亦指
　　　　出該書存在許多訛誤，前二卷著錄男性畫家，抄襲現象亦頗爲嚴重，見《畫
　　　　史叢書》第 2 冊「附錄」。

《孝慈堂書目》注云：「馮仙湜等訂二冊，疑當時亦有單行《增廣》本也。」
〔註165〕所謂單行本，即指《圖繪寶鑑續纂》。單刊本凡三卷，而女性畫家佔據
三分之一的份額，集中展現了明清之際才女繪畫群體的風貌，客觀上助長了
才女聲勢。如果說汪然明通過詩畫交遊，積極推揚才女書畫技藝，那麼，《圖
繪寶鑑續纂》則以刊本樣式呈現，二者殊途同歸。

以上僅就繪畫專史而論，而傳統中國書法與繪畫素來密不可分，相輔相
成。工書善繪者，比比皆是。事實上，上述繪畫專史著錄女性畫家，亦不時
表彰她們的書法才能。張彥遠《歷代名畫記》著錄吳王趙夫人，稱其：「善書
畫，巧妙無雙」〔註166〕。因可以參閱歷代正史，文獻查找簡方便，女性書家
之著錄規模相對龐大。唐代張懷瓘《書斷》刊選衛夫人、安僖王皇后、王瑉
妻汪氏、扶風馬夫人、郗愔妻傅夫人、王洽妻荀夫人、孔琳妻謝夫人、房璘
妻高氏，凡八人。南宋陳思《書小史》卷二著錄「后、女王」、「諸女」各十
一人；董更《書錄》專列「外篇」一卷，選錄女書家七人〔註167〕。而此時鄧
椿《畫繼》亦列「世冑婦女」專欄，可見，時至南宋，專闢篇幅著錄女性書
畫家已屢見不鮮。元末明初，陶宗儀《書史會要》載女書家六十三人，較之
明末朱謀垔《畫史會要》錄女畫家十二位，不可同日而語。

需要濃墨重彩書寫的是，明末才媛徐範選刊十名女書家作品，題署《香
閨秀翰》，尤具典範意義。徐範，字儀靜，號玉卿，因有跛疾，故又自號蹇媛。
其父徐海門善書，李日華《味水軒日記》曾記載：

　　（徐海門）往來湖海間覓殘碑斷碣，裝潢成帖，鬻好事者以爲
　常。因精研拓搨楮墨之訣，鑴成《寶晉齋法帖》十卷，幾於奪眞。
　　　　〔註168〕
徐海門精擅摹拓，重刻南宋曹之格《寶晉齋法帖》，顧名思義，應宗尚晉代碑
帖，收錄王羲之、王獻之等晉代各家行草。《梅里志》記述徐海門「范童而習
之」〔註169〕，子徐貞木、女徐範以此而深受其父書法觀念影響。徐貞木論書

〔註165〕余紹宋：《書畫書錄解題》，北京圖書館出版社，2003年，第127頁。
〔註166〕張彥遠：《歷代名畫記》卷四，《中國書畫全書》本，第1冊，第138頁。
〔註167〕董更，生卒年不詳，西江人。其《皇宋書錄》三卷，有鮑氏知不足齋刊本。
　　　　據鮑廷博題跋，此書在元代極爲稀見，錢塘郁佩先從趙氏小山堂鈔錄，贈送
　　　　鮑氏，小山堂藏品之富，於此可見一斑。厲鶚編撰《玉臺書史》，小山堂藏書
　　　　亦貢獻良多，詳本章附錄。
〔註168〕李日華著，屠友祥校注：《味水軒日記》卷三，第178～179頁。
〔註169〕楊謙纂，李富孫補輯，余林續補：《梅里志》卷十四，《續修四庫全書》「史部」，

法「非晉人不取」〔註170〕，其篆刻、書法、詩歌號稱「三絕」。徐範因家貧而「日夜浜澼洸以給食」〔註171〕。鑑藏家汪砢玉聽說其十三歲即臨摹各家書體，賣字自活。才女徐媛推譽「歐率更允拜下風，衛夫人終當北面」〔註172〕。徐範輯刻《香閨秀翰》一書，自跋云：

> 往歲從嫂氏過吳興，得獲管夫人仲姬，比玉曹妙清，及自然道人張妙淨三紙。讀其詩與尺牘，想慕其風采，恨不與此人同時也。於是留心蒐討，計得數紙，吳採鸞之機清筆秀，沈清友之妙趣入神，朱淑眞秀骨天成，風華蘊藉，大爲快意。是謂世間無其匹者。今春聞吾邑項氏家藏衛夫人一幀，長孫后一幀，爲絕代翰寶。百計購求，終莫能得。因託至戚致其夫人，夫人憐範一段苦心，從臾轉贈，遂不惜傾橐酬之。噫！世間之勝事難全也。嗣後復承嫂氏贈余薛濤一牋，惠齋女史「月到風來」四字，始滿夙願。迺命工裝潢，匯爲一卷，得朝夕展對，生平之志畢於是矣！〔註173〕

可見，徐範刊印此書，其嫂某氏襄助良多。相約前往吳興，並購置管仲姬、曹妙清、張妙淨作品；又贈送薛濤、胡惠齋手跡。而項夫人的義舉，終使《香閨秀翰》一書得以圓滿刊行。聽聞嘉興首屈一指的收藏家項元汴藏有衛夫人、長孫后珍稀墨蹟，徐範百計求購而未果，後來居然獲得項夫人慷慨轉贈，堪稱藝苑佳話。黃承玄《墨林項公暨錢孺人墓表》述曰：

> 公性不屑理家，一切內外擘畫，悉倚措孺人，公故得精專翰墨。
> 諸大夫士以問奇進者輻輳，孺人出酒脯，佐投轄，咄嗟而辦。〔註174〕

錢孺人賢能持家，憐愛徐範一片苦心，滿足其夢寐以求的願望。據徐範自跋，初刻本《香閨秀翰》收錄晉衛夫人，唐代長孫后、吳彩鸞、薛濤，宋代沈清友、胡惠齋、朱淑眞，元代管仲姬、曹妙清、張妙淨，凡十人書法。乾隆年

第716冊，第855頁。

〔註170〕阮元：《兩浙輶軒錄》卷三。

〔註171〕同上注。

〔註172〕汪砢玉：《珊瑚網》「法書題跋」卷十八，《中國書畫全書》第8冊，第161頁。

〔註173〕胡文楷：《歷代婦女著作考》（增訂本），第146頁。胡氏《歷代婦女著作考》闕載長孫后、沈清友、曹妙清三家。楊鍾羲《雪橋詩話餘集》記述，徐範從項元汴獲贈八家書法，當誤。徐範僅獲贈衛夫人、長孫后二家手跡。

〔註174〕黃承玄：《盟鷗堂集》卷十，日本內閣文庫藏，轉引自陳麥青《關於項元汴之家世及其他》一文，王元化主編：《學術集林》，上海遠東出版社，1998年，第249頁。

間，此書已闕失沈清友、曹妙清二人作品。才女沈彩爲之題跋，因恪守閨秀壁壘的緣故，訾議校書薛濤，曰：「薛濤妖姬，亦濫廁其間。書法亦冶葉倡條，不入雅格，是爲不類耳。」〔註175〕迨至道光十二年（1832），程璋重刊馮登府藏本，此刊本已更名爲《玉臺名翰》，闕長孫后、沈清友、朱淑眞、曹妙清四家，但增補了葉小鸞、柳如是二人作品〔註176〕，故現存《玉臺名翰》，計收錄衛茂漪尺牘（正書，五行）、薛濤書陳思王《美女篇》（行書，二十行）、吳彩鸞書《大還丹歌》（正書，二十一行）、張妙淨尺牘（行書，十一行）、胡惠齋書「月到風來」四字（行書）、管仲姬書梁簡文《梅花賦》（正書，二十八行）、葉小鸞書《〈淳化閣帖〉二王帖釋文》（正書，二十一行）、柳如是書《宮詞》（正書，二十一行）〔註177〕。

自明清之際以降，女性書家之著錄漸趨式微。因女性普遍工書擅繪，時輩往往表彰其繪畫技藝，而忽略書法，故女性畫家的著錄躍居主導。道光年間，陳文述《畫林新詠》第三卷、「補遺」卷選刊當時享有盛名、爲其聽聞或與之有詩畫交遊的才媛，包括了眾多女弟子的作品。沈復粲進而抽印陳文述有關女性書畫的內容，題署《畫林閨詠》〔註178〕。而論及歷史上專書著錄女性書畫的規模和影響，則無過於厲鶚《玉臺書史》及湯漱玉《玉臺畫史》。

〔註175〕 胡文楷：《歷代婦女著作考》（增訂本），第 146 頁。

〔註176〕 金武祥：《粟香五筆》卷三，《續修四庫全書》「子部」，第 1184 冊，第 200 頁。

〔註177〕 文明書局影印本，1922 年。況周頤獲得金武祥贈送程璋刊本，又增補朱淑眞手書《世說新語》「賢媛」內容。見范景中、周書田編纂：《柳如是事輯》「上編」卷二，杭州：中國美術學院出版社，2002 年，第 65～66 頁。

〔註178〕 潘曾瑩《墨緣小錄》「戴熙」條目記載，戴熙爲潘氏繪製《蘭窗讀畫圖》，陳文述題詩。「陳雲伯大令題云：『風篁月蓀綺窗前，茶熟香溫午未眠。比似文蕭應更勝，玉堂翰墨兩神仙。』『鸚鵡簾櫳迥絕塵，鷗波彷彿月華新。畫林有客編閨詠，合傳如君有幾人。』並跋云：『古來夫婦並以翰墨著稱者，管、趙以後，應數君家伉儷矣。僕所著《畫林續詠》，以閨秀一卷列名士之前，西霞主人合前後二冊，另爲《畫林閨詠》，亦畬史中掌故也。』附記云伯夫人管靜初題云……」（潘曾瑩：《小鷗波館畫著五種》，上海書店出版社，1987 年）。余紹宋《書畫書錄解題》據此著錄潘氏編撰《畫林續詠》（《書畫書錄解題》卷十一，第 687 頁），應誤。問題關鍵在於，「僕所著《畫林續詠》……」，仍屬陳文述題跋，抑或潘氏所言？揆其文意，此說應屬前者。所謂《畫林續詠》，即指陳文述《畫林新詠》「補遺」卷。而西霞主人（沈復粲）將此「補遺」卷與《畫林新詠》第三卷合編，抽取其中關涉女性部分，另題名曰《畫林閨詠》。據謝巍自述，其在沈仲濤寓所獲見抄本《畫林閨詠》，現可能存於臺北，氏著：《中國畫學著作考錄》第六卷「清代」，第 603 頁。

附錄二　汪然明與明末清初書畫家交遊表

文士	傳記資料	與汪然明交遊
董其昌	（1555～1636），字玄宰，號思翁、思白，別署香光居士，華亭人。《明史・文苑列傳》曰：「其畫集宋元諸家之長，行以己意，瀟灑生動，非人力所及也。四方金石之刻，得其製作手書，以爲二絕。造請無虛日，尺素短札，流佈人間，爭購寶之。精於品題，收藏家得詞組隻字以爲重。」姜紹書《無聲詩史》卷四言其書法「無所不仿，最得意在小楷，而懶於拈筆，但以行草行世」。	爲汪然明題寫齋名，如「夢草齋」、「聽雪軒」，並爲《綺詠》、《夢草》撰序。《松溪集》有《得董宗伯楷書〈孝經〉喜賦》。
陳繼儒	工詩善文，兼能繪事，朱謀垔《續書史會要》云：「繼儒書法蘇長公，故於蘇書，雖斷簡殘碑，必極搜採，手自摹刻之，曰《晚香堂帖》。」（朱謀垔：《續書史會要》）「書法在蘇米二公之間，間作山水奇石，梅竹點染，皆出人意表。」（姜紹書《無聲詩史》卷四）	陳繼儒題書「攝臺」、《綺詠》撰序、刪訂《綺詠》續集。陳繼儒詩作《戊辰暮春過不繫園》（《不繫園集》）、《題隨喜庵》（《隨喜庵集》）、《紀夢歌爲汪丈作》（《夢草》）。汪然明《陳眉公暮春過湖上，連宴於不繫園、隨喜庵》（《綺詠》續集。此爲唱和陳氏《戊辰暮春過不繫園》而作）、《山中問眉公先生疾，時修微期同往，不果》（《綺詠》）、崇禎十一年《訪陳眉翁山居》（《遊草》）。
王思任	工書畫，著有《遂東畫談》一書。書法與董其昌、陳繼儒相頡頏。「寫山水林屋，皴染溘鬱，超然筆墨之外。」（姜紹書《無聲詩史》卷四）	題詩《夢草》四首

祁彪佳	工書善畫，山水畫雄厚。	交往最爲密切，詳見補注。
楊龍友	字文驄，一字山子，貴州人，流寓金陵，「畫中九友」之一，寫山水，蒼老秀潤，「出入於巨然、惠崇，能兼黃倪之勝」（徐沁《明畫錄》卷五）。董其昌曾讚賞其畫「有宋人之骨力去其結，有元人之風韻去其佻」，推崇備至，並將楊氏所繪一幅《溪藤圖》與王維畫一同供養畫禪室中（董其昌《山水移》題記）。	《綺詠》續集有《楊龍友攜姬湖上，避暑西泠，夏日過訪》一詩。
鄒之麟	（1574～1654 或 1655），字臣虎，號衣白，一號昧庵，武進人。書學顏眞卿，畫摹黃公望，所作山水，「瀟灑蒼健，自抒性靈，絕去畫史畦徑，惟覺奇逸之氣，拂拂楮素間。」氣韻標格超出蹊徑之外，爲時流所重。「然頗自矜惜，豪貴函幣請之，終不可得。而貧交故舊，輒贈以潤其枯腸」（姜紹書《無聲詩史》卷四）。	《隨喜庵集》之《臘月廿六日陪鄒臣虎先生放舟三橋，觀葺龍王堂，索先生記》，鄒之麟和詩。《西湖韻事》之《雪後吳巽之集同社，邀鄒臣虎先生孤山探梅聞笛》，鄒之麟和詩一首，黃允交所作和詩，詩注云：「時觀臣虎所肪宋元名家畫冊」。
曾　鯨	（1568～1650），字波臣，福建莆田人，流寓南京。所畫人物，「如鏡取影，妙得神情」。其畫法風靡一時，學者甚多，稱「波臣派」。	汪然明《聽雪軒集》有詩作《春日湖上觀曾波臣爲雲友寫眞》、《春日馮雲將、胡仲修、許才甫、張卿子、曾波臣集不繫園，過西泠奠雲友，感去春社集淨居，因用前韻》數首。張岱《陶庵夢憶》卷四「不繫園」也記載，甲戌（1634）十月，張岱攜楚生往不繫園看紅葉，不期而至者即有曾鯨等。
謝　彬	（1604～1681），字文侯，號仙臞，浙江上虞人，寓居錢塘，善寫小像。據《浙江通志》卷一百九十六載，謝彬「隨父遊學至杭，遂家焉。少年從莆田曾波臣遊，授寫眞法，凝眸熟視，得其意態所在，濡毫點次，眉目如生，精彩殊勝」。陶元藻《越畫見聞》言謝彬「工寫眞，受學於閩中曾波臣，筆法大進，爲傳神妙手，名聞海內，價重藝林。波臣派弟子甚眾，以彬爲第一」。《明畫錄》載其「工於寫照，戲墨人物，率意點染，天然入妙」。	汪鶴孫《梅坡先生延芬堂集》卷上《寄懷春星草堂兼簡諸弟》曰：「樓臺堪對月，四面攝煙霞。縹緲羽人宅，琴尊高士家。文章家集在，圖畫勝情餘。謝彬爲作春星堂圖。迢遞夢魂切，鄉心寧用涯。」汪然明《松溪集》有《題謝文侯畫蘭》。另汪然明《夢香樓集》自序云，乙未仲夏（1655），張宛仙過訪，因炎歊爲虐，汪然明特設清供下榻，並囑謝文侯爲張氏寫照。
藍　瑛	（1585～？），錢塘（今浙江杭州）人，字田叔，號蜨叟，晚號石頭陀，因晚年家居杭州城東，名其所居爲「城曲茆堂」，故又號東郭老農。（康熙）《錢塘縣志》卷二十六「人物・方志」記載，「雲間董其昌、陳繼儒時相引重」。藍氏於山水、人物、花鳥均具造就，「得古人精蘊」，尤擅山水，被冠以「浙派殿軍」之名（姜紹書《無聲詩史》卷四）。	《隨喜庵集》收錄徐天麟詩作《壬申五月四日，同銓部曹安祖、中翰葛無奇、大行龔端木、孝廉汪善卷、武林藍田叔、新安吳去塵、閩崔五竺、鹽官沈士羅湖舫大會》，據與會者葛徵奇詩作《五月四日同曹安祖、徐陵如、龔端木、汪善卷、吳去塵、吳宏文集隨喜庵，用遲月詩韻》，可知在汪氏隨喜庵舉行的湖舫大會，藍瑛亦置身其中。

吳　揭	字連叔，號僅庵，歙縣人。工詩，善書法，與漸江、查士標友。	汪然明《同吳連叔、吳子壽訪曲中范魁》（《遊草》）。
馮禎卿	山東益都人，馮起震之子，善畫。崇禎二年（1629），與其父合畫竹石十幅，董其昌、李日華、邢侗題識。	《綺詠》續集有《馮楨卿使君觀浣紗石，畫扇頭見貽，賦答》一詩（按：「楨」疑為「禎」）。
汪　中	字無方，名中，汪然明從子，善畫山水、人物、花卉、翎毛，精擅一時。見許承堯《歙事閒譚》卷二「歙之畫家」。	汪然明《秋遊雜詠》自序記載，崇禎戊寅（1638）年，汪中隨其前往吳閶。汪然明相繼賦詩《仲秋過廣陵，師摯弟招同楊聖孫、子方、無方侄、王姬夜集》、《儀真道中屬無方寫景》、《渡揚子江寫景，屬無方作畫》、《仲秋同無方侄出遊，無方善畫》（《遊草》）。
黃應聞	字起聲，莆田人，著《問字編》，分月下、花間、茶顚、酒困四集，皆時人名印，印下有跋（葉銘《廣印人傳》、馮承輝《歷朝印識》）。	汪然明《黃應聞出詩畫印冊屬題》（《閩遊詩紀》）。
方季康	明萬曆墨工（許承堯《歙事閒譚》卷二十「明墨補錄」）。	汪然明詩作《仲秋客秦淮，訪方季康話舊》、《八月十三日再集季康齋頭話別》（《遊草》），《方季康久客維揚，秋日過湖上》（《綺詠》）。
曹石葉	製墨名家，墨名「七合鄰虛」（許承堯《歙事閒譚》卷二十「明墨補錄」）。	汪然明《夏日，曹石葉臨湖上，余邀張卿子、鄭休文、王姬玉煙集隨喜庵，石葉有懷玉煙詩，遂用其韻》、《夏日邀繆湘芷、甘子紆、黃元龍、曹石葉、家侄友芷、元起集隨喜庵》（《隨喜庵集》）及《曹石葉爽約，王校書嘲之，次前韻》（《不繫園集》）。
陳鉅昌	字懿卜，江蘇華亭人，萬曆年間篆刻家，善摹古印。有感於當時印譜翻刻，盡失秦漢本來面目，遂取材於顧御隆、項太學家藏印，摹刻八百鈕，匯為《古印選》一帙四卷，每方印下注釋文及鈕制。張翼軫《陳氏古印選序》云：「所摹古印，蝌蹤鳥書，彷彿神造。」董其昌《陳懿卜古印選引》稱譽陳氏「得法於考功（豐坊）而取材於顧御醫、項太學藏印累累之家，覃思篆古二十年而匯為《印選》若干卷，則先秦、兩京書學之旁支犂然具矣」。陳氏與董其昌為兒女姻親，收藏董書頗富，因刻董帖四種（《延清堂帖》、《鵑鵒館帖》、《紅綬軒帖》、《劍合齋帖》）。	作《燕隨喜庵》、《陳懿卜先生來湖上，聞雲友近況，賦懷楊詩十首，漫和步韻》。
吳山濤	字岱觀，晚號塞翁，歙縣人，居浙江錢塘。能文工詩，為「天都派」十子之一，著有《塞翁詩集》。書法勁秀，善山水，揮灑自然，畫格在程正揆、查士標間。細密之作，跡近元	汪然明《送吳岱觀計偕北上》（《松溪集》）。

	人。《欽定重修兩浙鹽法志》卷二十五記其「書法秀逸,自成一家,兼善作畫,爲世所珍」,傳世作品有《盧亭納秋圖》軸、《爲林曙寫梅圖》軸、《細筆寫意山水》卷等。	
李抗之	善山水,作品存世的有:《竹石扇面頁》、《山水扇頁》、《山水軸》、《山水冊》(以上三種藏於故宮博物院)、《仿古山水冊》。	《讀隨喜庵詩和韻》
汪 濬	號秋澗,休寧人,《歷代畫史匯傳》「附錄」言其善山水,仿倪雲林,枯木竹石尤佳,承繼元人畫風。	《題不繫園》
汪明際	字無際,一字雪庵,嘉定人。少孤力學,事母以孝聞,撫弟妹友愛。弱冠名籍,甚精易學。工詩畫,萬曆戊午(1618)舉於鄉,後選壽昌教諭,讀書於魏萬山莊。《明畫錄》卷五「山水」條載汪明際山水畫,「蒼涼歷落,筆致秀逸,以士氣居勝」(徐沁《明畫錄》卷五)。	《飲不繫園》
吳 拭	字去塵,號逋道人,安徽休寧人。工書善畫,爲新安派畫家之一,傳世作品有萬曆三十五年(1607)《爲太初先生寫山水》扇面,圖錄於《新安名畫扇集》。作詩清古雋淡,精於琴理,並善製墨及漆器,「生平製墨及漆器精妙,人爭寶之,其墨值白金三倍。」(《(康熙)徽州府志》卷十二)麻三衡《墨志》載其墨十七錠,邱學敏《百十二家墨錄》、宋犖《漫堂墨品》均著錄其墨品。	《題不繫園》
張爾葆	初名聯芳,字葆生,號二酉,山陰人。弱冠即有畫名,工花卉折枝,蘭竹草蟲,水墨淺色,各臻妙境,兼善山水。與李流芳、董其昌等齊名,婿陳洪綬得其畫法神髓(徐沁《明畫錄》卷六)。	爲《聽雪軒集》題序
饒 璟	字景玉、石矑,號至愚、秋水伊人,歙縣人。精書畫,山水得梅道人筆意,「片紙寸箋,人珍藏之。」與漸江友善,著有《山居雪課》、《貝研齋詩集》、《鳳凰媒》傳奇(石國柱《歙縣志》卷十「人物志」)。	題詩《夢香樓集》
江 遠	字天際,畫學青藤(徐渭)。汪洪度題吳龍山水畫云:「吾鄉繪事,國初爲盛。松圓老人(程嘉燧)後,僧漸江、程垢區(程邃)、查梅壑(查士標)、祝壯猷(祝昌)工山水,家壁人(汪家珍)、江天際工人物,而在田(吳龍)起,與之頡頏。」(胡積堂《筆嘯軒書畫錄》卷上《吳在田山水》,汪洪度題跋)	題詩《夢香樓集》

江念祖	字遙止，初名靈承，字於旅，歙縣江村人。早入復社（《復社姓氏傳略》），工書畫，字畫皆極力摹古，然頗有自得之致（周亮工《讀畫錄》卷四）。	題詩《夢香樓集》
沈　顥	姜紹書《無聲詩史》卷四：「於詩歌古文辭，及書法楷行篆籀無所不能。畫山水，秀骨天發，範古鎔今，高格清標，超超玄箸。」	題詩《夢香樓集》
陳紹英	字生甫，號匏庵，錢塘人。書、畫臻妙，山水宗吳鎮（姜紹書《無聲詩史》卷七）。	題詩《夢香樓集》
王　聲	字振聲，一字寓恬，號於天，新安人，善用澀刀仿秦漢印。	題詩《不繫園集》

補注：

（一）關於汪然明與陳洪綬、米萬鍾的交往，目前未見有直接的文獻記載，然張岱《陶庵夢憶》卷四載，甲戌（1634）十月，張岱往不繫園觀賞紅葉時，不期而至者有南京曾波臣、東陽趙純卿、諸暨陳章侯（洪綬）、女伶陳素芝等人。與米萬鍾的交往，汪然明《綺詠》有《薛千仞賦四奇詩以壽米友石大參，遂步其韻》詩。薛岡，浙江鄞縣人，著有《天爵堂集》。《甬上耆舊詩》卷二十四載其「少以事避地，客於長安，為新進士代作考館文字，得與選，因有盛名，一時共稱薛千仞先生」（胡文學輯選《甬上耆舊詩》卷二十四）。另崔世召《秋谷集》卷二《同諸詞客集飲米友石先生齋頭，其賦米字》，以汪然明與崔世召等人的交往來看（《隨喜庵集》之《仲冬閏月，同聞子將、王昭平、繆湘芷，陪崔徵仲使君泛湖，晚步放鶴亭探梅》），汪然明應與米萬鍾相識。

（二）《祁彪佳文稿》記載祁彪佳與汪然明交往情況，悉列如次：

《山居拙錄》（丁丑）

「五月三十日，是日，作書致汪然明、張卿子、曾讓甫，索寓園分勝詩，得王升之書。」

「七月二十六日，出訪汪彥旻、汪然明、柴雲倩，並晤姜山啓公祖。」

「八月初四日，汪然明來晤，出梁夷素所作《壽陳眉公圖》以示。」

「九月十一日，微雨。以一札致姚玄叔、王伯彭、汪然明。暇則閱《禮記》，又作書候金天樞。」

「九月二十日，舟次作書與汪然明，暇則閱《聖學宗傳》。」

「十二月初三日，得汪然明書，並致陳眉公與汪書，極贊予相時而靜，

以爲有合出處之道。」

《自鑒錄》（戊寅）

「三月二十八日，予與九華駕小舟至良枋看舡枋。出於霞城橋，登皆園，觀胡公占所作《寓山士女春遊曲》。歸值汪然明同魏行之過訪，晚舉小酌留宿□舟。」

「三月二十九日，魏行之入城，與汪然明、鄭九華至寓山。薄午，陳明卿之長公陳君濟生來訪，同舉酌。陳兄攜贈《通鑒綱目》，其先公所點定也。陳兄別去，與汪然明再酌友石樹。予言歸隱之志，胸次快然，大醉而歸。」

「三月三十日，與汪然明、魏行之、止祥兄放舟南塘，得顧生夢麟書，即復之。抵城共訪張燕客，因晤張平子、劉北生於融眞堂，燕客舉酌舟中，遊天鏡園，歸於偏門。與張氏昆玉別，予送汪然明，抵梅市塢，方別舟次，然明劇談王修微女俠狀，可下酒一斗。晚歸書《自鑒錄》。」

「四月十三日，坐書室，間閱杜工部五言律，得汪然明書，即復之。又以數行致張毅孺、王士美、王金如。」

「十月二十二日，與金順高入城。……歸舟得汪然明書。」

「十一月二十三日，徐大使士志來謁，饋扶產丸，適得其用。醫者錢心繹、張景嶽俱至。及午，產一女。作書復汪然明、姚君墀。」

「十一月二十七日，與陳長耀出寓山，植梅於梅坡。作書復汪然明，附一字於汪彥昺。」

《棄錄》（己卯）

「正月初八日，……聞外父罷官之信於緝庵兄。又作數行致汪然明、汪彥昺。」

「正月十九日，作書致汪然明、張卿子，又作書復王雲岫、商八兄。閱邸報，見外父被遣之旨，且聞虜騎南迫，深爲憂之。」

「三月二十九日，張介子、汪彥昺過訪，出晤汪然明及柴式穀之郎君。歸寓，介子操舟，邀予小酌。至吳弘文寓訪柳如是，獲晤。又與吳弘文訪張深之，放舟昭慶寺。再至叚橋，邀吳昌伯、王見可全飲。予即別，冒雨渡江，飯於主家，以小舟歸。」

「四月初四日，得劉念臺先生書，復之。與念翁晤，語又於陪弔，晤張九山、丁印趨，舟中作書致姚通所公祖、王戠雲、汪然明。」

「七月十三日，作書致外父、陳長耀。入城，與內子至山，督奴子掃除

笛亭一帶。晚歸，延族叔小酌，作書致汪彥旻、汪然明。」

七月二十日，奴子自武林歸，得林渃元、汪彥旻、汪然明書。

「十二月初五日，得汪然明書，為休寧令歐節庵介紹，予為作一書致金楚畹。」

《感慕錄》（庚辰）

「五月二十二日，代汪父母草給米牌示，作書致汪然明、姚玄叔。」

「五月二十四日，陳長耀偕奴子過武林，弔汪鳳山之子汪彥旻，吳門舊役馮夢榴來弔，與予言後來巡方諸君升沉之異，不覺感歎。」

「五月二十九日，王念生以雲間諸紳公奠至，念生亦別有奠，汪然明遣奠，皆復謝之，更以一刺遍謝雲間諸紳。」

「六月二十二日，於柯園坐咸暢閣，作書與吳坦公父母及汪然明。」

「六月二十五日，從淨慈寺登舟至偶居，時奴子已買天與圖一舟待矣。泊舟裏湖，邀姚玄叔、汪然明話。魏行之來，與玄叔共酌，欲覓來鶴樓及翁叔朗園作寓，不得，遂宿於舟中。」

「六月二十六日，陳長耀入城，與姚玄叔、汪然明邀汪鳳洲，議請子母之數，偕方無隅訪王見可、吳昌伯。頃之，魏行之至，同登大佛寺保俶塔。」

「六月二十九日，出謝熊汝望公祖、吳坦公父母及鄭壽子。……汪然明、應宋符、姚玄叔皆垂弔於先慈者，便道與陳長耀觀汪氏□。」

「九月十一日，聞劉雪濤公祖再垂顧，乃出晤之，備言先世同官之雅。訪汪然明、陸夢鶴。」

「九月十四日，燈下作書復許公祖，致書汪然明。」

「十月十六日，奴子從武林歸，得姚玄叔、汪然明書。」

《小抹錄》（辛巳）

「正月二十七日，連日得謝清隱、汪然明、趙呦仲、金振玉師書，皆□復之。」

「十一月二十六日，梅君同鄒□玉訪予於□。同之再登貫花閣，晤膏源上人。至擁書樓觀秦□卿畫、柳如是詩，託□玉代錄之。」

「十一月二十七日，自孤山城叚橋，雪意甚濃，時呼舟來至，待於橋左，就肆中買麵充餓，及登不繫園。」

《壬午日曆》

「正月十三日，作書復汪然明。」

「十月初九日，霽，入城答謝錢塘王父母，晤袁槐眉、汪然明。」

「十月十三日，入城弔柴文伯。晤柴蓮生及式穀之郎君、令孫，又晤葛屺瞻年伯。蓮生來寓，即同吳弘文、柴雲倩邀予遊靈隱，小憩冷泉亭，飯於方丈。歸自一橋，值汪然明□酌舟中，□然明、蓮生、雲倩皆先去，與吳弘文、羅百駢再酌，三更乃歸。」

「十月二十二日，又與玄叔訪汪白生，還黃山之契於汪，而且助之金，以爲鳳洲完葬。晤金孝廉漸皐，及汪然明歸，沈二尹日□。」

「十月二十三日，出晤來澤蘭及淮陰文學閻友修齡、年家兄弟也。汪白生、汪席之率其二弟來謝。汪然明、吳弘文、汪元祥西梧相繼來話別。」

「十一月十二日，又晤吳期生，別林平山，飯於姚玄叔家，晤柴蓮生、金孝廉漸皐。即抵關，劉公祖來相送，汪然明來，王雲岫偕同昨諸鄰友亦來，子夜出北新關。」

《癸未日曆》

「十月十四日，晚，作書致汪然明畢。」

《甲申日曆》

「四月初一日，出拜諸客，晤袁槐眉，弔湯式玉之年伯母，訪熊魚山。行二十餘里，飯於柴雲倩家，汪然明來陪，再出晤陳君益。」

《乙酉日曆》

「正月初六日，竟日雨，沈君牧自武林過訪，持任君平、汪然明及於戶部名沚者書來。」

《歸南快錄》（乙亥）

「五月二十五日，袁兄弘我及汪然明先後來晤。」

「六月初四日，……再晤汪然明。」

「六月初五日，買不繫園舟，欲與內子至叚橋裏湖，遇大風，舟泊於剩□園之旁，竟日不能移，遇晚益甚，僅晤王峩雲即歸。」

「六月初九日，邀王百朋、張卿子來觀予吳中所攜書籍，王峩雲來訂汪然明諸兄之酌。」

「六月初十日，入城晤運長楊公湛然及他數客。午後，偕內子買湖舫從叚橋遊江氏、楊氏、翁氏諸園，泊於放鶴亭下。暮色入林，乃放舟西泠，從孤山之南戴月以歸。」

「六月十三日，邀張卿子與書賈定價。……吳二如、馮雲將、汪然明移舟相邀。時張卿子同爲主人，招鄧倩生佐酒。」

「六月十七日，出晤郡司理夏公祖，再晤汪然明。」

「六月二十六日，午後，入城訪客，途遇錢用甫，又晤汪然明、張卿子。出武林門，晤周月樵兄弟……復至慶訪劉、白兩君，皆不值。買湖舫歸，燈下作書別王伯彭、吳二如。」

「六月二十七日，出清波門，晤虞大赤昆仲及鄭玄子，入度親庵拜先子位。買湖舫歸。汪然明已待於舟次矣。蓋是日，予邀劉念先，並邀汪然明，故先至。」

「八月二十二日，得汪然明書，手復之。

《林居適筆》（丙子）

「三月十八日，較先子尺牘，作書寄鄭壽子、姚玄叔、王伯彭、汪然明。午後，偕鄭九華、止祥兄至寓山，值雨歸。而陳自馨至，晚作書與寧方兄。」

「九月二十五日，得汪然明書，獲閱《詩傳》。」

「十二月二十五日，得汪然明書，偕兒輩至寓山。」

《都門入裏尺牘》

《與吳二如》：「昨以公謁劉公祖，匆匆別去，主人慢客，乃主是耶？非翁兄志形之交，罪不可贖矣。頃劉公祖垂顧，弟備翁兄肝膽氣誼，熱腸俠骨，渠已深切景仰云。昨承左顧，正擬把臂耳。已訂王羕老更爲推轂，勿敢諼也。再承寵召，數日後，汪然明、張卿子、馮雲將共作主人，正擬邀翁兄爲竟日歡。若特設，則萬不須此矣。內子日來善病，且復畏暑，嫂夫人之招請，俟之秋深或春初也。」

《與汪然明》（其一）：「湖上極荷雅愛，感在寸丹。比歸，爲溽暑所困。俗務輒來敗人意。望三竺六橋，遂若天際矣。日來正擬作一札與郭公祖，爲梅父母之地，不意已出巡嘉禾，稍遲之無妨否？若爲林公祖之一薦，耑託憲長必在可得之數，祈仁兄酌而示之。裱褙法書者，且暮可得過舍否？倘來無定期，乞仁兄一字，弟覓便將寄促之，何如？佳刻如印就，祈見惠爲禱。」

《與汪然明》（其二）：「日來冗冗，竟不知中秋爲何夕。明波畫舫中，仁兄定有佳錄，每作天際真人之想。頃承手教，殊慰夢思。昨梅父母有翰貺再

頒，弟因附去監臺、憲長二札。其監臺札即託憲長轉投，尚慮其格於禁也。適林公祖有使在此，抄錄寒家書目。弟即於回函之中，以梅父母爲峎懇，省王公祖一番郵致，殊覺妥便。倘梅父母相□之時，望以二札擲下，王公祖書中尚欲削去郵書一叚耳。俵偨在弟處已有二人，不便合用。且今之西渡，倘此處竣事，而彼人尚在仁兄宅上，當峎價再促之至，因其投精而工儉，正欲用之也。佳帖之賜，附此佈謝，不盡縷縷。」

《里中入都尺牘》

《與汪然明》（其一）：「弟年餘塵攘，勞有百狀，罪亦萬端，乃以夙疾未愈，再疏乞身，倘邀仁兄雲庇，得遂初衣之願，則西子湖頭正可覿芝眉，尚聆玉屑矣。偶於邸報見有指及仁兄者，豈凌霄之姿亦受塵劫乃爾耶？然白雲蒼狗總可付之太虛，又何傷於日月。桐廬梅父母爲先嚴并州故人，曾聞問於寒舍，弟企仰有素，推轂敢後，但慮力綿致負耳。趙公祖處曾爲敝郡公祖，致子民之私，未便兼懇無已。其藩臬兩公祖或可效區區乎。便中幸惟致意，清眄之及，銘佩注存。祗領瑤章二種，於以恍承咳唾，尚容峎候，不盡臨風。」

《與汪然明》（其二）：「自春初有西湖之約，便覺契闊太甚。然窹寐往□過不爲一江阻也。昨晤賈公祖，即以運長公應其體以重其權爲言，乃賈公祖不甚當於意，蓋云勅書所言體統行事，以體統便行事也。今到任許時，鹽課未足，終日言體統而忘行事，恐非朝廷崇重意耳。想此語運長公亦曾聞之，今於司道府縣必且相安矣。□企丰采，容過武林，圖一良晤耳。仁兄近來有何快意事，可爲弟道否？若弟之苦冗複苦懶，眞負卻此番乞身矣。諸俟再佈，不一。」

《林居尺牘》

《與汪然明》：「頃奉手教，快如披對。昨偶言及二友，聞應霞老有相廷之意在，柳集玄兄魯歷患難，老成有識，不但詩文之工也。今集玄乘便奉訪，倘霞老果欲下榻，正可面訂之。所乞詩歌，望留神陸續擲示。

附錄三 藝術鑒藏與厲鶚《玉臺書史》 之成書

傳統中國女性書畫，在四部分類之史、子、集部均予著錄。然而，片言
隻語的記載，難以梳理出清晰的歷史發展脈絡；雖詳細著錄衛茂漪、管仲姬
數才女，但關注零星個案，又容易遮蔽群體風貌。自明代中後期以來，頗具
書畫才藝的女性群體湧現，與文人士大夫往來密切，聲譽日隆，因而順其自
然地進入了文學書寫或藝術著述的視野。

上圖為厲鶚《玉臺書史》，清道光間吳江沈氏世楷堂刊本，北京大學圖書館藏。

　　承續此前《宣和書譜》、張懷瓘《書斷》、陶宗儀《書史會要》林林總總的書法專書，厲鶚爬梳剔抉群籍，進而專題著錄富有書法才藝的女性作品，撰就《玉臺書史》，集中展現了歷代女性書法成就。厲鶚（1692～1752），字太鴻，又字雄飛，號樊榭、南湖花隱、西溪漁者，人稱「樊榭先生」，浙江錢塘人。另有《宋詩紀事》、《南宋院畫錄》、《東城雜記》等多種著述傳世。

　　《玉臺書史》匯輯歷代女性書家，凡二百四十七人，依次著錄宮闈四十九人、女仙七人（附錄尼一人）、名媛一百四十人、姬侍十二人、名妓三十三人、靈異二人、雜錄三人。就中以宋代女性書家居多，這與厲鶚「學問淹洽，尤熟精兩宋典實」〔註1〕的學術積累密不可分，徵引材料信手拈來。楊復吉跋《玉臺書史》，曰：

　　　　閨閣工書，代不乏人。立言家曾未聞有會輯之者，頗爲缺典。今得樊榭先生是編，雅人韻事，良足千秋矣。是編搜羅之備，惟李心水《女世說》雅可伯仲。彼《名媛璣囊》、《綠窗女史》諸書，弇鄙蕪淺，恐未能望其項背也。〔註2〕

嘉許該書始創意義、徵引文獻廣博。然而，李清小說《女世說》仿傚《世說新語》體例，分門別類，搜羅雖甚夥，但未標注文獻出處，不可與《玉臺書史》凡引必注的學術著述等觀。

　　因厲鶚詩文集隻字未提及《玉臺書史》，時輩歷數厲鶚各種著述，亦對此書不置一詞，致使《玉臺書史》編撰初衷、成書時間與過程，均難以究考，學界鮮有論及。余紹宋疑爲未定稿或相關著述的資料長編，可備一說〔註3〕。現存《玉臺書史》版本，有清代抄本〔註4〕，匯刻本則見於《昭代叢書》、《賜硯堂叢書》、《述古叢鈔》、《翠琅玕館叢書》、《說庫》、《藏修堂叢書》。本文擬從以下三方面考察厲鶚編撰《玉臺書史》的情況。

一、碑帖書畫與女性書家之著錄

　　清代次第興起的文字獄，以康雍乾三朝最爲慘酷，比如康熙年間莊廷鑨《明史》案與戴名世《南山集》案，雍正四年（1726）查嗣廷試題案與呂留

〔註1〕 沈德潛：《清詩別裁集》卷二十四，上海古籍出版社，1984年，第969頁。
〔註2〕 《玉臺書史》，《昭代叢書》本，清道光十三年。
〔註3〕 余紹宋：《書畫書錄解題》卷一，北京：國家圖書館出版社，2003年，第137頁。
〔註4〕 《玉臺書史》抄本，年代不詳，北京大學圖書館藏。

良文選案。乾隆朝更是捕風捉影，恣意構陷。層出不窮的文字獄，使文人士大夫噤若寒蟬，呈現出一種「集體怔忡症」〔註5〕。

雖然如此，亦有許多耿直狷介之士始終堅持操守，身處「繁華盛世」，卻高唱亡國之恨。周京在慶春樓觀看劇本《虎口餘生記》時，慨歎承平之日，「民怨從來都不管，今朝同是可憐人」，直言：「此身生長太平年，說到前朝倍黯然。何事不消亡國恨，重聞歌板舊因緣。」〔註6〕丁敬《祁忠敏公寓山莊》一詩曰：「皎皎臣心秋水在，綿綿國恨暮天長。龍髯一墮無由接，千載啼鳥定夕陽。」〔註7〕緬懷明季先烈，發紓國恨家仇。

總體而言，文士群體「躲進小樓成一統」，皓首窮經，矻矻於傳統考據之學。這種沉潛於「故紙堆」的避世心態，直接推動了金石碑帖、書畫鑒藏之風漸趨熾盛。丁敬賦詩《過趙谷林春草園》，詩序援引唐代畫家張彥遠觀點，「張愛賓有言，經年共賞，山泉永日，惟論書畫，古今同致，詎不信然？」〔註8〕雖有朝代更迭之痛、人情冷暖之虞，而寄情山水、品鑒書畫，卻是古今通理。

外界環境的逼壓令人無處逃遁，長期鬱積的情感容易產生對某事物或興趣的極度狂熱。而文士群體的一呼百應，更易將此種癡迷推向極致。尋碑訪古、品鑒書畫堪稱彼輩最為尋常的雅集。而這種玩物「喪志」，又不失為一種全身遠禍的策略。

其實，清代尋碑之風由來已久。顧炎武、傅山、鄭簠、朱彝尊、葉奕苞，無不佝僂於山澗荒野，椎拓碑刻。鄭簠曾歷經險難摹拓華山、泰山諸碑，努力追尋淳樸厚古的漢碑〔註9〕。經擅長漢隸的朱彝尊從旁推揚，鄭氏聲名大噪。錢泳《履園叢話》云：「國初有鄭谷口，始學漢碑，再從朱竹垞輩討論之，而漢隸之學復興。」〔註10〕丁敬、奚岡，以及「揚州八怪」〔註11〕之金農、

〔註5〕 參閱嚴迪昌：《從〈南山集〉到〈蚓峰集〉——文字獄案與清代文學生態舉證》，《文學遺產》，2001年第5期。
〔註6〕 周京：《無悔齋集》卷九，《四庫全書存目叢書》「集部」，第277冊，第208頁。周京，字西穆，一字少穆，號穆門，晚稱東雙橋居士，浙江錢塘人。以詩名天下五十餘年，曾主持「湖南詩社」，著有《無悔齋集》十五卷。
〔註7〕 丁敬：《硯林詩集》卷二，《叢書集成續編》第105冊，第698頁。
〔註8〕 同上書，第702～703頁。
〔註9〕 鄭簠（1622～1693）：字汝器，號谷口，自稱谷口農、谷口惰農。一生不曾出仕，秉承家業，日以醫道應酬。葉奕苞《金石錄補》稱其「好金石文字，東岱、西華、孔廟諸碑，皆策蹇身至其下，手自摹拓」。
〔註10〕 錢泳著，張偉校點：《履園叢話》卷十一，北京：中華書局，1979年，第286頁。

汪士慎、高鳳翰、高翔、鄭燮拳拳服膺鄭氏師法自然的取向，一種由帖學轉向碑學的觀念悄然興起〔註12〕。

其一，效法先賢，親身探尋碑剋實物、研讀拓本。據厲鶚自編詩集記載，康熙五十三年（1714），其有幸獲觀汪青渠所藏嵩山碑版拓本六種，計有漢代啟母廟廟石闕銘、中嶽嵩陽寺碑銘、李世民《告少林寺主教》、武則天《夏日遊石淙詩》、裴漼《少林寺碑》、尉遲汾《嵩山靈勝詩》。康熙五十五年（1716），又觀賞吳奐所藏泰山摩崖碑拓本，並與王求皇、楊大晟、汪青渠諸子渡湖，前往堅庵觀摹幽居洞摩崖《家人卦》。隨著興趣逐步激發與學識漸次提升，厲鶚與朋輩外出尋訪碑刻之舉愈趨頻繁。僅以雍正六年（1728）而言，八月十八日，與丁敬遊龍華寺，尋訪石壁有關宋人題名，並攀登慈雲嶺，瞻仰永壽院宋仁宗《佛牙贊》、吳越摩崖篆字；九月一日，與丁敬、張燾、金焜、符之恒遊天龍寺，參觀太平興國六年《心經》；十一月，又與吳焯、丁敬登慈雲嶺，摹拓北宋僧人沖羽書梁肅《心印銘》，等等。此外，厲鶚又有詩作《曲陽孫晴崖明府寄唐北嶽廟李克用題名碑拓本》〔註13〕、《（乾隆七年）十二月十五日雪中同敬身集谷林南華堂觀蜀廣政石經〈毛詩〉殘本，宋廖瑩中世綵堂刻〈韓集〉作》〔註14〕，記述其通過不同途徑獲觀稀見碑刻事。諸多文士外出尋碑、遠途郵寄、共同研磨，對習字研書，抑或學術著述而言，均可謂助益良多。由上可見，寒士丁敬與厲鶚志同道合，結伴尋碑最頻。丁敬工篆刻，嗜好金石，常常徒手攀爬陡崖峭壁，摹刻碑銘，長期苦心經營，「小樓三楹，屈厄滿室，叢殘不復整理，皆異冊也」〔註15〕，為其撰寫《武林金石錄》奠定了堅

〔註11〕 「揚州八怪」具體指稱何人，凌霞《天隱堂集》、李玉棻《甌缽羅室書畫過目考》、葛嗣浵《愛日吟廬書畫補錄》等各有不同觀點。卞孝萱在《揚州八怪研究資料叢書》「前言」中指出，綜括諸家記述，認為不必拘於「八」這一具體人數。在鄭燮、羅聘、李鱓、李方膺、金農、黃慎、汪士慎、高翔之外，陳撰、華嵒、高鳳翰、李嘯村、邊壽民、楊法、閔貞，亦可納入「揚州八怪」。南京：江蘇美術出版社，1989年，第3頁。

〔註12〕 所謂碑學，包含兩方面內容：一是指著錄、考訂碑刻之源流、形制、內容及拓本之先後真偽，實為金石學；二是指狹義上相對於帖學而言的一種書法藝術。

〔註13〕 厲鶚：《樊榭山房續集》卷三，厲鶚著，董兆熊注，陳九思標校：《樊榭山房集》，上海古籍出版社，1992年，第1157頁。

〔註14〕 同上書，第1099頁。

〔註15〕 杭世駿：《隱君丁敬傳》，《道古堂文集》卷三十三，《續修四庫全書》「集部」，第1426冊，第530頁。丁敬工篆刻，以切刀法刻印，蒼勁質樸，為浙派開山

實的基礎。數年後，厲鶚主持編寫《甘泉碑碣志》〔註16〕，裒輯文獻，著錄碑刻，亦駕輕就熟。而「揚州八怪」之金農〔註17〕，早年依照業師何焯之見，臨習顏眞卿《多寶塔碑》，間或摹寫王羲之《蘭亭序》，「少日曾臨摹，搴帷羞新婦。自看仍自收，空箱防污垢」〔註18〕，自感臨摹王右軍行書不得其法而作罷。後轉而對倒薤筆法情有獨鍾，並貫穿其行草、隸書諸種書體。進而獨闢畦徑，形成了別具一格的「渴筆八分」（世稱「漆書」）〔註19〕，橫畫用臥筆濃墨刷寫，豎畫及倒薤長撇，則以中鋒出之，頗顯方勁沉厚風格。「會稽內史負俗姿，字學荒疏笑騁馳。恥向書家作奴婢，華山片石是吾師」〔註20〕，從早年師法二王，轉而從各種碑刻中尋求活水源頭，可以說，金農是文士群相約訪碑的積極參與者，亦是直接受益者。

其二，展開如火如荼的碑帖品鑒、書法觀念論辯活動。在《方君任〈隸八分辨〉》一文中，厲鶚聲稱聞道必先識字，辨其形聲，而上古之古文、大篆不可詳考，小篆、隸、八分各書體卻代代相傳，允爲體貼先賢之道的最佳史料。針對懸而未決的隸、八分之爭〔註21〕，厲鶚如是說：

> 善乎蔡文姬之言曰：「割程邈字八分取二分，割李篆字二分取八分，故謂之八分。」而隸與八分之辨，已如列眉矣。〔註22〕

祖，堪稱「西泠八家」之首。

〔註16〕《石刻史料新編》，第三輯，第六冊，「地方類・江蘇省」《吳縣金石考》，臺北：新文豐出版公司，1986年，第415頁。厲鶚主持編撰《甘泉碑碣志》收錄雍正十一年癸丑江世棟題識拓本，以此知該書印行於1733年後。

〔註17〕金農（1687～1763），一字壽門，字司農，號冬心、稽留山民、小善庵主，「揚州八怪」之一。在詩、書、畫、印各方面造詣頗深，著有《金壽門遺集十種》。

〔註18〕金農：《江上歲暮雜詩四首》（其一），《冬心先生集》卷一，上海古籍出版社，1979年，第35頁。

〔註19〕黃惇《金農詩歌中的書法變革軌跡》（《中國書畫》，2003年第2期）認爲關於金農漆書學東吳二碑《禪國山碑》與《天發神讖碑》，「截毫端作擘窠大字」一說是僞託秦祖永《七家印跋》，將他人筆記中的評說編造在一方「明月入懷」印跋之中。

〔註20〕金農：《冬心先生自寫詩冊》，《歷代名人墨蹟十四種》，民國影印本。

〔註21〕隸、八分之辨，一直是頗受爭議的問題。唐張懷瓘《書斷》，宋洪适《隸釋》、《隸續》，元吾邱衍《學古篇》，明陶宗儀《書史會要》、王世貞《藝苑卮言》、清顧炎武《金石文字記》、包世臣《藝舟雙楫》等均予以討論。而清代有顧南原《隸辨》、方輔《隸八分辨》兩種專著，後者堪稱集大成之作，匯輯考辨歷代各家觀點，提出一家之言。

〔註22〕厲鶚：《方君任〈隸八分辨〉序》，《樊榭山房文集》卷二，《樊榭山房集》，第715頁。

宋代歐陽修《集古錄》誤以八分爲隸，洪适、吾邱衍均沿襲其說。厲鶚持有異議，認爲自古李斯作小篆、程邈作隸、王次仲作八分，三家書體判然有別。「八分元從二篆生，強被歐陽呼隸字」〔註23〕，厲鶚爲此而推許才女蔡琰之說。作爲隸、八分之辨的集大成者，方輔《隸八分辨》匯輯、考辨歷代各家成說，得出的結論，與厲鶚並無二致〔註24〕。由於此一因緣，厲鶚《玉臺書史》著錄蔡琰，便多了幾分情感認同，既引據《後漢書・列女傳》、《山谷題跋》、《古今傳授筆法》，呈現身世飄零、博聞強記的才女形象，又據《淳化閣帖》刊錄其「我生之初尙無爲，我生之後漢祚衰」眞僞莫辨的手書。

而對於書法藝術審美取向，厲鶚次第引證杜甫《李潮八分小篆歌》、韓愈《石鼓歌》精警之句，曰：「少陵論書得其眞，曾云『書貴瘦硬方通神』。昌黎論書有深意，苦道『羲之俗書趁姿媚』。」〔註25〕遵從杜甫論書貴瘦勁有力、神骨峭拔，不滿顏眞卿書體偏向肥腴風尙，故金農示觀顏氏《麻姑山仙壇記》時，厲鶚當即流露出對「堂堂小顏公，頗喜究奇怪」書法趣味的不以爲然。至於韓愈貶責王羲之書體妍媚，動搖了人們虔誠信奉的「書聖」地位，歷來備受爭議。宋代葛立方《韻語陽秋》一書爲其辯解，指出韓愈旨在強調石鼓文、篆文以及八分的審美價值，因「尊題」而故意貶低王作〔註26〕。金農亦因崇尙漢人筆法、書體古拙厚重風格初見端倪，而歎賞韓愈言論頗有「深意」。

綜上考察此時碑帖風氣轉變，重視歷代碑刻史料的背景，厲鶚編撰《玉臺書史》，千方百計搜討著錄女性書家碑石題跋的文獻，鮮有遺漏。例如，唐代武則天題額薦福寺及崇福寺（《歷代名畫記》）〔註27〕、聖曆二年書題《周昇仙太子碑》（《金石錄》）；上官昭容題書千福寺（《歷代名畫記》）。宋代憲聖吳皇后書寫《觀音經》，凡八段，初在碑石庫，嘉定三年（1210）置架設於群玉堂東偏（《中興館閣錄》）；楊皇后書題《道德經》石幢，藏太清宮（《武林舊事》）；趙夫人書題《題英州金山寺壁詩》（《容齋隨筆》）。元代忽都虎郡王太夫人八達氏（《金石文字志》）。明代慈聖李太后題額慈壽寺「寶藏閣」（《燕

〔註23〕厲鶚：《汪巢林八分書歌》，《樊榭山房續集》卷八「詩辛」，《樊榭山房集》，第 1640 頁。按：蔡琰此論，並非其提出，而是引自其父蔡邕。

〔註24〕方輔：《隸八分辨》，《續修四庫全書》「經部」，第 239 冊，第 553 頁。

〔註25〕厲鶚：《汪巢林八分書歌》。

〔註26〕葛立方：《韻語陽秋》卷十五。

〔註27〕括號裏爲《玉臺書史》引據的文獻。以下均同。

都遊覽志》），以及文華殿後殿十二字扁額（《萬曆野獲編》）；武宗王妃題詩石刻（《列朝詩集》）；婁妃題書江省永和門、龍興普賢寺（《書史會要》）。尤其是，《玉臺書史》全文抄錄了《集古錄》歐陽修題跋房璘妻高氏兩種碑刻。第一種《太谷縣令安庭堅美政頌碑》，歐陽修認為，安庭堅「事蹟非奇，而文辭亦匪佳作」，但該碑刻書體遒麗，且出自婦人之手，殊為不易，故予以採錄。相較之下，第二種《太原府交城縣石壁寺鐵彌勒像頌碑》：

> 筆劃字體遠不相類，殆非一人之書。疑模刻不同，亦不宜相遠如此。又疑好事者寓名以為奇也。

鑒於「婦人之書，惟此高氏一人」，儘管此碑刻的真偽存在許多疑義，厲鶚仍迻錄歐陽修《集古錄》及趙明誠《金石錄》所輯，著錄高氏書題碑刻始末。

　　眾多文士沉醉於尋訪、研讀、臨摹金石碑帖，使《玉臺書史》一書碑帖氣息濃烈。此時，自明代中後期以來蔚成風氣的書畫鑒藏，並未因異族入主而消歇。揚州巨賈馬曰琯、馬曰璐兄弟擁有雄厚家財，定期舉辦規模宏大的書畫展覽。馬曰琯（1688～1755），字秋玉，號嶰谷、沙河逸老，徽州祁門人，占籍江都，著有《沙河逸老集》。其弟馬曰璐（1695～1775），字佩兮，號半查、半槎、南齋，國子生，著有《南齋集》，時人譽其昆仲曰「揚州二馬」〔註28〕。阮元《廣陵詩事》記述：

> 小玲瓏山館展重午，分賦鍾馗畫，《聽琴圖》、《踏雪圖》、《嫁妹圖》……。元聞揚州詩老云，馬氏不但藏書極富，其藏畫亦極佳，每逢午日，堂齋軒室皆懸鍾馗，無一同者，其畫手亦皆明以前人，無本朝手筆，可稱巨觀。〔註29〕

康熙五十八年（1719）三、四月，厲鶚出遊蘇、錫、淮、揚，曾居停「揚州二馬」寓所，此後頻頻造訪馬氏小玲瓏山館，飽覽其藝術收藏（詳第三節論述）〔註30〕。而厲鶚與聲名顯赫的畫派「揚州八怪」之金農、華嵒、陳撰諸輩亦往來頻繁。厲鶚「以金石文字，與壽門偶有夙契」〔註31〕，時輩目之「髯金瘦厲」，即指厲鶚詩詞與金農書畫。厲鶚曾與金農一同出訪尋碑、研討書法藝術。厲鶚自編詩集，開篇刊錄《金壽門見示所藏唐景龍觀鍾銘拓本》，《樊

〔註28〕關於馬曰璐生卒年，參閱蔡錦芳《清代揚州風雅鹽商馬曰璐生卒年考》一文，《中國典籍與文化》，2011年第1期。
〔註29〕阮元：《廣陵詩事》卷七，《叢書集成新編》第79冊，第656頁。
〔註30〕陸謙祉《厲樊榭年譜》，《民國叢書》第四編，第86冊，第16頁。
〔註31〕厲鶚：《〈景申集〉序》，《樊榭山房文集》卷三，《樊榭山房集》，第732頁。

樹山房集》又錄有詩作《江上訪金壽門，出觀顏魯公〈麻姑山仙壇記〉、米海岳〈顏魯公祠堂碑〉拓本》、《讀〈水經注〉寄金壽門》、《金壽門過訪，以詩卷索拙序，茶話良久，殊慰寒寂》，等等。金農首部詩集《景申集》刊刻，亦邀請厲鶚撰序。厲鶚與其他文士的詩畫交遊，茲以作於乾隆八年（1743）的《九日行庵文宴圖記》為例：風日清美之時，「揚州二馬」與厲鶚、全祖

葉芳林繪像，方士庶補景：《九日行庵文宴圖》，設色絹本，縱 31.7cm，橫 201cm，藏於美國克里夫蘭美術館。〔註32〕

望、陳章、方士庶、張四科等十六人，咸集於揚州天寧寺西隅的行庵，供奉仇英所繪陶淵明像，分韻賦詩，觴詠竟日（如上圖）。

　　《九日行庵文宴圖》布局講究，或坐而論道、賞菊品畫，或垂袖立側、撫琴撚髭，人物神態各異，栩栩如生（如左局部圖）。依據厲鶚《九日行庵文宴圖記》所言，就中倚石而坐，若有所思者為臨川詞人張四科。厲鶚曾在其寓所觀賞才女趙昭《雙鉤水仙》、朱無瑕《疎樹山亭》、黃媛介《江山秋帆》〔註33〕三幅作品。此外，厲鶚亦曾賞鑒才女徐翩翩、金玥、蔡含印章：

　　　　予嘗見明妓徐驚鴻書扇印，文曰「徐夫人」，皆以婦人用男子事，
　　　　徐更巧合。又嘗見冒辟疆姬人金玥、蔡含合筆劃紅梅玉茗小印，文
　　　　曰：書中有女，畫中有詩。〔註34〕

〔註32〕阮榮春主編：《海外藏中國歷代名畫》「清代卷」，長沙：湖南美術出版社，1998年，第 266 頁。

〔註33〕厲鶚：《題女士畫扇三首》，《樊榭山房續集》「詩庚」，《樊榭山房集》，第 1536頁。

〔註34〕厲鶚：《和沈房仲論印十二首》，《樊榭山房續集》「詩丙」，《樊榭山房集》，第1118 頁。清代篆刻名家孔廣居著《名媛印藪》一卷，刻才女朱淑眞、趙飛燕、

而刻印名家丁敬則時常手持才女書畫，請其題詠，厲鶚賦詞【小桃紅】《橫波夫人畫蘭扇，敬身索賦》、【折桂令】《題徐安生桂花湖石小幅，爲丁龍泓作》。《玉臺書史》著錄歷代女性書家，旁徵博引歷史文獻的同時，間附厲鶚品鑒才女書法的來源或題詩。舉例而言：

> （鄭貴妃泥金書《觀世音菩薩普門品經》一卷）楷法秀整，前繪佛像甚精細，今藏吾杭趙谷林齋中，余題絕句四首。〔註35〕

> （蔡玉卿）《花卉》一冊，共十幅，今藏友人趙谷林小山堂。每幅俱有題句。〔註36〕

> 徐範正書《木蘭詩》一紙，行筆秀勁，題云：「檇李女子徐範仿吳彩鸞書」。今在趙氏小山堂。〔註37〕

> 馬湘蘭《雙鉤墨蘭》立軸，傍作條竹瘦石，氣韻絕佳。……二軸今藏余友廣陵馬半槎齋中。〔註38〕

由上可知，趙谷林、馬曰璐的收藏琳琅滿目，爲厲鶚的史料文獻搜求提供了更爲直觀的實物佐證和審美愉悅。其中又以趙谷林小山堂藝術藏品更爲集中，上述四名才女書畫作品中，鄭貴妃泥金書《觀世音菩薩普門品經》、蔡玉卿《花卉》冊頁、徐範正書《木蘭詩》，均藏於此。另據丁敬《正月十日，集南華堂，觀薛素素蘭竹卷》一詩可知，趙氏收藏才女書畫作品，頗有可觀。

趙谷林（1689～1747），名昱，字功千，原名殿昂，仁和貢生，著有《愛日堂吟稿》。其弟趙信（1703～1765），字宸垣，號意林，國子生，「詩極婉秀，工書畫」，所作皆「清氣樸眉宇」〔註39〕，著有《秀硯齋吟稿》。全祖望云：「近日浙中聚書之富，必以仁和趙徵君谷林爲最。」〔註40〕翟晴江《東皐詩序》亦稱述：

> 谷林小山堂圖籍，埒於秘省，益之以四明范氏、廣陵馬氏之借鈔，加之以吳君繡谷亭之伙助，窮搜博討，傾筐倒庋而不惜。〔註41〕

上官宛兒、柳如是等名媛印章。
〔註35〕厲鶚：《玉臺書史》「宮閨」。
〔註36〕同上書，「名媛」欄。
〔註37〕同上注。
〔註38〕同上書，「名妓」欄。另一軸是指《雙鉤墨蘭》。
〔註39〕馮金伯：《國朝畫識》卷十一。
〔註40〕全祖望：《小山堂藏書記》，《鮚埼亭集》卷十七，《全祖望集匯校集注》，第1066頁。
〔註41〕葉昌熾：《藏書紀事詩》卷五，第472頁。

正因爲趙氏昆仲鉅細靡遺，百計搜求，增益范氏天一閣（囑全祖望代爲鈔錄）、馬氏小玲瓏山館、吳氏瓶花齋諸家藏書，終於使自家藏書汗牛充棟。

爲人稱道的是，趙氏兄弟並非將藏書視爲珍秘，束之高閣，而是欣然與賓朋共賞，「同學之士雨聚笠，宵續燈，讀書其家，谷林解衣推食以鼓舞之」〔註42〕。趙氏兄弟藏書目錄二卷已佚，僅存道光十四年（1834）趙應壬編目《小山堂藏書目錄備覽》一卷。如果將之與《玉臺書史》「引用書目」比對，則發現該目錄基本涵括了《玉臺書史》援據的史料筆記、法書著述、方志、別集等。目前雖難以鉤稽確切的文獻，以證《玉臺書史》依賴趙氏小山堂藏書之程度，但趙氏藏書對《玉臺書史》之成書，至關重要應無疑義。

二、異代心事與才女之彰表

趙氏世代書香，耕讀不輟，先世爲趙宋宗室，南渡後流寓浙江各地。趙昱長子一清幼受庭訓，秉承家學，著有《東潛文稿》、《水經注釋》、《水經注刊誤》數種。趙昱母親朱氏則是祁德玉女，明季名臣祁彪佳外孫女。朱氏自幼失怙，仰仗祁彪佳悉心照顧，「當其爲女子時，嘗追隨中表姑湘君輩，讀曠園書」〔註43〕。朱氏這位「趙家二姑娘」〔註44〕十歲前仍得到外祖母商景蘭憐愛，因長年伴隨祁氏諸閨秀，耳聞目睹祁氏家族劇變，刻骨銘心。故後來時常在趙昱昆仲面前追思感懷：

> 昔時梅里園林人物之盛，澹生堂藏書十萬卷，悉人間罕覯秘冊。又東書堂爲五、六兩舅父詩壇酒社，名流往復之所，間率群從子姓及祁氏、商氏、朱氏懿親閨秀，吟詠其中。當時藉甚，至今稱之。

> 吾自幼失怙，孀母煢煢。爾舅不事生產，家益貧困，賴外家撫吾備至。爾父館甥澹生堂，及見牙籤縹帙，連屋百城。六舅父坐事遣戍瀋陽，旋出家爲僧，終於戍所。五父暮齒頹齡，嗜書彌篤，焚香講讀，守而不失。惜晚歲以佞佛視同土苴，多爲沙門賺去。五之配曰張楚纕，六即吾姑名趙璧者也，皆能詩。〔註45〕

〔註42〕全祖望：《趙谷林誄》，《鮚埼亭集》卷十九，《全祖望集匯校集注》，第351頁。
〔註43〕全祖望：《小山堂藏書記》。
〔註44〕趙一清：《大母朱太君安葬記》，《東潛文稿》卷上。趙一清著，羅仲輝校點：《東潛文稿》，瀋陽：遼寧教育出版社，1998年，第30頁。
〔註45〕趙昱：《春草園小記》，《武林掌故叢編》本，清光緒七年錢塘丁氏嘉惠堂刻。

如論文第一章所述，祁氏閨門之盛，傳誦已久。祁彪佳、商景蘭之三女祁德淵、祁德瓊、祁德茝，及子婦張德蕙、朱德蓉，「每暇日登臨，則命媳女輩載筆床硯匣以隨，角韻分題，一時傳爲勝事」〔註46〕。概而言之，梅里園林人物之盛、澹生堂藏書蓄珍之豐、五六兩舅父（按：祁班孫、祁理孫）詩壇酒社之雅、祁氏懿親聯袂吟唱之興，凡此故實，經口耳相傳，伴隨趙昱兄弟成長，深植其心。爲此，趙氏兄弟傾盡畢生心力，求購祁氏澹生堂遺書。黃宗羲《天一閣藏書記》載：「祁氏曠園之書，初庋家中，不甚發現。……亂後遷至化鹿寺，往往散見市肆」。此即爲朱氏淒然感傷所說，祁理孫晚年佞佛，致使部分藏書被沙門販賣。由於母親「時時以外家之風流勉之」，趙氏兄弟心有戚戚焉，趙昱《購得山陰〈祁夷度先生文集〉，又吳門王邵棠見遺澹生堂藏書印章，予蓄祁氏書僅數十冊，年來欲廣收而未能也，誌感二首》，詩句如：「負慚宅相搜遺集，重憶館甥悲昔年。忠孝成家惟習學，兵戈換劫等雲煙」〔註47〕，述孤忠效死、流離播遷行狀，令人感慨唏噓。趙昱「每有所得，則致之太孺人，更番迭進，以爲嬉笑」〔註48〕，兄弟二人對祁氏舊藏別有幽懷，珍若拱璧，「獨於祁氏澹生堂諸本，則別貯而弆之，不忘母氏之遺也」〔註49〕。是故當全祖望禱祝趙氏子孫「聰聽彝訓，世克守之，讀之，使祁氏亦有光焉」，趙昱兄弟答曰：「善，是吾母所欲言也」〔註50〕。數年後，全祖望賦詩《谷林爲梅里祁氏彌甥，每見夷度先生諸藏書，尤寶愛，不惜重價購之。嘗索予所有范正獻公集、孫學士春秋解、方淙山易，至再四，以其皆澹生堂物也。予靳之未致。谷林下世，予始悔之，乃以付東潛，使供之殯前而告之》〔註51〕，愧悔當時因吝惜家藏，未能成全趙氏兄弟拳拳忠孝之心。就承傳澹生堂藏書而言，朱氏堪當軸心人物。厲鶚《趙母朱太孺人七十壽序》一詩，描述趙昱兄弟不肯骩骳馳逐的性格及撰寫奧衍深情的詩文，均是母教使然。

　　誠如嚴迪昌指出，本爲故家舊臣、遺民子裔的小山堂趙氏，幾代「曠亭」情結始終纏繞不解。趙氏兄弟主盟吟唱，結集爲詠史巨帙《南宋雜事詩》，並

〔註46〕 鄧漢儀：《天下名家詩觀》卷十二，《四庫禁燬書叢刊》「集部」，第 1 冊，第 644 頁。
〔註47〕 葉昌熾：《藏書紀事詩》卷五，第 473 頁。
〔註48〕 全祖望：《小山堂藏書記》。
〔註49〕 全祖望：《小山堂祁氏遺書記》，《鮚埼亭集外編》卷十七，《全祖望集匯校集注》，第 1074 頁。
〔註50〕 同上注。
〔註51〕 全祖望：《鮚埼亭詩集》卷六，《全祖望集匯校集注》，第 2187 頁。

修築「曠亭」，以「志渭陽之思，以爲太君當新豐之門戶」，隱隱寄寓家族心史和民族痛史。在繁華盛世背後，以及士心日趨禁閉的社會氛圍中，仍能尋繹野逸群體的「異代心事」〔註52〕。《南宋雜事詩》凡七卷，取譬南宋七朝、一百五十年間事，分別由沈嘉轍、吳焯、陳芝光、符曾、趙昱、厲鶚、趙信各撰一卷，每卷一百首七言絕句。上至朝廟宮壺，下至閭閻風俗，無不入諸題詠，「以竹枝之逸韻，爲《黍離》之變風」〔註53〕。其中，以御筆書法、書畫碑刻、文士鑒賞爲題，比比皆是。茲以詠宋寧宗楊皇后之妹爲例，繼吳焯、趙昱題詩之後，厲鶚亦云：「書學官家筆勢驁，楊家妹子最承恩。偷從琴鶴圖中見，嫵媚清詩粉指痕。」〔註54〕雖偏安一隅，卻勢同全盛，而「麗景只今傳樂府，松風吹落浴龍池」〔註55〕，其衰落也不可避免。其實，早在康熙六十年（1721），厲鶚編撰《南宋院畫錄》時，即已聲稱勿將書畫作品作尋常觀：

> 顧李唐以下，如《晉文公復國圖》、《觀潮圖》之類，託意規諷，
>
> 不一而足，庶幾合於古畫史之遺，不得與一切應奉玩好等。〔註56〕

不可否認，編選《南宋院畫錄》，爲日後《玉臺書史》成書奠定了相當紮實的文獻基礎。《玉臺書史》濃墨重彩著錄楊妹子，引據的沈津《吏隱錄》、項鼎鉉《呼桓日記》、陶宗儀《書史會要》、姜紹書《韻石齋筆談》、孫承澤《庚子銷夏記》六種文獻，均已在《南宋院畫錄》論及楊妹子題書馬和之、馬遠、馬麟諸人繪畫作品時採擇。

《玉臺書史》輯錄的明代名媛，以殉國志士黃道周繼室蔡玉卿所附史料最富。才媛蔡玉卿（1612～1694），字潤石，龍溪隱士蔡乾鎣女，「性嗜書，能居約，不苟言笑」〔註57〕。天啓六年（1626），歸適黃道周，夫婦琴瑟和鳴，時人比擬爲元代趙孟頫、管仲姬〔註58〕。黃道周（1585～1646），字幼

〔註52〕 參閱嚴迪昌：《誰翻舊事作新聞——杭州小山堂趙氏的『曠亭』情結與〈南宋雜事詩〉》，《文學遺產》，2000年第6期。

〔註53〕 章藻功：《〈南宋雜事詩〉序》，厲鶚等撰，虞萬里校點：《南宋雜事詩》，杭州：浙江古籍出版社，1987年，第3頁。

〔註54〕 同上書，卷七，第243頁。

〔註55〕 同上書，卷七，第253頁。

〔註56〕 厲鶚：《〈南宋院畫錄〉序》，《叢書集成續編》第101冊，第506頁。

〔註57〕 洪思：《文明夫人行狀》，黃道周著，陳壽祺原編，王文徑等整理：《黃漳浦文集》，廈門：國際華文出版社，2006年，第35頁。

〔註58〕 侯眞平：《黃道周紀年著述書畫考》，廈門大學出版社，1995年，第21頁。

平，號石齋、石道人，福建漳浦縣人。
一生剛直不阿，甚至直諫聖上不辨忠
佞，混淆正邪，令崇禎皇帝歎服「黃道
周冰心鐵膽，自是今時一人」〔註59〕。
據黃道周受業弟子洪思《文明夫人行狀》
記述，崇禎九年（1636），邊亂初起，黃
道周受命征討，蔡氏「脫簪以佐軍士」，
卻笑曰：「夫子不久當謫官歸矣！」蔡玉
卿解釋道：

> 楊嗣昌、陳新甲，皆天下不
> 祥之人也，一時咸以奪情用，而
> 父疾亂臣賊子甚，雖在講筵，安
> 能不言？則必羅一峰耳！〔註60〕

果不其然，黃道周上疏斥責宰輔楊嗣
昌，尋貶謫而返。繼而又在崇禎十四年
（1641），因黃道周戍所近隔楊嗣昌故
里武陵，人人咸爲之擔憂，唯恐遭致不測，蔡玉卿坦然面對：

> 此非夫子死所也。縱近楊武陵家，奚畏乎？天生夫子，必不死
> 於長沙。且主上聖明，群小稍稍去側，夫子亦不長荷戈也。尋當環
> 召矣。〔註61〕

此事果然不出所料。從以上兩則事例可證，蔡玉卿頗有洞見，非尋常女子可
媲。明亡後，黃道周揮師北伐，兵敗被俘，卻仍大義凜然，三番四次絕食，
蔡玉卿致書勸慰，曰：「到此地位，只有致命遂志一著，更無轉念。」諄諄數
百言，「同於王炎午之生祭，閨閣中鐵漢也」〔註62〕。黃道周殉志後，蔡玉卿
撫孤立節，行匿於福建龍海鄞山，敦勉子孫曰：「吾今與二孤豈可復鹿鹿栩栩
與當世之人居？宜自孤危，辛楚終身如居喪！」自此以後，長齋廿餘載：

> 不復入州府，不復御酒肉，艱貞百折，死深山中，以此自傷，

〔註59〕萬應隆：《三峰傳稿‧金黃萬楊合傳》，《中國野史集成續編》，成都：巴蜀書
　　　　社，2000年，第307頁。
〔註60〕洪思：《文明夫人行狀》。
〔註61〕洪思：《文明夫人行狀》。
〔註62〕厲鶚：《玉臺書史》「蔡夫人」條。

亦以此明示子孫世世無忘先人哉。〔註63〕

據（光緒）《漳浦縣志》記載，順治初年，蔡玉卿曾致信當道者，使族人終得以免遭屠戮。

　　論及黃道周書法，至交徐霞客推許其字畫、文章、人品、學問，均為國朝第一。黃道周書法，「根據晉人，兼涉北朝，剛勁之中，自成精熟，迥非文、董輩所敢望」〔註64〕，當時即有洛陽紙貴之譽。曾在獄中手書《孝經》百本，「每本售銀一兩，人爭市之，以為家珍」〔註65〕。繼室蔡玉卿書法仿習黃道周，楷書參以隸法，遒拙勁毅，「造次不能辨」〔註66〕。早年習字，因認為「閨中名不宜傳外」，蔡氏均署名黃道周。直到晚年才自署，且非至親不妄與。現存其楷書臨摹黃道周《孝經定本》（如左圖），凡十八章，計一千八百二十七字，卷首鈐「玉音清操力學」印，卷末款署「明忠烈文明伯武英殿大學士黃道周妻蔡玉卿書於石養山中之齋室」，並鈐「蔡玉卿印」、「潤石」、「玉卿」印章數方〔註67〕。此外，蔡玉卿又精於繪畫，生動鮮妍，頗有五代山水遺法，「後賢惟惲正叔可以希風」〔註68〕。厲鶚曾在趙氏小山堂獲觀崇禎九年（1636）蔡玉卿所繪《花卉》冊頁，並在《玉臺書史》悉數迻錄蔡玉卿題詠十種花卉、藉以自勵的四言詩句。

　　《玉臺書史》著錄清代名媛，則首列黃媛介，並據姜紹書《無聲詩史》所言，乙酉遭亂後的黃氏詩文，多流離悲戚之辭，可考鼎革事變。黃媛介之心跡，見論文第二章討論，茲不贅述。《玉臺書史》一書雖僅為文獻彙編，但從著錄女性書家主體的位次先後、徵引文獻多寡等方面考論，仍能見出厲鶚別有幽懷的心緒。

三、藏鈔校勘與《玉臺書史》「引書」

　　厲鶚自幼孤貧，依靠其兄販賣淡巴菰葉為生。後僦居杭州城東園，敝屋數椽。詩作《予貸居南湖上八年矣。其主將鬻他氏，復謀棲止。瑞石山下有屋數楹，東扶導予相度，頗愛其有林壑之趣，以價貴未遂也。因用癸卯贈東

〔註63〕洪思：《文明夫人行狀》。
〔註64〕何紹基：《跋道周〈洗心詩〉冊》。
〔註65〕李清：《三垣筆記》，北京：中華書局，1982年，第173頁。
〔註66〕王士禎：《居易錄》卷十五。
〔註67〕中國古代書畫鑒定組編：《中國古代書畫目錄》，北京：文物出版社，1985～1993年。
〔註68〕沈德潛跋蔡玉卿自題《花卉》冊頁詩句，見厲鶚《玉臺書史》。

扶移居韻寄之，並邀城南吟社諸君共和焉》所述〔註 69〕，其貧困狀況，可窺一斑。此後又迭遭「半宅從人典，全家冒雨遷」〔註 70〕窘況，外加竊賊光顧，更是雪上加霜，以致姬人朱氏病危，厲鶚只好典賣衣物「償藥券」。其《借書》一詩云：

> 歲闌百事不掛眼，惟有借書聊自怡。燈灺風宵親勘處，篝香霜
> 曉手抄時。里中今得小萬卷，貧甚我慚無一瓻。舊史臨潢新注就，
> 不知誰肯比松之。〔註 71〕

考察厲鶚編撰《玉臺書史》，對一介寒士而言，自身無計爲生，又不甘爲五斗米折腰，擬撰就著述數種，無疑離不開至交好友允借藏書。厲鶚交往的文士群體，多爲當時頗負盛名的藏書家。汪啓淑《水曹清暇錄》載：

> 江浙藏書家，向推項子京「白雪堂」、常熟之「絳雲樓」……祁
> 東亭「曠園」。近時則趙谷林「小山堂」、馬秋玉「玲瓏山館」、吳尺
> 鳧「瓶花齋」及予家「開萬樓」。〔註 72〕

除「開萬樓」之外，汪啓淑另闢「飛鴻堂」，集古印萬鈕，極漢晉金石之大觀。厲鶚詩作《汪秀峰自松江載書歸，招同人小集分韻》，述及其在汪啓淑主盟的雅集中，「增長多聞似得朋」的感念之情與「欲賃鄰居剪燭膛」〔註 73〕的欣喜之感。吳焯嗜好聚書，凡宋雕元槧與舊家善本，悉盡財力搜求，是以「瓶花」、「青藿」、「鑒閣」各軒楹聚書萬餘種〔註 74〕。爲此，吳焯輯刻家藏書目《繡谷薰習錄》八卷，珍本秘冊甚多。舉例而言，彭元瑞等編撰《天祿琳琅書目後編》，著錄罕見遼刻本《龍龕手鑒》，書題有「繡谷亭續藏書」、「吳城敦復」印章，彭元瑞跋曰：「宋、遼、金、元、明五朝俱全，足以見繡谷所收之富」〔註 75〕。吳允嘉嗜好藏書，丹鉛點勘，晨書暝寫，凡山經地志、墓碣家乘，

〔註 69〕厲鶚：《樊榭山房集》卷八「詩辛」，《樊榭山房集》，第 655 頁。
〔註 70〕厲鶚：《移居》，《樊榭山房集》卷五「詩戊」，《樊榭山房集》，第 395 頁。
〔註 71〕厲鶚：《借書》，《樊榭山房續集》卷一「詩甲」，《樊榭山房集》，第 1035 頁。
〔註 72〕汪啓淑：《水曹清暇錄》卷一，北京古籍出版社，1998 年，第 15 頁。汪啓淑
　　　　（1727～1799 前），字秀峰，又字愼儀，號訒庵，安徽歙縣人，後寓居杭州。
　　　　官工部都水司郎中，遷兵部職方司郎中。著有《水曹清暇錄》、《飛鴻堂印人
　　　　傳》、《訒庵詩存》。汪氏乃一代藏家，曾輯刊女性作品選本《擷芳集》八十餘
　　　　卷，可見清代藏書風習對刊刻女性作品的意義。
〔註 73〕厲鶚：《樊榭山房續集》卷六「詩己」，上海古籍出版社，1992 年，第 1398 頁。
〔註 74〕阮元：《兩浙輶軒錄》卷十五，清嘉慶刻本。
〔註 75〕丁丙：《武林藏書錄》卷中，《叢書集成續編》本，第 5 冊，第 766 頁。吳焯，
　　　　字尺鳧，號繡谷，錢塘人，著有《藥園詩稿》、《陸渚鴻飛集》等。

下逮百家小說，莫不搜討。厲鶚《哭吳丈志上》詩注云：「吳丈書齋有曝畫廊」
〔註76〕。杭世駿「閒過友人館舍，得異文秘冊，即端坐默識，括略其要」，長
此以往，「藏書擁榻積幾，不下千萬卷」〔註77〕。

　　「揚州二馬」更是酷嗜古書，不惜重價求購海內奇文秘簡。全祖望時相
過從，馬氏兄弟「寒暄之外，必問近來得未見之書幾何？其有聞而未得者幾
何？隨予（按：全自指）所答，輒記其目，或借鈔，或轉購，窮年兀兀，不
以為疲。」〔註78〕全祖望在京師獲見《永樂大典》，馬曰璐立即修書，詢問鈔
胥人數及開銷費用，躍躍欲試，擬備齊人力和財力謄抄。其後，又煩請全
祖望代鈔天一閣藏書。經過數年的苦心經營，馬氏兄弟收藏的書畫、碑版甲
於大江南北。全祖望《叢書樓記》與徐用錫《看山樓記》二文詳細敘說了
其藏書盛況，厲鶚亦賦詩《題秋玉、佩兮街南書屋》十二首，贊詠馬氏小玲
瓏山館、叢書樓。乾隆三十七年（1772），四庫開館，在全國範圍內徵選典
籍。馬曰璐之子馬裕進獻家藏書籍七百七十六種、汪啓淑亦呈進六百餘種
〔註79〕。乾隆三十九年（1774），依據私家進呈書籍多寡及版本精良與否，諭
令嘉獎鮑士恭、范懋柱、汪啓淑、馬裕四家，各賜一部《古今圖書集成》，傳
為書林美談。

　　上述藏書家憑藉一己財力搜求珍本秘冊之餘，又常常互相借閱鈔錄。
此舉既能迅速擴充自家藏書量，亦促使了古籍版本日趨精善。吳焯瓶花齋
「距振綺堂數百武而近，兩家主人常以文酒娛佳日，借書之伻，往來無虛日」
〔註80〕。而趙昱賦詩讚譽瓶花齋縹緗插架，詩注云：

> 繡谷藏書頗矜惜，不輕借人，獨許予鈔，予所藏多繡谷亭本。
>
> 予偶得善冊，先生見之，亦必取以勘定。〔註81〕

可見，吳氏瓶花齋、汪氏振綺堂、趙氏小山堂各家藏書，均能互通有無。「揚
州二馬」亦利用自家藏本，孜孜從事古籍輯佚、校勘，幾至廢寢忘食。全祖

〔註76〕厲鶚：《樊榭山房集》卷六「詩己」，《樊榭山房集》，第 430 頁。吳允嘉，字
　　　　志上，又字石倉，錢塘人。著有《四古堂文鈔》、《石倉存稿》、《石倉箋奏》、
　　　　《武林文獻志》，曾輯刻《武林耆舊集》、《錢塘縣志補》。
〔註77〕王瞿：《〈道古堂集〉序》，《續修四庫全書》「集部」，第 1426 冊，第 199 頁。
〔註78〕全祖望：《叢書樓記》，《鮚埼亭集外編》卷十七，《全祖望集匯校集注》，上海
　　　　古籍出版社，2008 年，第 1065 頁。
〔註79〕另有一種觀點，汪啓淑獻書五百二十四種。
〔註80〕葉昌熾：《藏書紀事詩》卷五，上海古籍出版社，1989 年，第 471 頁。
〔註81〕同上書，第 468 頁。

望曾予以精細描述：

> 於樓上兩頭各置一案，以丹鉛爲商榷，中宵風雨，互相引申，
> 眞如邢子才思，誤書爲適者。珠簾十里，蕭鼓不至，夜分不息，而
> 雙燈炯炯，時聞雒誦，樓下過者多竊笑之。以故其書精覈，更無僞
> 本。而架閣之沉沉者，遂盡收之腹中矣。〔註82〕

一方面，憑藉雄厚財貨，不遺餘力添購稀見古籍；另一方面，以勤勉執著的
精神與矜持不苟的態度從事版本校讎，無怪乎其藏書聲名鵲起。

厲鶚早年擔囊作客，館汪沆聽雨樓凡五載（康熙五十三年至五十七年）。
雍正三年（1725），客遊揚州，馬氏兄弟延至其家，得以飽覽遺文秘牒。「揚
州二馬」賓禮海內賢士，慷慨好義，名聞四方。其他懷才不遇或困厄仕途者，
諸如陳章、陳撰、金農、丁敬均奔走維揚，館其小玲瓏山館、街南書屋。盧
見曾《哭馬嶰谷主事》曰：

> 前月才同哭舊儔，那堪君又去荒邱。淮揚老友從今盡，金石遺
> 文誰更搜。名士共悲東道主，高情常在借書樓。嬋嬛福地知歸處，
> 山館玲瓏本暫留。〔註83〕

盧氏輯刻《國朝山左詩鈔》，仰仗於「揚州二馬」及京師黃昆圃藏書。而在校
刊王士禎《漁洋感舊集》時，因此刻本幾經輾轉鈔寫，諸多字詞難以考訂，
盧見曾借助小玲瓏山館藏書，在厲鶚、陳章諸賢士傾力襄助下，終於重新校
閱刊梓。盧見曾賦詩《贈馬秋玉詩》，附錄於《漁洋感舊集小傳》，言「多君
慷慨借荊州」〔註84〕。就厲鶚本人而言，曾依賴小玲瓏山館浩瀚的藏書，博
稽深訂數以千計的宋人文集、筆記、詩話，歷經廿餘載，撰就百餘卷的皇皇
巨著《宋詩紀事》。厲鶚自序曰：

> 予自乙巳後，薄遊邗溝，嘗與汪君祓江，欲效計有功搜括而甄
> 錄之。會祓江以事罷去，遂中輟。幸馬君嶰谷、半槎兄弟，相與商
> 榷，以爲宋人考本朝尚有未當。……因訪求積卷，兼之閱市借人，
> 歷二十年之久。……部帙既繁，恐歸覆瓿。念與二君用力之勤，不
> 忍棄去。暇日釐爲百卷，目曰《宋詩紀事》。〔註85〕

〔註82〕 全祖望：《叢書樓記》。
〔註83〕 盧見曾：《哭馬嶰谷主事》，《雅雨堂詩集》卷上，《續修四庫全書》「集部」，
第1423冊，第435頁。
〔註84〕 盧見曾：《揚州雜詩》，《雅雨堂詩集》卷下，第423頁。
〔註85〕 厲鶚：《〈宋詩紀事〉序》，上海古籍出版社，1983年。

就中，「揚州二馬」直接參與編撰了第一至二十卷，對作品版本和史料來源提出過商榷意見，加附按語，彰顯了其良好的學術素養，亦見證了與厲鶚的深情厚誼。

身爲「揚州二馬」主賓，厲鶚借鈔古籍，甚爲習見。茲舉校勘《名儒草堂詩餘》爲例。厲鶚推許此書「採擷精妙，無一語凡近」，故而「心所愛玩，無時離手」〔註86〕。雍正二年（1724），厲鶚從吳焯借鈔鳳林書院本《名儒草堂詩餘》，由於該版本「頗多顛倒殘缺，略爲校定，而脫字則仍之」〔註87〕，爲此書的脫漏訛誤而耿耿不寐。此後，厲鶚又從山塘書肆借閱朱彝尊家鈔本，復補改數處，且得以確知下卷【齊天樂】《題滕王閣》一詞作者爲龍紫蓬。雍正十一年（1733），「揚州二馬」新購元刻本《草堂詩餘》三冊，厲鶚藉此校正數十字，並增補趙功可、李太古詞作各三首。至此，歷經十年，幾番訂補，該書「始稱善本」〔註88〕。吳焯、朱彝尊、「揚州二馬」諸家藏書，厥功甚偉。《玉臺書史》著錄唐代女書家吳彩鸞，也不忘從《名儒草堂詩餘》徵引元代詹玉【桂枝香】《題寫韻軒》一詞。將元刻本與厲鶚校改本（刊於伍崇曜編《粵雅堂叢書》）比勘，則可發現《玉臺書史》將詹玉詞作中「郇孝」〔註89〕一詞改爲「那學」。

此外，厲鶚編撰《玉臺書史》，所依據之趙明誠《金石錄》與卞永譽《式古堂書畫匯考》兩種重要文獻，亦爲馬氏兄弟獻呈、四庫館臣予以採錄的精善本〔註90〕。趙明誠《金石錄》南宋龍舒郡齋本、開禧元年趙不譾刻本，均沉霾不顯。自明代以來，此書賴抄本流傳，爲此而舛誤甚多：

〔註86〕厲鶚：《〈名儒草堂詩餘〉跋》，伍崇曜編：《粵雅堂叢書》二編，咸豐三年刻本。方盛良考辨厲鶚題跋的眞僞，詳見《〈樊榭山房集〉拾遺》一文，《古籍研究》，2004年，總第46期。
〔註87〕同上注。
〔註88〕厲鶚：《〈名儒草堂詩餘〉跋》。厲鶚所謂「始稱善本」，從《粵雅堂叢書》刊載厲鶚校本看，刊本仍有較多脫字。例如，詹玉【漢宮春】《題西山玉隆宮》明顯闕六字；依據詞譜，厲鶚認爲該詞作某處亦應添補一字。詹玉【渡江雲】《春江雨宿》脫略二字。其他作家作品闕字之處，亦多有之。至於厲鶚前後校訂凡十年，《讀畫齋叢書》「丙集」之元刻《名儒草堂詩餘》，附錄厲鶚手校札記五則，始自雍正二年（1724），迄於雍正十一年（1733）。
〔註89〕鳳林書院《名儒草堂詩餘》元刻本，《續修四庫全書》「集部」，第1728冊，第403頁。
〔註90〕方盛良詳細統計了《四庫全書總目》採錄馬氏藏書書目及存目，氏著：《清代揚州徽商與東南地區文學藝術研究——以「揚州二馬」爲中心》，北京：人民文學出版社，2008年。

> 轉相抄錄，各以意爲更移，或刪除其目內之次第，又或竄亂其
> 目之年月。第十一卷以下，或並削每卷之細目，或竟佚卷末之後序，
> 沿訛踵謬，彌失其真。〔註91〕

至清代中葉，《金石錄》各種抄本、重刻本、校本風行於世，卻「差爲完善」。
爲此，馬曰琯兄弟謹愼釐定眾家差異，「又於注中以《隸釋》、《隸續》諸書增
附按語，較爲詳覈」〔註92〕，使此《金石錄》版本爲其他校本所不及。而《式
古堂書畫匯考》一書，作者卞永譽精於賞鑒，此書條理秩然，「詩文題跋悉
載，上溯魏晉，下迄元明，所收最爲詳博」〔註93〕。故此，厲鶚《玉臺書史》
著錄女性書家史炎、邢慈靜、管道昇，引據卞永譽《式古堂書畫匯考》，全
文抄錄邢慈靜《邢夫人慈靜自述詩帖》、管道昇《管仲姬與中峰帖》以及文人
士大夫祝允明、楊循吉、董其昌諸輩題跋管氏書帖。至於《金石錄》一書，
因其學術價值早已共知，經當時金石鑒藏之風推漲，成爲文士案頭必備。
而且，經眾多學者合力校勘，版本日趨精善，厲鶚據以著錄武則天、房璘妻
高氏。

四、遊仙情結與書法名家之彰顯

　　《玉臺書史》著錄女性書家，以身份列次，「女仙」赫然介於「宮闈」與
「名媛」之間。而厲鶚此前編撰《宋詩紀事》，「女仙」毗鄰「神鬼」、「物
怪」，列諸第98、99卷。究其因，《宋詩紀事》旨在糾偏盛行一時的宗唐風
氣，彰顯宋代「知人論世」之學，故正襟危坐、嘔心瀝血編撰。且自言傚仿
計有功《唐詩紀事》體例，不宜妄自改易。相反，專書輯刊女性書家資料，
史無前例，是故厲鶚縈繞於心的遊仙情結，盡可出於一己之心性而淋漓盡致
地揮灑。

　　遊仙文學傳統，淵源有自。屈原、曹植、郭璞等歷代文士，因不能濟世，
轉而尋求遁世，藉富含浪漫情思的遊仙之舉，表達對現實社會的不滿。康熙
四十九年（1710），厲鶚創作《遊仙百詠》，自序云：

〔註91〕永瑢等纂：《四庫全書總目》卷八十六，北京：中華書局，2008年，第734
　　　頁。
〔註92〕同上注。按：丁丙《善本書室藏書志》卷十四云：「《金石錄》三十卷，趙氏
　　　小山堂鈔本，汪氏振綺堂藏書。此爲趙谷林、意林兄弟鈔錄館本，謂長洲何
　　　焯、錢塘丁敬校者差爲完善，敬身屢客趙氏，必經討論，當不至如『壯月』
　　　之誤爲『牡丹』者，又有汪魚亭藏閱書一印」。
〔註93〕永瑢等纂：《四庫全書總目》卷一百十三，第968頁。

餘閒居寡歡，偶而綴韻，輒成百章，大要遊思囈語，雜以感慨，玉茗先生所謂『事之所無，安知非情之所有』者也。且靈均作《騷》，尚託於雲中君、湘夫人，其亦庶幾不悖作者之意乎？有好事者出而讀之，詞雖不工，聊當龜茲一覺云爾。〔註94〕

序言所涉「龜茲一覺」，王仁裕《開元天寶遺事》述曰：「龜茲國進奉枕一枚，其色瑪瑙，溫溫如玉，其製作甚樸素。若枕之，則十洲三島，四海五湖，盡在夢中所見，帝因立名爲遊仙枕。」〔註95〕厲鶚「苦心」建言讀者，如若不能體察作者閒居寡歡的遙深寄託，且略嫌文辭拙陋，則不妨僅從字面上閱讀這些「遊思囈語」，飄飄然作夢遊仙境之想。康熙五十二年（1713），厲鶚自序《前後遊仙詩》，重申自己「淹躓窮途，漂搖愁境」，「事雖寄於遊仙，情則等於感遇」，「俗緣羈紲，塵網攖纏，與其作白眼以看人，何如問青天而搔首」〔註96〕。聲稱無意於科舉，不爲稻粱而謀，以免遭俗緣塵網羈絆。此誠爲厲鶚的肺腑之言，卻亦是在動輒斧鉞相加的社會氛圍中，爲其堅持離脫當下異族政權而追尋遠逝的華夏傳統，找到一個堂而皇之的理由。厲鶚爲王賓遠《疏僚集》撰序，稱自己常常遊歷鴛湖、虎丘、惠泉，往返荊溪、錫山等勝境，仍然是「抑鬱憤懣，欲吐而不得吐者，填塞胸臆間，幾不復支，靜求其故，終不可得」〔註97〕。故藉遊仙抒發鬱積胸中的苦悶，先後撰就《遊仙百詠》、《續遊仙百詠》、《再續遊仙百詠》，並自許「厲遊仙」。袁枚《子不語》虛構厲鶚與周京乩仙，遭遇前明殉節忠臣〔註98〕，不爲無因。

厲鶚這種遊仙情結，在《玉臺書史》一書留下了鮮明烙印。唐代女書家吳採鸞堪稱《玉臺書史》「女仙」類中心人物，厲鶚先後徵引《宣和書譜》、林坤《誠齋雜記》、黃庭堅《黃山谷集》、呂本中《紫薇詩話》、樓玥《玫瑰集》、陸友仁《硯北雜志》、周密《志雅堂雜鈔》、虞集《道園學古錄》、鳳林書院本《草堂詩餘》、陳宏緒《寒夜錄》、孫承澤《庚子銷夏記》、張丑《清河書畫舫》，凡十二種。吳彩鸞成爲《玉臺書史》引錄文獻最多的女性書家，亦

〔註94〕厲鶚：《樊榭山房集外詩》，《樊榭山房集》，第 839 頁。

〔註95〕王仁裕：《開元天寶遺事》卷上，中華書局，2006 年，第 14 頁。

〔註96〕厲鶚：《樊榭山房集外詩》之《遊仙百詠自序》，《樊榭山房集》，第 837 頁。

〔註97〕朱文藻撰，繆荃孫重訂：《厲樊榭先生年譜》，《樊榭山房集》「附錄」，第 1760 頁。

〔註98〕袁枚：《子不語》卷十五《鶴靜先生》，袁枚著，王英志主編：《袁枚全集》，南京：江蘇古籍出版社，1993 年，第 4 冊，第 282 頁。

備受歷代文士爭議。

　　關於吳彩鸞仙傳事蹟，杜光庭《仙傳拾遺》〔註99〕描述的故事情節與後來附會者大體相似，但此書隻字未提吳氏擅長小楷。而據裴鉶《傳奇》記述，吳彩鸞自稱西山吳眞君之女。太和年間，書生文蕭與之邂逅於鍾陵，詢問再三，方知其乃管轄水府各事的仙子。吳彩鸞因洩露自己眞實身份，被貶爲凡人。文蕭拙於生計，惟賴吳彩鸞小楷鈔寫、兜售《唐韻》爲生，歷經十年，兩人各騎一虎仙去〔註100〕。因專事

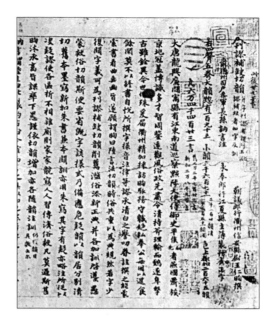

鈔錄，吳彩鸞筆法日漸純熟，每日竟能鈔錄十數萬字，是故傳世手跡甚多。比如，宋御府庋藏有十三卷本《唐韻》〔註101〕。黃庭堅親眼目見六種《唐韻》，其中一種凡二十九葉，吳彩鸞書寫僅八葉，餘則乃後人摻雜補續，氣韻肥濁，相去甚遠〔註102〕。至於吳彩鸞書寫全本《切韻》，先後經元代書法家鮮于樞、明代太宰陸全卿，以及鑒藏家項元汴收藏。樓鑰於汪季路寓所觀賞鈔本《唐韻》，後又獲觀宇文廷臣所藏《玉篇鈔》。陸友仁《硯北雜志》著錄導江迎祥寺藏《佛本行經》六十卷。王士禎《皇華紀聞》亦記述吳彩鸞曾在安福福聖院手寫《法苑珠林》一百二十軸。現今故宮博物院仍藏弇舉世無雙的龍鱗裝本《刊謬補缺切韻》（如右圖）。諸如此類，確證有署名吳彩鸞者，日以繼夜鈔寫各類韻書、經卷，流傳後世。歷代文士無不驚歎於其書法精妙，神全氣古，筆力遒勁，「雖字細僅若蠅頭，而位置寬綽有餘，全不類世人行筆，當於仙品中求之乃得」〔註103〕。

〔註99〕　宋代陳葆光《三洞群仙錄》等書援引。
〔註100〕　裴鉶著，周楞伽輯注：《傳奇》，上海古籍出版社，1980 年，第 88 頁。
〔註101〕　計三種：《唐韻》平上、平下、上、去、入五卷；《唐韻》上下二卷；《唐韻》六卷。
〔註102〕　厲鶚：《玉臺書史》；黃庭堅《山谷別集》卷十一《跋張持義所藏吳彩鸞〈唐韻〉》。
〔註103〕　張丑撰，徐德明校點：《清河書畫舫》卷五，上海古籍出版社，2011 年，第 228 頁。

　　然而，吳彩鸞是否「女仙」，卻莫衷一是。柳公權《題〈龍鱗楷韻〉》，擇取較為謹愼的態度，不明示自家立場，僅曰：「吳彩鸞，世傳謫仙也。」〔註104〕始自裴鉶《傳奇》敷陳虛實參半的故事，宋代書法專書《宣和書譜》承襲其說，才使黃庭堅徑直稱之為「仙人」，洪朋《寫韻亭詩》亦不明就裏，照本宣科。樓鑰讀《文蕭傳》，對女仙吳彩鸞書寫《唐韻》一事頗不以為然，及至親眼目睹手書眞跡，才確信眞有其人，但仍猜疑女仙身份。元末明初，陶宗儀《書史會要》則認為，世上名吳彩鸞者，擅長楷書，因羨慕神仙吳彩鸞而以之自稱。清代陳宏緒則質疑吳彩鸞與文蕭相遇於太和年間，與天寶年間吳氏書寫《法苑珠林》，時間悖謬不經〔註105〕。王士禎駁斥陶宗儀觀點，對吳彩鸞仙女身份深信不疑〔註106〕，為此而煞費苦心，例舉時地皆有可考的諸多寫本，如紫極宮鈔寫《唐韻》、安福福聖院鈔寫《法苑珠林》、導江縣迎祥寺藏有《佛本行經》〔註107〕。厲鶚亦旗幟鮮明地將吳氏劃歸「女仙」類。縱觀歷代文士究討吳彩鸞女仙身份，欲辨就中眞僞，則需要從始作俑者裴鉶說起。

　　眾所周知，唐代行卷成為貧寒士子自我推介的一種重要方式，風行已久。裴鉶創作《傳奇》，旨在迎合節度使高駢惑溺神仙怪異的癖好，藉以躋身通顯，「此或當時諛導之作，非由本懷」〔註108〕。而當時，女子吳彩鸞鈔寫各類韻書，幾至家喻戶曉。王國維說：

〔註104〕王惲：《玉堂嘉話》卷三，《文淵閣四庫全書》本。
〔註105〕陳宏緒：《寒夜錄》卷下，清鈔本。
〔註106〕葉德輝：《書林清話》卷十，北京：中華書局，1999年，第285～288頁。姜亮夫《吳彩鸞書〈切韻〉事辯及其徵信錄》一文，記述其在巴黎閱敦煌藏唐人寫本《切韻》數十卷，其中 Pelliot 編號之第 2011 共存四十三面，約殘缺六至八面。在姜亮夫看來，該卷本字體娟秀，剛健猗儺，兼而有之。行款極緻密，而安排疏朗，綽然裕如。更為重要的是，「原卷第十四頁後面第八行末，『眸』字、『目』字兩字之間，及原第五頁前面第三十行第二字『購』下『贖』字側，皆有胭脂圓點，色極鮮明，大如紅豆。又第十頁後第五行『韻』字注『□不』二字之側，亦有鮮豔之胭脂小圈」。姜亮夫認為，唐代婦女習書法者甚多，而《切韻》一類的韻書成為學士案頭必備，因此，有許多婦女抄錄韻書，以輔佐丈夫謀取功名，而貧困婦女抄錄出售，以此為生。《姜亮夫全集》第十四冊《敦煌學論文集》，昆明：雲南人民出版社，2003年，第161頁。
〔註107〕王士禎：《居易錄》卷六、卷八、卷十二。葉德輝逐一批駁陶宗儀、陳宏緒的觀點，認為書寫《唐韻》者乃吳彩鸞無疑，也不存在時間上的錯訛。
〔註108〕魯迅：《中國小説史略》，《魯迅全集》，北京：人民文學出版社，2005年，第9冊，第98頁。

　　　　唐人盛爲詩賦，韻書當家置一部。故陸、孫二韻當時寫本，當
　　以萬計。陸《韻》，即巴黎所藏三本，已有異同。孫《韻》傳之後世
　　可考見者，除鶴山所藏外，如歐陽公見吳彩鸞書葉子本《歸田錄》、
　　黃山谷所見凡六本《山谷題跋》、鮮于伯機藏一卷《雲煙過眼錄》。傳寫
　　既多，故名稱、部目，不能盡同。〔註109〕

孫恤《唐韻》葉子本、以及黃庭堅與鮮于樞經眼者，均題署吳彩鸞鈔寫。裴
鉶將現實生活中的焦點人物，附會仙怪之事，營造如夢如幻、虛實相間的效
果，自當令高駢稱心快意。

　　後世士子則驚訝於吳氏書法的神品境界，「全不類世人筆」。柳宗元「數
載勤求」，虞集觀賞吳彩鸞《唐韻》，慨歎：

　　　　紙素芳潔，界畫精整，結字遒麗，神氣清明，豈凡俗之所可能
　　者哉？要皆人間之奇玩也。〔註110〕

陶宗儀認其爲「當於仙品中別有一種風度」〔註111〕。尤其是，以蠅頭小楷日
鈔《唐韻》一部，達十數萬字，即使是素以筆法純熟著稱的趙孟頫晝夜伏
案，奮筆疾書，每日僅得三萬字。雖布局架構可與媲美，但「柔媚有愧彩鸞
多矣」〔註112〕。故諸多文人士大夫認爲，從文字鈔寫速度、書法境界兩方面
考量，女書家吳彩鸞舉世無雙。而當其肅然探訪、細微考究龍興紫極宮寫韻
軒、安福福聖院等當年吳彩鸞鈔寫場所，同時，又深信不疑其爲仙人，一種
弔詭油然而生。

　　綜上所述，厲鶚此前撰寫《南宋院畫錄》，繼而輯錄女性書法家史料，專
題著就《玉臺書史》，深受當時碑帖書畫、藏鈔校勘風習的薰染。而當時漢族
文士群體，面對清廷日趨高壓的文字獄，也力圖通過著述方式，隱約緬懷早
已消逝的華夏正統。在《南宋雜事詩》之外，《玉臺書史》一書雖僅爲資料彙
編，但厲鶚彰顯女性書家，別有幽懷。著錄明代才女蔡玉卿，引證史料最豐。
至清代，則首列女遺民黃媛介。諸如此類，並非隨意爲之。就女性書家身份

〔註109〕王國維：《觀堂集林》卷八《書吳縣蔣氏藏唐寫本〈唐韻〉後》，《王國維全集》
　　　　第8冊，第236頁。王國維另撰有《書巴黎國民圖書館所藏唐寫本〈切韻〉
　　　　後》、《書內府所藏王仁昫〈切韻〉後》、《書〈式古堂書畫匯考〉所錄〈唐韻〉
　　　　後》三文，對《切韻》、《唐韻》版本作了精深研究，可參閱。
〔註110〕虞集：《道園學古錄》卷三十八《寫韻軒記》。
〔註111〕陶宗儀：《書史會要》卷五，上海書店，1984年，第194頁。
〔註112〕張丑：《清河書畫舫》卷五，第228頁。

而言，緊隨「宮闈」，則急切地著錄「女仙」，頗顯見其始終無法釋解的遊仙情結。《玉臺書史》不僅是歷代女性書家的集中展現，更是文士群體在異族文化壓制下，無法抒吐懷抱，進而投注於才女書寫的側影。

附錄四　歌吹風華憶樊榭　附會機緣著畫史——湯漱玉《玉臺畫史》成書探源

　　繼厲鶚編撰女性書家史料《玉臺書史》之後，才媛湯漱玉深受啓發，亦摭拾群籍，匯輯歷代女性畫家文獻，著就《玉臺畫史》。以專書輯錄的規模與影響而言，《玉臺書史》、《玉臺畫史》堪稱著錄傳統女性書畫藝術成就的雙璧〔註1〕，以致各有續書之作〔註2〕。

一、編者考述及纂選緣起

　　湯漱玉以閨秀身份，構建歷代女性畫家譜系，首創之功，值得嘉許。尤其是，她以病危之身念念不忘此志業，與夫婿遍閱各種史料，商略甄收，誠非易事。對此，余紹宋《書畫書錄解題》云：「是編所錄，未爲賅備。且有《書

〔註1〕目前有關《玉臺畫史》的研究，有兩篇專題博士論文，分別是：李圭《〈玉臺畫史〉研究》，南京師範大學 2008 年，指導教師範揚；徐玉紅《〈玉臺畫史〉中女才人及其社會角色研究》，中國美術學院 2009 年，指導教師曹意強。李圭論文第一章簡要梳理《玉臺畫史》概貌、成書背景。第二至四章則作延伸研究，較爲細緻地研讀《玉臺畫史》涉及的一些典型個案。徐玉紅論文，其題目已非常清楚地告訴讀者，論述重心是從社會文化層面考察女畫家。臺灣學者馬雅貞《從〈玉臺書史〉到〈玉臺畫史〉：女性藝術家傳記的獨立成書與浙西的藝文傳承》（臺灣清華大學《清華學報》，2010 年，新 40 卷第 3 期）從浙西獨特的藝文傳統，以《玉臺書史》、《玉臺畫史》爲案例，釐清女性藝術史獨立成書的緣由與意義，視角新穎，論證翔實。

〔註2〕徐道貞撰《續玉臺書史》四卷，民國六年義州李氏鈔本，國家圖書館藏。馮焯爲祝穎《花卉冊頁》題跋曰：「嘉興沈觀察濤嘗續《玉臺畫史》，首列太君，以爲南樓老人之後一人。」

史》徵引各書在前，亦易爲力。然出諸閨秀，亦難能而可貴矣。」〔註3〕強調以閨秀身份染指編刊藝術文獻專書的重要意義，同時也較爲客觀地指出《玉臺畫史》稍顯薄弱之處以及與厲鶚《玉臺書史》之淵源。

湯漱玉，字德媛，錢塘人，汪遠孫繼室。胡敬言其「生託名門，幼耽翰墨」〔註4〕。汪端題詩汪遠孫《寒閨病趣圖》，詩注云：「德媛及從姊佩芬、小谷並工詩」、「德媛善書，病中手輯玉臺書畫二史」〔註5〕。有關湯氏資料留存甚少，生卒年亦莫衷一是。《平陽汪氏遷杭支譜》記載其生於清嘉慶六年（1801）八月二十四日，卒於道光九年（1829）四月十三日，年二十九〔註6〕。謝巍《中國畫學著作考錄》言其生於乾隆六十年（1795），約卒於咸豐五年（1855），不知何據，亦爲此後許多研究者援引。兩種觀點相去甚遠，尤其是關於湯氏卒年，更有廿餘年之別。事實上，通過稽考相關文獻，尚可釐辨清楚。汪遠孫至交好友胡敬撰寫《內閣中書小米汪君傳》，記曰：

> 娶於梁爲萊子教諭女，生子一曾撰，女五。而梁孺人沒，篤於伉儷，鰥居九載。以內顧事宂不獲已，繼娶於湯，爲醴泉茂才女，未踰年，又以瘵沒。副室李氏，生女一。〔註7〕

由是觀之，汪遠孫先後迎娶梁端繩、湯漱玉、李氏〔註8〕。又，依據汪遠孫刊刻梁端繩補注劉向《列女傳》所題識語，嘉慶十六年（1811），梁端繩歸適，至道光五年（1825）六月，汪遠孫之子曾撰生，梁氏病卒，「燒燭檢書，籌香校帖」，十有五載。由上述胡敬所言，汪氏「篤於伉儷，鰥居九載」，因家庭細瑣之事亟需料理，繼娶湯漱玉。如果胡敬所說「九載」係實數，迎歸之年則爲道光十三年（1833）。然而，《清尊集》卷七收錄胡敬《歲暮雜詩》，汪遠孫和詩云：「獸炭頻添向藥爐，薰香問損肺還無。何人點筆能工畫，倩寫《寒閨病趣圖》。時婦方病。」〔註9〕《清尊集》爲汪遠孫、胡敬等東軒吟社成員聯

〔註3〕 余紹宋：《書畫書錄解題》卷一，第137頁。

〔註4〕 胡敬：《〈玉臺畫史〉序》，《玉臺畫史》，清道光十七年汪氏振綺堂刻本。以下凡徵引是書未予注明者，均引自該刻本。

〔註5〕 汪遠孫編：《清尊集》卷七，清道光十九年錢塘振綺堂刻本。

〔註6〕 汪詒年輯：《平陽汪氏遷杭支譜》，1932年鉛印本。兩篇博士論文，以及其他一些著述對湯氏生卒年或語焉不詳，或沿用謝巍的觀點。

〔註7〕 胡敬：《崇雅堂文鈔》卷二，清道光二十六年刻本。

〔註8〕 黃士珣：《小米新得吳姬，詩以調之》，詩注云：「姬李姓，年十五」。汪遠孫編：《清尊集》卷十二。

〔註9〕 同上書，卷七。

袂唱和而成的詩詞編年總集（容後論述），故依據緊隨《歲暮雜詩》之後，有胡敬在道光九年（1829）所作《翠螺杯》，可推斷，《寒閨病趣圖》及湯漱玉病中編撰《玉臺畫史》，乃在道光八年（1828）。湯漱玉歸嫁汪遠孫，「未踰年，又以瘵沒」，應有所據，因而，汪遠孫「鰥居九載」仍是慣常虛指。胡敬《〈寒閨病趣圖〉序，爲汪小米作》述及料峭嚴寒之中，湯漱玉「三眠三起，身竟如蠶；五會五分，醫難逢鵲」〔註10〕之病骨支離狀貌，絕非虛飾誇大之辭。因此，湯氏卒年應本《平陽汪氏遷杭支譜》之記載。而斷定謝巍訛誤的力證是，《清尊集》選錄孫顯元詩作《題〈寒閨病趣圖〉》「我亦當年諳此味，而今讀畫奈愁何」，小注云：「亡婦亦善病，題此同一黯然，時湯夫人已逝世矣。」《清尊集》編撰，始自道光四年（1824），迄於道光十三年（1833），故湯漱玉卒於咸豐五年（1855）的觀點顯然乖悖事實。

湯漱玉《玉臺畫史》著錄歷代女畫家，沿用《玉臺書史》體例，別爲宮掖、名媛、姬侍、名妓四類，凡五卷。卷一宮掖，自虞至明，二十人，並附錄梁時宮人盧昭容〔註11〕；卷二、三分別收錄晉至元代、明清名媛，計一百二十五人；卷四姬侍，選錄宋明清十六人；卷五名妓，搜羅唐宋明清四十人〔註12〕。《玉臺畫史》引據史料近百種，涉及正史、墓誌銘、方志、詩文集、歷代畫史專書，其中如今不見傳本的《宋畫錄》等罕見史料，賴此以傳，彌足珍貴。

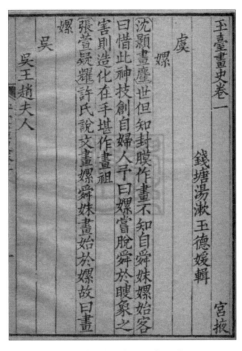

上圖爲湯漱玉輯《玉臺畫史》，清道光十七年（1837）錢塘汪氏振綺堂刻本，北京大學圖書館藏。

〔註10〕 胡敬：《崇雅堂駢體文鈔》卷二。

〔註11〕 關於盧昭容，《玉臺畫史》乃採自王士禛《池北偶談》，實爲靈異之事。因盧氏自稱是梁時宮人，故《玉臺畫史》附載於「宮掖」類。王猷定《四照堂詩文集》卷五《古月頭陀書經紀事》記載盧昭容事蹟頗爲詳盡。

〔註12〕 赫俊紅製作「《玉臺畫史》所記歷代女畫家數量對比表及柱狀圖」，氏著：《丹青奇葩——晚明清初的女性繪畫》第一章，第14頁。

迨《玉臺畫史》成書後，汪遠孫於正文加附按語，並作「別錄」一卷，依據親朋好友提供信息，或鈔自畫跋，增補十五則史料。汪遠孫（1794～1836），字久也，號小米，別號借閒生、借閒漫士。通經史，「著書務爲根柢之學」，「排日讀《十三經注疏》，以心得者輯爲考異」〔註13〕，有《詩考補遺》、《國語明道本考異》、《國語三君注輯存》、《國語考異發正古注》、《古注漢書地理志校勘記》數種覃精之作，足以使其享譽學林。汪遠孫之治學謹嚴與學識廣博，亦顯見於其補注《玉臺畫史》。如湯漱玉據吳其貞《書畫記》著錄宋代女畫家韓希孟，云：「婦則韓魏公五世孫女，襄陽賈尚書子瑾之婦。」汪遠孫注曰：「《宋史》作巴陵人，或曰丞相琦之裔」，「陶宗儀《南村輟耕錄》賈尚書之子瓊」，並於篇後附加按語：

> 希孟《練裙詩》，見《宋史·列女傳》。託夢趙魏公事，見陶宗
> 儀《輟耕錄》。詩各不同，《宋詩紀事》兩載之。〔註14〕

又如，《玉臺畫史》據董史《皇宋書錄》抄錄黃子由妻胡氏百字小令，汪遠孫加按語：「此詞上闋第五句誤多一字。」諸如此類，不勝繁舉。汪氏之貢獻，不僅止於校勘文獻、補充史料以及刊刻書籍，亦於「別錄」卷專載清代女性畫家之外，在正文內增補女畫家條目。茲以「南唐童氏」條目爲證，程庭鷺《籜庵畫麈》云：

> 五代婦人童氏，畫范蠡、張志和等乘舟而隱居者六人，山水、
> 樹石、人物如豆許，亦甚可喜，見《畫鑒》。吾友錢塘汪小米中翰，
> 其配湯漱玉曾輯《玉臺畫史》，歷代閨秀之善畫者，咸詳備焉，似未
> 及此。〔註15〕

事實上，《玉臺畫史》卷二「南唐童氏」條目，徵引《宣和畫譜》、《鐵網珊瑚》兩種史料，已詳細著錄童氏《六隱圖》。對於僅四卷的《玉臺畫史》而言，程庭鷺的閱讀尚不至於如此粗疏大意，而且其與汪遠孫交契甚密，均爲東軒吟社成員，據此可推考，程氏獲見之《玉臺畫史》，應爲湯漱玉輯錄的初本，汪遠孫迫不及待在同仁前推介。此後，汪遠孫增補「南唐童氏」等內容，且出於規整著錄時序的考量而直接將這些內容嵌入正文，而「別錄」卷則專述清

〔註13〕 胡敬：《內閣中書小米汪君傳》。

〔註14〕 湯漱玉：《玉臺畫史》卷二。

〔註15〕 程庭鷺：《籜庵畫麈》卷上，紫黃香館鉛印本，1927年。程庭鷺又記載曾在汪遠孫靜寄東軒借觀石濤詩畫冊十二頁，畫作雄厚，行草亦精絕（《籜庵畫麈》卷下）。

代閨秀繪畫作品，故東軒吟社成員黃士珣賦詩《小米新得吳姬，詩以調之》，詩注云：「小米方輯《玉臺書史》，又輯《玉臺畫史》」，以及胡敬雲梁端繩《列女傳校注》、湯漱玉《玉臺畫史》「半爲君所訂正」〔註16〕。關於汪遠孫先後爲亡妻梁端、湯漱玉的著述進行校勘增補與刊刻之貢獻，汪端詩作《辛卯仲秋，晤小米姪於吳門，閱所梓〈列女傳集注〉、〈玉臺畫史〉二書題後》曰：

> 梁喜讀中壘《列女傳》，以諫庵先生與弟夾庵先生暨孫侍御臣谷皆有校本，遂匯錄成冊，時與小米挑燈討論，有門茶覆掌之風。小米於其逝後，爲之整理遺編，並輯補曹大家、虞貞節、綦母遂三家傳注之僅存者。湯則性愛六法，於古今宮閨善畫者，俱能鑒別精審。優曇易謝，未有成書。小米亦爲搜羅軼事，共得數百人，成《玉臺畫史》若干卷，以配樊榭《玉臺書史》。是二書者，非特閨閣韻舉，抑亦藝林不可少之著錄也。而小米於兩女士均能修其未竟之緒，以遂其嗜古之心。惓惓深情，較之念遺掛而悵空奩者尤可感矣。〔註17〕

記述汪遠孫承繼亡妻遺志，刊刻兩種著作（梁端《列女傳校注》與湯漱玉《玉臺畫史》），這與現今上海書院所藏道光辛卯年（1831）振綺堂刊本《玉臺畫史》適成互證，且爲該書的初刻本。尤爲值得注意的是，初刊本行世之後，汪遠孫依然不斷進行增補，附於名媛陳書條目的按語曰：

> 家藏南樓扇頭小景，署款「潚湖舟次，即景寫意。陳氏錢書。」本生曾大父比部公乞文端題云：「……乾隆三十三年六月既望，男陳群謹識。時年八十有三。」甲午春日，余乞文端孫潤齋中丞重爲之跋，並和原韻。距文端跋時，又六十七年矣，亦佳話也。〔註18〕

乾隆三十三年（1768），錢陳群爲母親陳書的畫笈題跋。道光十四年甲午

〔註16〕 胡敬：《內閣中書小米汪君傳》。《玉臺畫史》現存各版本，以道光四年（1824）錢塘汪氏振綺堂刊本最早，後又收錄於《述古叢鈔》、《藏修堂叢書》、《翠琅玕館叢書》諸叢書。謝巍：《中國畫學著作考錄》卷六，第 617 頁。據李圭查考，收錄於《美術叢書》的《玉臺畫史》，「別錄」一卷僅十四則，闕漏女畫家朱筠。

〔註17〕 汪端：《自然好學齋詩鈔》卷八，《清代詩文集彙編》本，第 578 冊，第 784～785 頁。梁德繩爲《列女傳校注》撰序，亦曰：「孝廉慟絕十餘稔，不忍啓篋，今年秋深，深懼是書是人之俱亡也，將付梓，垂爲家範，以永其傳」，可證汪端之言不虛。

〔註18〕 湯漱玉：《玉臺畫史》，第 282 頁。

（1834），時隔六十七年之後，汪遠孫敦請錢臻（字潤齋）題識。據此，刊於
道光十七年（1837）《振綺堂遺書》中的《玉臺畫史》是汪遠孫生前增訂的最
完備的刻本。

二、藝文鑒藏與信息流通

　　汪氏家族由徽州歙縣移居浙江錢塘，以經營典當業為根基，逐步積累雄
厚財資，進而涉足藝文收藏，構建藏書樓，通過雅集唱和與姻親關係，終使
汪氏文雅風流冠冕江南。汪憲（1721～1771），字千陂，號魚亭，祖籍安徽黟
縣，後遷居浙江錢塘。乾隆十年乙丑（1745）進士，官刑部陝西司員外郎。
博學能文，著有《易說存悔》二卷、《說文繫傳考異》四卷、《苔譜》六卷。
性耽蓄書，百計搜求，即使遇到商販哄抬書價，也不計其值。尤其是解任
歸田後，汪憲「偕同志數人日夕討論經史疑義，又悉發所藏秘籍，相與校
讎，稍暇則投壺賦詩為娛樂」〔註19〕。始自汪憲，振綺堂藏書聞名遐邇，足
與趙昱小山堂、吳焯瓶花齋等藏家相埒。汪氏曾延請朱文藻編訂《振綺堂書
錄》十冊，鮑廷博校勘古籍，亦時相借鈔，即使在汪憲去世後，也仍需「尚
向鄴架借書」〔註20〕。繼汪憲之後，振綺堂藏書傳於汪璐，這對日後汪遠孫
與湯漱玉編撰《玉臺畫史》至關重要。汪誠《〈振綺堂書目〉序》記載頗為
詳細：

> 自比部棄養，先府君昆弟四人性好賓客，里中諸名士時相假
> 借，竟有久而不歸者。迨嘉慶癸亥秋，季叔將卜遷吳門，伯父滌原
> 公乘間謂府君曰：余弟兄析居已久，所未忍分者，此遺書耳。余老
> 矣，季弟又將遠離，子讀書，且家居，曷不全畀之子，為永久珍守
> 計乎？府君強應曰：諾。謀之兩叔，咸如伯父言。於是，議捐祭資
> 若干，而振綺堂遺書遂全歸我府君矣。

汪璐之得以幸運地承繼振綺堂全部藏書，究其原因，其一，兄弟四人禮讓謙
恭，不是錙銖必較之徒，否則，爭奪家財尤其是價值不菲的藏書，鬧至不可
開交，抑或各持所有，亦無法悉數移交；其二，四人雅好賓客，鄉里名士借
書不還時有發生，亦不追討，致使振綺堂藏書流散嚴重。故深感亟需設法妥

〔註19〕《清史列傳》卷七十二，北京：中華書局，2005 年，第 5890 頁。
〔註20〕鮑廷博：《挽汪魚亭比部》，葉昌熾：《藏書紀事詩》卷五，第 496 頁。鮑廷博
　　　借鈔之書目，有宋代陳經國《龜峰詞》、劉安上《劉給事文集》；元代成廷珪
　　　《居竹軒詩集》、方回《桐江集》等。

善保存，以備永久之藏，庶幾無愧汪憲七十一字的楷書方木大藏書印。其三，汪汝瑮垂老，汪子初又將遠出。而汪璐亦為篤嗜經籍之人，子孫家居讀書，亦需仰仗琳琅滿目的藏書，是以頗為順利地承繼。

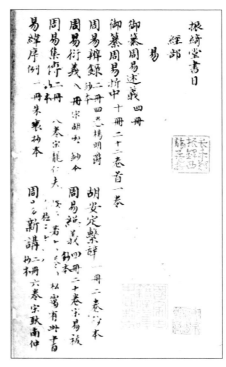

汪璐及其子汪諴均「篤志縹緗，無他嗜好」，廣泛搜羅，振綺堂藏書因而更為可觀。汪諴曾編訂《振綺堂書目》五卷，分次四部，詳考撰書人，並注明得自何本，書籍凡三千三百餘種，計六萬五千餘卷，最為詳贍〔註 21〕。迨至汪遠孫，已是四代藏書，時小山堂、瓶花齋皆散佚不存，唯獨振綺堂藏書歸然俱在〔註 22〕。查檢汪曾唯所編《振綺堂書目》，有小山堂鈔本《宋史記》、《歷代建元考》、《金石錄》、《金姬傳》，小玲瓏山

上圖為《振綺堂書目》，清抄本，國家圖書館藏。

館《王光庵集》、《朱淑貞斷腸集》、《雲林題跋》等各種鈔本入藏其中，且有厲鶚藏本《姑溪居士集》。四庫開館徵書，汪憲長子汪汝瑮曾先後兩次獻書，達三百餘種，《四庫全書總目》著錄其中一百五十二種，為此，乾隆皇帝御賜《佩文韻府》，並為《曲洧舊聞》、《書苑菁華》兩種精善本題詩。

作為藏書世家的重要承續者，以及身處由姻親關係或性情相近而構建的文士族群網絡，汪遠孫治學與著書深受其益。增補《玉臺畫史》，旁徵博引經史子集各種文獻，需要倚重振綺堂藏書，諸如（精）抄本董史《皇宋書錄》、孫承澤《庚子銷夏記寓目記》、張庚《國朝畫徵錄》等書畫專書，朱淑真《斷腸集》、方芷齋《在璞堂吟稿》、孫碧梧《湘筠館遺稿》、馬靜因《逐閒居遺草》

〔註21〕汪諴：《〈振綺堂書目〉自序》。李榕《（民國）杭州府志·藝文》卷八十七云：「《振綺堂書目》五卷，刑部主事錢塘汪諴十村撰。諴祖憲，有《書錄》十卷。父璐，有《題識》五卷。子邁孫，有《簡明目》二卷。此五卷最為詳括。」振綺堂藏書數目，取自鄭偉章《浙江汪汝瑮家藏本》一文，氏著：《書林叢考》（增補本），長沙：嶽麓書社，2008 年，第 590 頁。
〔註22〕陳奐：《師友淵源記》，《遼雅齋叢書》本。

等女性作家別集，亦有酈琥《彤管遺編》、胡文煥《彤管摘奇》、趙世傑《古今女史》之類女性作品選（總）集，這自不待言。以藝術藏品而言，經過汪氏數代藏家不遺餘力搜集與妥善承傳，也是名噪四方。例如，汪遠孫嗜好書畫，其館地畫隱樓、松聲池館、東軒、蔭園購藏書畫古玩甚豐，據陳文述爲《金冬心山水人物冊》題跋所言：「書畫至稽留山民，化工也。余舊日藏弆甚多，近欲掃空掛礙，悉以歸汪小米松聲池館」〔註23〕，其推崇並珍藏的諸多金農（別號稽留山民）書法作品，終究歸屬汪遠孫典藏。其他如金石碑刻（張開福《讀汪氏振綺堂藏碑目爲作歌》）、祁彪佳曾收藏的古硯（胡敬《祁忠敏公遺硯歌》）、刻有「竹垞平安」的田黃石（汪遠孫《論印六絕句即題張受之金堂論印圖後》），亦爲汪遠孫購藏。因而，時常可見其依憑自家藏品或經眼之作，在《玉臺畫史》加附如下按語：

> 余家舊藏管夫人《墨竹》眞跡，署款「天水管道昇」，下有印曰「中姬」。……今失去久矣。（管道昇條目）

> 此冊（按：指花卉冊頁，十幅）後歸梁山舟學士，余從舅氏乞得之。（蔡玉卿條目）

> 余藏玉田《水墨落花蝴蝶》扇面，題云……。小印一「玉田」，朱文。（孔素瑛條目）

> 孫雲鏗錫麐贈余採芝山人山水小幅，蒼厚煙潤，不似閨閣中手筆。（汪亮條目）

> 曾見素素畫蘭扇面，有印二，一曰「薛素素」，一曰「五郎」，白文。（薛素素條目）

> 余藏如光《杏花春燕》、季嫻《木樨芙蓉》，筆意韶秀，可稱雙璧。（柴貞儀、柴靜儀條目）

關於管道昇《墨竹圖》、孔素瑛《水墨落花蝴蝶》，振綺堂已有庋藏。而贈送名媛畫作的仁和文士孫錫麐，善詩畫，收藏頗豐，胡敬《孫雲鏗〈淪茗庵詩鈔〉序》曰：「歲庚申，僕因選樓獲交孫君雲鏗」〔註24〕，《太白祠觀蕭尺木畫壁》曰：「幼時嘗借閱孫雲鏗所藏蕭尺木所畫《離騷圖》刊本，其眞跡藏內府」〔註25〕，汪遠孫亦有詩題《上巳雨中偕鷗盟丈、馮柳東登府、孫花海邵

〔註23〕 龐元濟：《虛齋名畫錄》卷十五，清宣統元年烏程龐氏刻本。
〔註24〕 胡敬：《崇雅堂駢體文鈔》卷一，第259頁。
〔註25〕 胡敬：《崇雅堂詩鈔》卷六，第190頁。

庵兩姑丈、孫雲壑我斯弟水北樓禊飲，即送柳東之四明教授任》，可見孫錫麐與胡敬、汪遠孫諸輩交誼匪淺，在詩詞唱和、書畫鑒賞各方面往來密切。同樣，《玉臺畫史》「別錄」卷也體現了彼輩鑒藏習好對汪遠孫著撰之影響。汪氏詞作【洞仙歌】《題宋秋田〈晴窗展帖圖〉》、詩作《十月九日，周南卿三變招集章文簡公園亭展，重陽分和前明顧東橋菊讌詩卷韻，得蔡孔目羽二首》所涉文士宋秋田、周南卿，其中周氏係東軒吟社成員，名字見諸《東軒吟社畫像》之「記」。《玉臺畫史》曰：「宋秋田藏閨秀扇面甚夥，有陳字、陳李山水合筆」，「周南卿亦有閨秀扇面數十頁，鑒別極精。南卿沒後，不知歸於誰氏矣」〔註26〕。兩位文士喜好收藏閨秀扇面，又均以女性繪事而與名重當時的碧城仙館宗主「陳團扇」（或「團扇詩人」）陳文述往來頻繁。陳文述《湖上雜詩》曰：「坐對青山玩玉臺，彩鸞翠鳳怳飛來。羨他小宋風流甚，收拾金閨一代才。宋秋田以明閨秀扇面畫冊乞題。」〔註27〕由詩題《周南卿自秣陵來，招同仙壇寓館小集，即送歸西泠並寄仲雅》、《南卿以松雪鷗波小像易余明閨秀畫扇冊，紀之以詩》可知，周南卿珍藏的部分閨秀扇面精品，是從陳文述手中交易趙孟頫小像而得。錢塘寒士周三變（字南卿），「性喜彝鼎字畫，嗜好所觸，不惜豐價求之。所蓄前明書家金箋聚頭扇，亦多至二百柄。」〔註28〕周氏藏品，尤以曾收藏柳如是所藏唐代古鏡而爲文士豔羨。吳振棫《花宜館詩鈔》有詩題《南卿出示柳如是所藏唐鏡》，汪菊孫《題河東君妝鏡》小序曰：

> 周南卿明經藏唐鏡一枚，背有銘云：「照日菱花出，臨池滿月生。
> 官看巾帽整，妾映點妝成。」證以初白庵《金陵雜詠》，知爲河東君
> 物也。今歸又村仲弟，以拓本裝冊索題，即次初白韻應之。〔註29〕

製作精良、傳世稀少的唐代古鏡，經由明季清初著名才媛柳如是收藏點染，刻「蘼蕪」篆文，在流傳過程中更富歷史傳奇色彩。汪適孫（號又村）輾轉獲得，徵請諸多文士題詠，胡敬、范玉琨、汪端、汪菊孫戴芬、朱紫貴、仲湘、夏之盛等紛紛賦詩，慨歎錢柳姻緣及明季遺事。

〔註26〕湯漱玉：《玉臺畫史》，第 341 頁。
〔註27〕陳文述：《頤道堂詩選》卷二十八，《續修四庫全書》本，「集部」，第 1505 冊，第 325 頁。
〔註28〕楊文傑：《東城記餘》卷下，《叢書集成續編》本，第 233 冊，第 454 頁。
〔註29〕潘衍桐：《兩浙輶軒續錄》卷五十三，《續修四庫全書》本，「集部」，第 1687冊，第 197 頁。

　　如果說興趣相投、性情相近的鄉邑文士，如宋秋田、吳德旋〔註30〕，甚至包括東軒吟社成員周南卿、孫錫麐，提供了殊爲珍貴的數位才媛善畫的訊息，而通過姻親譜系所搭建的文化網絡平臺，信息傳播與文獻（實物）承傳有時會更爲翔實與僻秘。之前引述的明季才媛蔡玉卿的花卉冊頁，曾爲梁同書的藏品，汪遠孫從舅氏乞求而得。《玉臺畫史》「別錄」卷記述梁同書題跋女史朱新《海棠便面》，由於此跋文未刊入梁氏《頻羅庵集》，彌足珍貴，汪遠孫遂全文抄錄。此信息的獲取，實得益於梁、汪兩世家之姻親關係。胡敬《內閣中書小米汪君傳》記載，汪遠孫母親梁宜人，係文莊公（梁詩正）曾孫女，沖泉少司空（梁敦書）孫女，處素孝廉（梁履繩）之女〔註31〕，是以汪遠孫《題仲耘輯詩圖》曰：「外伯祖諫庵先生（按：指梁玉繩）著《史記志疑》，外祖夬庵先生著《左通》，並能詩有集。」〔註32〕梁紹壬《兩般秋雨庵隨筆》卷四《告墓文》言及梁履繩《左通補釋》有賴表弟汪遠孫刊梓。又，汪遠孫妻梁端，係梁玉繩（號清白士）孫女，梁耆（字萊子，武義教諭）女，梁德繩侄孫女，汪遠孫《〈列女傳校注〉序》曰：「室人梁端，幼從其大父清白翁受是書，略通大義」，「端讀書揅明義例，其淵源有自也。」〔註33〕由於梁敦書早逝，其子女梁履繩、梁玉繩、梁德繩、梁瑤繩、梁寶繩受教於伯父梁同書的時日頗多，許宗彥《學士梁公家傳》曰：「（梁同書）撫諸侄無異所生。一家之中，上下幾百口，事無大小，一稟承公，六十年無敢違教令者。」〔註34〕梁瑤繩與汪瑜喜結連理，梁同書親撰《侄女婚帖》，以主婚人的身份答禮。嘉慶八年（1803），梁德繩來歸，攜帶女史朱新所贈折枝海棠畫箑，央請梁同書題跋。朱新，字雨花，號文樓女史，德清戴士宏曾孫戴曼士之婦。梁同書仰慕戴氏家風孝友已久，於嘉慶戊午（1798）春登門拜訪，晤見其祖孫數代，並爲之書寫「七葉堂」匾額〔註35〕。當巧然發現閨秀朱新的畫作骨力

〔註30〕 吳德旋曾爲汪遠孫《清尊集》撰序，並提供有關才媛馬荃、張淨因的諸多訊息：馬荃，畫師馬扶曦女，以勾染知名於世。張淨因，甘泉人，能詩善畫，歸適黃文暘，因家貧而鬻畫自給，著《綠秋書屋詩集》。見《玉臺畫史》，第284、343頁。
〔註31〕 胡敬：《崇雅堂文鈔》卷二。
〔註32〕 汪遠孫：《借閒生詩》卷二，《續修四庫全書》本，「集部」，第1519冊，第684頁。
〔註33〕 梁端校注：《列女傳》。
〔註34〕 許宗彥：《鑑止水齋集》卷十七，清嘉慶二十四年刻本。
〔註35〕 梁同書：《書戴氏奉佛龕》，《頻羅庵遺集》卷十三，清嘉慶二十二年刻本。

風神兼備，而無優柔軟媚之態，大相稱賞曰：

> 予生平所見閨秀畫不一，最上如黃石齋先生之蔡夫人、錢尚書
> 母南樓老人，綽有徐、黃遺法，妍麗中氣骨古厚，非如吳下文淑、
> 惲冰，徒以姿媚一派見長而已。女史年未滿三十而技若此，倘得前
> 人名跡瀏覽而靜摹之，所造當更有進於是者。〔註36〕

朱新工花卉，幼承綠墅夫人沈英私相傳授，又與季父砥齋先生朱棟商討雙鉤
沒骨之法，技藝日精，浙西諸多名家為之折服〔註37〕。這篇遺佚於梁同書別
集的跋文，因梁德繩與汪遠孫及梁端之姻親關係，而有幸刊入《玉臺畫史》；
女史朱新的繪畫成就，也藉此而聲名更著。

　　至於兼及姻親關係，與汪遠孫又有忘年之契的東軒吟社成員胡敬、陳文
述，亦為《玉臺畫史》「別錄」卷之成書提供了頗有價值的訊息。胡敬與汪氏
家族聯姻，與後學汪遠孫晨夕晤聚，深知性情〔註38〕。《玉臺畫史》「別錄」
卷記述汪遠孫在胡敬的書齋獲見名媛薩克達氏《花草蝴蝶卷子》，卷末有其夫
婿英和撰寫的題跋。向來擅長以指頭畫鷹的薩克達氏，機緣巧合獲藏明末清
初著名畫家惲壽平《山水冊子》而細細品味臨摹，感觸良多：「始悟花卉難，
草蟲難，畫蝶尤難。畫山水可以添染，花蟲則一筆落紙，不可收拾。」〔註39〕
英和與胡敬曾奉敕編撰《秘殿珠林》、《石渠寶笈》三編，胡敬的諸多詩作《英
煦齋師所藏天啓三年小鐵斧歌即次元韻》、《煦齋師紫騮馬圖》、《管夫人硯歌
為英煦齋師作》見證兩人之間有深厚的師徒情誼，其書齋展演的薩克達氏畫
作應為英和所贈。胡敬鄉試同年者陳文述，與汪氏家族關係亦頗為密切，如
所周知，汪端為其子婦。詩作《汪小米、又村兄弟以湖上借閒山館相假，賦
謝並寄家人》以及《〈玉臺畫史〉序》表明陳文述與汪遠孫交往不俗。《玉臺
畫史》「別錄」卷記述金壇閨秀吳規臣，精擅岐黃之術，畫學惲壽平，雅秀天
然。值夫婿顧鶴隨軍出征喀什葛爾時，吳規臣往來金陵、維揚間以賣畫維持
生計，亦曾以仿惲壽平花卉冊頁執摯師從陳文述。陳文述《金壇道中懷女弟
子吳飛卿，郎君顧大令鶴奉詔從軍西域，賦此寄慰》、《飛卿畫紅牡丹為湘霞
小影，因題四首》以及見諸《蘭因集》、《西泠閨詠》的往來詩作，師生之間

〔註36〕　湯漱玉：《玉臺畫史》，第 384 頁。
〔註37〕　馮金伯：《墨香居畫識》卷十，《清代傳記叢刊》本，第 72 冊，第 469 頁。
〔註38〕　徐雁平《清代文學世家姻親譜系》記載汪邁孫子汪曾學娶胡敬孫女胡孝曾，
　　　　　南京：鳳凰出版社，2010 年版，第 284 頁。
〔註39〕　湯漱玉：《玉臺畫史》，第 342 頁。

的殷殷關切與由衷感佩之情溢於言表。事實上，碧城女弟子擅書畫者比比皆
是，陳文述撰《畫家十二女弟子》，讚譽女弟子的繪畫能各盡其美以及整體呈
現的令人豔羨的碧城盛會之景，由是也讓汪遠孫感歎：「近時女士工畫者，嘉
興沈采石縠山水、吳顧畹芳蕙花卉、南海黃耕畹之淑蘭竹，並出冠時，何閨
閣之多才也。」〔註 40〕其中，黃之淑爲陳文述的義女，碧城仙館女弟子；沈
縠雖未拜入門牆，但其《畫理齋詩集》央請陳文述撰序，並繪贈《西湖舊夢
圖》、《華陽採藥》。需要注意的是，汪遠孫的畫壇點將錄，訊息並不全然來自
陳文述，從姑汪端或許起到了更爲關鍵的作用，陳文述《孝慧汪宜人傳》記
述汪端在閨秀群體中的廣泛：

> 余女弟子中若吳飛卿、張雲裳、吳蘋香、陳靈簫，並通環佩之
> 好；若筆墨酬答而未通款曲者，則如高湘筠、戴蘭莊、陳友菊之詩，
> 顧畹芳、翁繡君、顧螺峰、許定生、李定之、陳無逸之畫，汪孟文、
> 陳妙雲方外韻香之書，及揚州阮氏謝月莊、唐古霞兩夫人，吳門潘
> 氏陸琇卿、汪佩之兩夫人，京師太清福晉咸於圖繪翰墨互致傾衿之
> 雅。〔註 41〕

檢閱汪端《自然好學齋詩鈔》，汪遠孫撰寫的《玉臺畫史》「別錄」卷「吳規
臣條目」所涉閨閣畫家吳規臣、顧蕙、黃之淑、沈縠，汪端分別有《答金壇
吳飛卿女史見寄之作，女史爲翁大人女弟子，工詩善畫，嘗寓廣陵》與《題
吳飛卿女史畫菊》（卷四）、《贈吳飛卿姊》與《題飛卿姊秋花蛺蝶畫扇》（卷
五）、《書柬吳香輪姊即題曉仙樓詩集後》（卷八）、《碧城仙館聽香輪姊說劍》
（卷九）；《題吳門顧畹芳女史畫梅》（卷四）、《題顧畹芳夫人紅豆書樓圖》與
《題顧畹芳畫冊》（卷五）、《送蘋香歸錢塘並寄雲裳》第二首詩小注云：「畹
芳夫人爲余繪紅黎白燕便面，蘋香、雲裳各題詩詞其上。」〔註 42〕《寄黃耕
畹女史廣陵，耕畹原籍粵東，善畫》（卷四）、《戊子仲冬，續刻自然好學齋
近作二卷告成，感賦即書寄怡珊、蘭上、飛卿、耕畹諸姊》（卷七）；《題沈采
石夫人〈畫理齋詩集〉》（卷四）、《題采石夫人白雲洞天圖》（卷五）、《題采石
夫人春山圖》（卷七）、《題采石畫蝶》（卷七）、《挽采石夫人即題讀畫圖後》
（卷八），可見汪端與這四位閨秀有技藝欣賞、書畫品鑒、詩詞唱和諸方面的

〔註40〕 湯漱玉：《玉臺畫史》，第 346 頁。
〔註41〕 汪端：《自然好學齋詩鈔》，《清代詩文集彙編》本，第 578 冊，第 687 頁。
〔註42〕 汪端：《自然好學齋詩鈔》，第 746 頁。

往來互動，而其曾與從侄汪遠孫居住地相鄰，「余武林舊居與小米比屋，有老梅一株」〔註43〕，時常得到汪遠孫祖父汪璐指點，「余幼承良迪，清談侍揮麈」〔註44〕，血緣姻親與地緣優勢，爲此後的訊息流通與學術交流奠定了良好的基礎。

　　上述汪遠孫補錄當前眾多閨秀善書畫的實情，很大程度上得益於世家右族之「姻緣」，與此同時，也有基於藏書世家之「因緣」而著錄的情形，最著者無過於撰寫清代畫家陳書條目。閨媛陳書之子錢陳群與振綺堂汪光豫、汪憲父子頗有交誼，所言「（汪憲）乙丑聯捷，爲予主試南宮所得士榜」，「回憶西泠文酒之娛，與君父子杖履周旋」〔註45〕，「己丑仲夏，予以先祠表忠觀修葺落成，至會城恭謁，館於汪氏振綺堂數日」〔註46〕。乾隆三十三年（1768），汪憲手持陳書早年扇頭小景之作，求辨眞僞，錢陳群敬賦絕句，並追述當年侍奉母親繪製畫筆之具體情形：「侍太夫人往來澉上，取道橫山、金粟諸河，橋低，坐小舟以進。太夫人性耽繪事，所攜絹素，篷窗不便展舒，乃取筆數握，隨手作小景。」〔註47〕又由於陳書歸適錢綸光後，遭逢錢氏家道中落，仰賴其典賣首飾及畫作維持生計，「每一圖成，世爭購之，售值數縑，持縑易米，歲時不絕。」〔註48〕六十餘年前母親陳書在船頭繪製的澉湖小景圖被好事者購買，幾經流轉藏歸振綺堂，已是耄耋之年的錢陳群有幸再次獲見，心有戚戚焉。而當汪遠孫持守振綺堂藝文藏品，經由錢陳群之題識，瞭解汪、錢兩家世代因緣，遂傚仿先祖汪憲之法，敦請錢陳群之孫錢臻撰寫跋文，再續鑒藏佳話。

三、《玉臺書史》、《玉臺畫史》之承續與新變

　　厲鶚與汪遠孫家族淵源頗深。據汪曾唯記載：

　　　　厲先生居東園，高大父魚亭公居古驛後，相去二里，過從最

〔註43〕汪端：《自然好學齋詩鈔》卷八《辛卯仲秋，晤小米姪於吳門，閱所梓〈列女傳集注〉、〈玉臺畫史〉二書題後》。

〔註44〕汪端：《題小米松聲池館勘書圖》，《清尊集》卷一。

〔註45〕錢陳群：《誥贈朝議大夫原任刑部陝西司員外郎魚亭汪君傳略》，《香樹齋文集續鈔》卷四，清乾隆刻本。

〔註46〕錢陳群：《五月廿有一日，邀同汪丈介思及令嗣魚亭西曹並攜其諸孫，同沈子劍舟泛舟湖上小飲，用東坡介亭餞楊次公韻》，《香樹齋詩續集》卷二十七。

〔註47〕湯漱玉：《玉臺畫史》，第282頁。

〔註48〕錢陳群：《待贈文林郎顯考廉江府君行述》，《香樹齋文集》卷二十六。

密。讀書務根柢之學，每著一書，輒訂可否，手稿皆留余家。《遼史拾遺》、《東城雜記》、《湖船錄》先後雕於振綺堂。〔註49〕

上圖爲厲鶚《遼史拾遺》，清道光元年（1821）錢塘汪氏振綺堂刻本，復旦大學圖書館藏。

厲鶚《東城雜記》自序云：「杭城東日東園，先君子家焉。小子生於是，居已三十餘年，凡五遷，未嘗離斯地也。」〔註50〕因家貧而被迫數次遷徙，雍正六年（1728）戊申，厲鶚經歷了「全家冒雨遷」的狼狽處境，但也因「差喜東城近，蕭疏野趣便」而得到些許慰藉，「東園」情結溢於言表〔註51〕。《東城雜記》定稿於是年，次年又撰《湖船錄》。因此，除中間寓居南湖八年（雍正十年至乾隆五年），其他時間基本在東城居住〔註52〕，《遼史拾遺》完成於乾隆七年（1742）。在詩作《東園》中，厲鶚自注云：

　　宋時，東門絕無民居，彌望皆菜圃，故土人有「東門菜」之諺，

　　見周必大《二老堂雜志》，至今俗猶然也。〔註53〕

《東城雜記》亦說「民居甚鮮，多爲池塘畦稜」〔註54〕。可見，其所居價廉之東園，乃菜圃之地。這對不善農事而專注著述的寒士厲鶚而言，雖然可以欣賞優美的田園風光，卻不利於校勘輯撰，是故厲氏頻頻造訪鄰居著名藏書家汪憲。據此，汪曾唯所說上述三種著述皆完成於厲鶚定居東城期間，手稿

〔註49〕 厲鶚：《樊榭山房集》「附錄四」，上海：上海古籍出版社，1992 年版，第 1743頁。

〔註50〕 黃士珣：《北隅掌錄》，《武林掌故叢編》本。

〔註51〕 厲鶚：《樊榭山房集》卷五「詩戊」《移居》，上海古籍出版社，1992 年，第395 頁。

〔註52〕 厲鶚：《樊榭山房續集》卷一「詩甲」《移居四首》云：「南湖結隱八年餘，又向東城賦卜居。」《樊榭山房集》，第 985 頁。

〔註53〕 厲鶚：《樊榭山房集》卷二「詩乙」，《樊榭山房集》，第 174 頁。

〔註54〕 厲鶚：《東城雜記》卷上《富景園》，《粵雅堂叢書》本。

本存留汪氏家，當確有可能，且已是厲鶚晚年之事。

　　厲鶚寓居東園，與汪憲過從甚密，應在乾隆十年（1745）之後。時汪氏回歸故里，厲鶚因晚年無嗣，臨終託付數種珍貴的手稿本〔註 55〕。汪諴《重編振綺堂書目》云：

> 《靈隱寺志》三冊，是厲樊榭先生手稿，黏貼廢書之中。書雖未成，後世亦當珍之。此志編分八卷，後有刊者，而吾家書籍毀於粵匪，手稿已亡。〔註 56〕

至汪曾唯編《振綺堂書目》，又著錄厲鶚另外兩種手稿本：《南宋院畫錄》、《南宋畫院補》（即《南宋院畫錄》初稿本）。因此，以厲鶚手稿本而論，振綺堂藏有《遼史拾遺》、《東城雜記》、《湖船錄》、《南宋院畫錄》、《南宋畫院補》、《靈隱寺志》六種。厲鶚「已成、未成諸書稿，皆插振綺堂之架」〔註 57〕，足證振綺堂藏錄厲鶚著述最為全面。令人扼腕歎息的是，咸豐庚申、辛酉年間（1860～1861），杭州兩遭兵燹，致使汪氏振綺堂藏書散佚殆盡〔註 58〕，厲鶚各種著述的雕版亦淪為劫灰。光緒十一年（1885），汪遠孫從子汪曾唯與范士麒、朱士俊重新校讎厲鶚已刊詩文集，並輯補《迎鑾新曲》、《遊仙詩》、《秋林琴雅詞》數種，匯刻為《樊榭山房集》「集外詩文詞曲」。至此，有關厲鶚的傳世著述始稱完備。汪氏家族幾代，不遺餘力保存傳佈厲鶚諸著述，厥功至偉。

　　作為清代中葉「浙派」〔註 59〕詩歌的中堅人物，厲鶚聲名卓著，「吾鄉百年詩人中，殆難其匹」〔註 60〕。袁枚云：「吾鄉詩有浙派，好用替代字，蓋始

〔註 55〕查檢厲鶚詩集，未見與汪憲唱和詩文。原因應為二人之間的交往乃在厲鶚晚年，已超出厲鶚自定詩文集年限。

〔註 56〕汪諴：《重編振綺堂書目》，《樊榭山房集》「附錄」，第 1751 頁。

〔註 57〕汪汝瑮：《湛蘭書屋雜記》，《樊榭山房集》「附錄」，第 1750 頁。

〔註 58〕汪曾唯：《〈振綺堂書目〉跋》。

〔註 59〕關於「浙派」，學界已基本認同嚴迪昌的概念辨析。廣義則可追溯至清初黃宗羲等，自覺認同「浙東史學」的文化淵源及因國破家亡的悲愴情懷而追敘南宋詩史，故「浙派」肇始即主要宗尚宋詩。經查慎行推波助瀾，至厲鶚輩則登峰造極。故狹義上的「浙派」專指以厲鶚為代表的康乾時期杭州詩人群。嚴迪昌著：《清詩史》第三編第六章「乾嘉時期地域詩派詩群巡視」，北京：人民文學出版社，2010 年，第 786 頁。此外，趙杏根：《論浙派詩人厲鶚》（《文學遺產》，2000 年第 3 期）；張兵、王小恒：《厲鶚與浙派詩學思想體系的重建》（《文學遺產》，2007 年第 1 期）等亦均持此說。

〔註 60〕吳城：《雲蠖齋詩話》。

於宋人，而成於厲樊榭。」〔註 61〕雖不滿厲鶚炫耀才學的詩歌取向，但仍推許其幽新清透而情韻綿邈的近體詩。相較而言，厲鶚的詞學成就更勝一籌，雍、乾年間文士莫不奉爲赤幟。三個「浙派」詞人群體均與之有千絲萬縷的關聯，故又有「厲派」〔註 62〕之稱。同邑後學吳錫麒云：

吾杭言詞者，莫不以樊榭爲大宗。蓋其幽深窈眇之思，潔靜精微之旨，遠緒相引，虛籟自生，秀水以來，厥風斯暢。〔註 63〕

厲鶚標舉詞體「清婉深秀」、「深窈空涼」的審美風尚，在朱彝尊等推崇「醇雅」的基礎上，以其系列論詞主張及創作實踐，將浙西詞派推向極致。由於厲鶚在詩詞等諸多領域的不凡建樹，使其成爲嘉、道年間文士競相傚仿、頻頻弔祭的鄉邦先賢。吳應和、馬洵編選《浙西六家詩鈔》，首列厲鶚詩集。汪鉽嘗擬箋注厲鶚詩歌。胡敬在《恭題御賜南宋畫院林椿花鳥》一詩中，明言其效法厲鶚《南宋院畫錄》，編撰《國朝院畫錄》〔註 64〕。汪遠孫亦坦言：

幼讀先生詩，晨夕不去口。澹澹西溪梅，濯濯西湖柳。先生詩似之，流派開浙右。怪彼鹵莽人，微詞議其後。〔註 65〕

汪遠孫堅決捍衛厲鶚作爲浙派詩人的功績和地位，不容絲毫訾議，這是自幼熟讀樊榭詩集而自覺體認的結果，也是維護本地鄉賢聲譽的職責所在，更是對與汪氏先祖交誼頗深的先輩致敬。嘉慶二十五年（1820），汪遠孫刊刻厲鶚《東城雜記》，跋曰：

是書爲未定之本，其中途乙添注，較外間傳抄者頗有增益。所載東里文獻，足補志乘所未備，爰略加詮次，付之剞劂。末學譾陋，恐校勘未能盡著，尚望博雅君子匡其不逮焉。〔註 66〕

〔註 61〕袁枚著，顧學頡校點：《隨園詩話》卷九，北京：人民文學出版社，1982 年，第 320 頁。

〔註 62〕嚴迪昌按籍貫和活動區域，劃分爲浙江杭嘉湖地區（如吳焯、陳章、陳撰）、江蘇的蘇州地區（王昶）以及寓居揚州的皖籍人氏（如「揚州二馬」），氏著：《清詞史》第三編第一章，南京：江蘇古籍出版社，2001 年，第 356 頁。

〔註 63〕吳錫麒：《詹石琴詞序》，《有正味齋集》「駢體文」卷八，清嘉慶十三年刻本。

〔註 64〕胡敬：《崇雅堂詩鈔》卷十。

〔註 65〕汪遠孫：《費君曉樓丹旭摹厲徵君遺像以贈奚君子復疑，蓋子復所居榆蔭樓即昔年鮑氏溪樓也。勝地因緣，餘風未沫，亦翰墨中一段佳話，曉樓屬媵以詩，同用徵君溪樓作元韻》，《借閑生詩》卷二，《續修四庫全書》「集部」，第 1519 冊，第 684 頁。

〔註 66〕汪遠孫：《東城雜記跋》，《叢書集成新編》第 95 冊，第 466 頁。

汪遠孫重新編次校勘《東城雜記》，使厲鶚增刪的手稿本重見天日。繼而在道光二年（1822），汪遠孫又校刊厲鶚《遼史拾遺》，並補輯《遼史紀年表》一卷，附注葉隆禮《契丹國志》有益於《遼史》的內容〔註67〕。

汪遠孫憑藉其深厚的學術素養，整理校勘厲鶚遺著，並踵繼先賢未竟之業。與此同時，積極倡導東軒吟社成員舉行公祭厲鶚的活動。厲鶚晚年無嗣，卒後葬於西溪法華山王家塢，而栗主則被供奉於湖墅黃庭堅祠偏室。嘉慶十四年（1809），吳錫麒、顧光、余鍔「過墟墓而生哀，遇春秋而展祀」，共謀義舉。一是吳錫麒撰寫《墓田碑記》，梁同書寫刻，並央請當時一代文宗阮元題寫墓碑文〔註68〕。二是在墓冢旁購置若干畝祀田，請交蘆庵寺僧收取租稅，以作俎豆馨香之奉。數年後，則由東軒吟社精心照管。

由吳衡照、汪遠孫發起組織的東軒吟社，成員達八十餘人，歷經十年（1824～1833），集會唱和逾百次〔註69〕，遠溯金谷園集及蘭亭脩禊，近學厲鶚、杭世駿、符曾文酒風流。汪遠孫匯輯唱和之作，編就《清尊集》，如實記錄了其與胡敬、費丹旭、陳文述、錢師曾、張雲璈、湯貽汾諸子定期雅集唱和的情形，而閨秀汪端、汪菊孫、陳瑛、吳藻亦時常賡韻和詩。

道光八年（1828），因痛念厲鶚栗主與墓地相隔甚遠，趙鉞、蔡焜、李堂主其事，汪遠孫、胡敬、姚伊憲等東軒吟社同人積極響應，於交蘆庵重新制龕，將厲鶚栗主移奉於此，並將姬妾朱月上栗主袝祀其側〔註70〕。胡敬撰寫《厲樊榭徵君栗主移奉交蘆庵記》，黃士珣、李堂、姚伊憲先後步韻和詩。黃士珣詩注云：「《樊榭山房詩集》、《宋詩紀事》鏤版舊藏予家。」汪遠孫詞集《借閒生詞》，第一首即為《法曲獻仙音》，詩注云：

> 樊榭先生木主舊袝祀武林門外黃文節公祠。戊子正月二十一

〔註67〕　汪遠孫：《遼史紀年表》，《二十五史補編》，北京：中華書局，1998 年，第 6
　　　　　冊，第 8033 頁。

〔註68〕　吳錫麒：《公置厲樊榭徵君墓田碑記》，《有正味齋集》「駢體文續集」卷五。
　　　　　阮元：《蔣蔣村學博炳請書厲樊榭徵君墓碑，且與里中諸君子共置祭田，報官
　　　　　立案，歸西溪交蘆庵管理，詩以紀事》，《揅經室四集》卷八，阮元撰，鄧經
　　　　　元點校：《揅經室集》，北京：中華書局，2006 年，第 890 頁。

〔註69〕　朱則傑、周於飛《〈清尊集〉與「東軒吟社」》（《浙江大學學報》人文社會科
　　　　　學版，2010 年第七期）一文，對活躍於道光年間成員龐大的「東軒吟社」作
　　　　　了較多考辨。

〔註70〕　據汪曾唯記載，此庵後來因浩劫被毀。同治庚午（1870），赫舍里如山、許
　　　　　增、丁丙等人重新設位供奉，當蘆花盛開之時，文人士大夫常以隻雞斗酒祭
　　　　　奠。

日，同人移奉西溪交蘆庵，先生墓故在西溪也。譜白石調紀之，並用原韻。〔註71〕

此後，東軒吟社相約定期憑弔，例如，胡敬《秋日同人訂龍駒塢展樊榭先生墓，以病不果往》、汪邁孫《上巳後一日，同人泛舟西溪，酹酒屬樊榭先生墓，並飲交蘆庵舫齋》〔註72〕諸作，均見證文士群體之憑弔頻仍。而時逢每年五月二日厲鶚誕辰，設祭儀式更爲莊重。汪遠孫《五月二日樊榭先生生日，同人懸像設祀於水北樓，同用集中生日有感韻》，胡敬《五月二日同人懸樊榭徵君像於水北樓設祀，即用集中生日有感詩韻紀事，分題於幀，付交蘆庵永爲瓣香之奉》，詩注云：「吾師朱朗齋，暨吾友孫雨人先後輯先生詩譜，俱未成。」〔註73〕杭地習俗，懸掛祖先畫像，供奉茶果糕點，由來已久。自宋代以來，爲防止畫像雷同，對畫工技藝的要求苛嚴〔註74〕。東軒吟社懸像供祭，精擅人物畫像的費丹旭則成爲不二人選。

費丹旭（1801～1850），字子苕，號曉樓、偶翁、環溪生、三碑鄉人，烏程（今浙江吳興）人。叔祖費南邨、父親費玨均擅山水。費丹旭自幼工畫人物，以精擅肖像畫和侍女畫享譽畫壇。道光十二年（1832），經湯貽汾舉薦，費丹旭延館於振綺堂，得以觀摩汪氏所藏稀見碑帖，並與諸多書畫名家切磋技藝，在詩、書、畫方面取得長足進步。其繪製《東軒吟社畫像》，即是以汪遠孫爲首的文士雅集縮影。費丹旭曾應友朋之請，兩次繪製厲鶚畫像，詩作《五月二日同人懸樊榭徵君像於水北樓設祀，用集中生日有感詩韻紀事分題於幀，付交蘆庵永爲瓣香之奉》云：

> 苕水湖雲各一天，登樓曾記瓣香然。奠子復曾屬寫《溪樓延月圖》，每於是日同人展祀，蓋樓即鮑氏溪樓，迎月上處。杯傳蒲酒又今日，圖展冰綃已隔年。余摹徵君像有二，一以贈子復，此第二幀也。雙槳豔情留舊影，一溪秋雪冷空椽。吟魂知有朝雲伴，不羨逋仙抱鶴眠。〔註75〕

〔註71〕汪遠孫：《借閒生詞》。

〔註72〕潘衍桐：《兩浙輶軒續錄》卷三十二。

〔註73〕胡敬：《崇雅堂詩鈔》卷九。

〔註74〕厲鶚：《杭可庵先生遺像記》，《樊榭山房文集》卷五，《樊榭山房集》，第771頁。

〔註75〕費丹旭：《依舊草堂遺稿》。其另一首《爲奠子復疑摹厲徵君樊榭像並題，用徵君集中溪樓作韻》，詩句如「爲寫溪樓圖，不敵將軍手」，小注曰：「湯雨生曾爲子復作《溪樓延月圖》。」湯貽汾（1778～1853），字若儀，號雨生，江蘇武進人，寓居金陵。因祖蔭，官至溫州副總兵。精山水、花卉等，超塵脫

上圖爲費丹旭繪《東軒吟社畫像》，清光緒二年（1876）汪氏振綺堂刊本。

雍正十三年（1735）中秋，厲鶚在碧浪湖迎娶姬妾朱月上，而相待於此，一時名賢均題詩道賀〔註76〕。此後，城南布衣奚疑寓居此地，並易鮑氏溪樓曰「月上樓」，虔誠供奉厲鶚及朱月上小照〔註77〕，暢想當年風流文士。且先後求請當時著名畫家湯貽汾、費丹旭繪製厲鶚畫像與《溪樓延月圖》，遍徵題詠，以便每年厲鶚誕辰日展祀。由上述費丹旭詩作，可知費丹旭摹寫第一幅厲鶚畫像，乃應奚疑邀請；第二次繪製畫像，則是供汪遠孫、胡敬東軒吟社成員在水北樓設祭之需。

上文全面考察了當時整個文士群體追念厲鶚的情形，尤其是汪氏振綺堂與厲鶚之密切關係，汪遠孫傾其全力整理校勘厲鶚遺存振綺堂之數種著述。汪遠孫、胡敬、費丹旭等文士群體頻頻祭奠同里先賢，「樊榭情結」始終縈繞於心。這種文化氛圍，爲《玉臺畫史》成書提供了具體而微的背景，而且深刻影響到《玉臺畫史》的風貌。例如，湯漱玉編撰《玉臺畫史》，頻頻引據厲鶚詩詞。厲鶚《題女士畫扇三首》，分別爲才女黃媛介《江山秋帆圖》、趙昭

俗，畫梅極有神韻，與畫家戴熙齊名。

〔註76〕朱文藻：《厲樊榭先生年譜》，《樊榭山房集》「附錄五」，第1771頁。
〔註77〕於源：《鐙窗瑣話》，錢仲聯主編：《清詩紀事》，第十五冊「道光朝卷」，南京：江蘇古籍出版社，1989年，第10909頁。

《雙鉤水仙》、朱玉耶《疎樹山亭》賦詩，以及詞作【小桃紅】《題橫波夫人畫蘭扇，敬身索賦》、【折桂令】《題徐安生桂花湖石小幅，爲丁龍泓作》，均悉數載諸《玉臺畫史》。至於著錄書畫並擅的才女，如馬湘蘭、蔡玉卿，則不妨直接援據《玉臺書史》。同時，亦如學者馬雅貞所指出，雖然汪遠孫央請陳文述撰《〈玉臺書史〉序》，但湯漱玉輯刊的《玉臺畫史》並未採用陳文述《畫林新詠》洋洋灑灑的文情歌詠模式，遵循的卻是屬鶚《玉臺書史》之體例，即主要從典籍收錄女性畫家傳記，鮮見夾帶個人情感的評述〔註 78〕。又因歷來諸多女性書家身兼繪畫之能事，且《玉臺書史》成書在前，故而《玉臺畫史》輯錄女性畫家及史料文獻則不妨直接援引（如表一）。正如余紹宋先生所說，此可省去不少氣力。

表一：《玉臺畫史》承續《玉臺書史》之細目

	女性書畫家	引據書目
唐以前	吳王趙夫人	《金史》、鄭文寶《耿先生傳》、陳善《杭州府志》、范攄《雲溪友議》、金利用《玉溪編事》、鄭俠《西塘集》、周密《齊東野語》、《畫繼》、卞永譽《式古堂書畫匯考》、孫承澤《庚子銷夏記》、王惲《秋澗集》、曹伯啓《漢泉漫稿》、錢謙益《列朝詩集（小傳）》、王士禛《居易錄》、《池北偶談》、胡之驥《詩說紀事》、劉克莊《後村詩話》、沈周《耕石齋石田集》、胡應麟《甲乙剩言》、姚旅《露書》、余懷《板橋雜記》、朱彝尊《靜志居詩話》、王毓賢《繪事備考》、姜紹書《無聲詩史》、汪珂玉《珊瑚網》、《才婦集》。
唐五代	耿謙之女耿先生、薛媛、李夫人、黃崇嘏	
宋	劉貴妃、楊妹子、越國夫人王氏、武昌縣君郭氏、和國夫人王氏、章煎、謝夫人、李清照、胡夫人、方氏、朱淑眞、翠翹、嚴蕊、蘇翠、延平樂妓	
金	元妃李氏	
元	管道昇、李夫人〔註 79〕、王夫人、劉氏	
明	馬閒卿、邢慈靜、葉小鸞、蔡玉卿、徐範、二方夫人、何玉仙、柳如是、林奴兒、馬湘蘭、薛素素、馬如玉、朱無瑕、卞賽、趙麗華、李貞麗、楊宛	
清	黃媛介	

由上表可見，《玉臺畫史》援引《玉臺書史》的文獻史料涉及正史、別集、筆記、方志、詩文評等，頗爲龐雜，而女性書畫家則主要集中在宋、明時期。清代擅長書畫技藝的女性雖多，但《玉臺書史》載錄的十位才媛，其中八位

〔註 78〕 馬雅貞：《從〈玉臺書史〉到〈玉臺畫史〉：女性藝術家傳記的獨立成書與浙西的藝文傳承》，臺灣清華大學《清華學報》2010 年，新 40 卷第 3 期。
〔註 79〕 《玉臺書史》作「宋代」，《玉臺畫史》作「元代」。

均以書家知名，僅郭璵、黃媛介兼擅書畫。厲鶚雖然引據劉雲份《翠樓集》，明確記述郭璵「畫學趙文淑，花草推逸品，書法大小俱有古致」〔註80〕，但《玉臺畫史》卻遺漏了這訊息，而僅刊錄黃媛介，且引據史料全然不同。具體而言，《玉臺書史》分別援引姜紹書《無聲詩史》、王士禎《池北偶談》、《續圖繪寶鑒》爲據：「髫齡即嫻翰墨，好吟詠。工書畫，楷書仿《黃庭經》，畫似吳仲圭而簡遠過之」，「（黃媛介）負詩名數十年，近爲予畫一小幅，自題云……」，「善詩詞，楷書摹《黃庭經》、《十三行》，畫山水小景，有元人筆致」〔註81〕，可見這三種史料均已言明黃媛介兼擅書畫，然而，《玉臺畫史》卻棄置不錄，轉而節錄張庚《國朝畫徵錄》、陳維崧《婦人集》以及厲鶚題寫黃氏畫作的詩作。又如，《玉臺書史》著錄吳國趙夫人，引據王嘉《拾遺記》，曰：「吳主趙夫人，丞相達之妹。善書畫，巧妙無雙。能於指間以彩絲織雲霞龍蛇之錦，大則盈尺，小則方寸，宮中謂之『機絕』」〔註82〕。對於這條明確記載「善書畫」的史料，《玉臺畫史》卻並未沿用，而是引據張彥遠《歷代名畫記》的相近記述爲證，儘管張氏注明亦出自《拾遺記》。事實上，對《玉臺書史》與《玉臺畫史》而言，這種「同人異書」情況甚爲常見（見下表）。

表二：《玉臺書史》、《玉臺畫史》「同人異書」例目

才媛	專書	《玉臺書史》	《玉臺畫史》
吳	趙夫人	王嘉《拾遺記》	張彥遠《歷代名畫記》
唐	李夫人	《書史會要》	《圖繪寶鑒》
宋	王　氏	《書史會要》	《宣和畫譜》
	劉夫人	《書史會要》、厲鶚按語	《圖繪寶鑒》、周密《志雅堂雜鈔》、汪砢玉《珊瑚網》、王毓賢《繪事備考》
	楊妹子	《清賞錄》、《韻石齋筆談》、《書史會要》、《庚子銷夏記》、項鼎鉉《呼桓日記》、沈津《吏隱錄》	汪砢玉《珊瑚網》
	章　煎	《書史會要》	《畫繼》

〔註80〕　厲鶚：《玉臺書史》「名媛」，第141頁。
〔註81〕　厲鶚：《玉臺書史》「名媛」，第137～138頁。
〔註82〕　厲鶚：《玉臺書史》「宮闈」，第18頁。

－339－

	朱淑眞	《古今女史》、《池北偶談》	杜瓊《東原集》、沈周《石田集》
	蘇　翠	《書史會要》、<u>《繪事備考》</u>	<u>《圖繪寶鑒》</u>
元	管夫人	《松雪齋集》、《容臺集》、<u>《清河書畫舫》</u>、《居易錄》、《太平清話》、<u>《霏雪錄》</u>、<u>《因樹屋書影》</u>、<u>《隨草續編》</u>、<u>《池北偶談》</u>	<u>《圖繪寶鑒》</u>、吳其貞《書畫記》、郁逢慶《書畫題跋記》
	劉　氏	《書史會要》	<u>《圖繪寶鑒》</u>
明	馬閒卿	《列朝詩集》	《金陵瑣事》
	徐　範	《珊瑚網》、李日華《恬致堂集》、《東村隨筆》、厲鶚按語	《檇李詩繫》
	柳如是	鈕琇《觚賸》	<u>《珊瑚網》</u>
	林奴兒	<u>《無聲詩史》</u>	《明書畫史》、梅鼎祚《青泥蓮花記》、《金陵瑣事》
	楊　宛	《列朝詩集》、《鍾山獻序》、《書史會要》、《香祖筆記》	《無聲詩史》
清	黃媛介	<u>《無聲詩史》</u>、<u>《池北偶談》</u>、<u>《續圖繪寶鑒》</u>	《畫徵錄》、《婦人集》、厲鶚按語

由表二，可獲得如下具體信息：

其一，先行成書的《玉臺書史》所徵引的文獻（按：表格字體下劃線者，表示著錄女性並擅書畫），諸如鎦績《霏雪錄》、陶宗儀《書史會要》、張丑《清河書畫舫》、姜紹書《無聲詩史》、王毓賢《繪事備考》、馮仙湜《續圖繪寶鑒》、周亮工《因樹屋書影》、朱中楣《隨草續編》、王士禎《池北偶談》以及厲鶚自身加附的按語，已明確記述該才媛兼擅書畫，但這些史料卻未見載於《玉臺畫史》相應的女性畫家條目。

其二，後刊者《玉臺畫史》援引的文獻汪珂玉《珊瑚網》，明確述及柳如是書畫並擅，曰：「松陵盛澤有楊影憐，能詩善畫，餘見其所作水仙竹石，淡墨淋漓，不減元吉、子固。書法亦佳。今歸錢蓉江學士」〔註83〕，而且該文獻已見諸《玉臺書史》「徐範」條目，卻並未附載於「柳如是」條目。與此類似，《玉臺畫史》「黃媛介」條目引據《續圖繪寶鑒》，但厲鶚沒有追本溯源，留意翻閱同樣著錄了諸多女性書畫家的繪畫專書夏文彥《圖繪寶鑒》。

其三，《玉臺書史》與《玉臺畫史》引據文獻「同中有異」的情形更為普遍。例如，關於宋代黃子由夫人胡氏，厲鶚與湯漱玉援引周密《齊東野語》

〔註83〕湯漱玉：《玉臺畫史》，第307頁。

之同時，卻各自依據編選主題而尋求其他史料，因附載於《玉臺書史》的張世南《遊宦紀聞》未提及胡氏的繪畫技藝，《玉臺畫史》則以《圖繪寶鑑》及董史《皇宋書錄》爲證。其餘女性書畫家如唐五代薛媛，宋代劉夫人、李清照、嚴蕊，金代章宗元妃李氏，元代管道昇、王夫人，明代邢慈靜、何玉仙、馬湘蘭、馬如玉、薛素素、卞賽，附錄文獻史料的形式莫不如此。

　　《玉臺書史》之所以未能悉數鉤稽姚旅《露書》、朱中楣《隨草》、汪珂玉《珊瑚網》等文獻中的女性書家史料，有學者疑其轉引自《六藝之一錄》、《佩文齋書畫譜》之類彙編文獻，並未翻檢原書〔註 84〕。至於《玉臺畫史》仿傚其例，何以缺漏見載於《玉臺書史》的諸多文獻，這疑爲湯漱玉抱病在身，未及細查，抑或有意尋求其他史料，如表二之林奴兒、黃媛介，在減少影響的「焦慮」之同時，意在向讀者表明自家編選女性畫家專書所持虔誠態度與付出心血。由是在初本《玉臺畫史》「楊影憐」條目，汪遠孫再次依據《玉臺書史》著錄的文獻鈕琇《觚賸》，對該條目及文獻《珊瑚網》所言「松陵盛澤有楊影憐，能詩善畫」予以補充說明，曰：「柳如是本姓楊，盛澤歸家院妓，柳其寓姓也，見《觚賸》。影憐蓋是其字。」〔註 85〕可以說，文獻史料的沿用、規避與補充，《玉臺畫史》仍接續著《玉臺書史》展演歷代女性善書畫的藝文傳統。

〔註 84〕劉幼生先生在點校前言中指出，編選者厲鶚與湯漱玉雖已引據某種史料，如姚旅《露書》、朱彝尊《靜志居詩話》等，但存在遺漏這些典籍所載錄的其他女書畫家之情形；至於未徵引典籍所涉女書畫家，數量更相當可觀。

〔註 85〕湯漱玉：《玉臺畫史》，第 307 頁。

附表一　明末清初女性作品總集存目

朝代	編者	名　稱	卷　次	版　本
明季	葉紹袁	《午夢堂全集》	十種、十二種、八種、四種不等	崇禎九年（1636）、十二年（1639）刻本；順治十八年（1661）抄本；康熙二十五年（1686）刊？本等
清初	王端淑	《名媛詩緯初編》	四十二卷	康熙六年（1667）刊本
	鄒漪	《詩媛八名家集》	八卷	清初刊本
		《詩媛名家紅蕉集》	二卷	清初精刊本
	周之標	《女中七才子蘭咳集》	存五卷	清初刊本
		《女中七才子蘭咳二集》	七卷	康熙間刊本
	陳維崧	《婦人集》	一卷	清初抄本
	冒丹書	《婦人集補》	一卷	清初抄本
	周銘	《林下詞選》	十四卷	康熙十年（1671）刊本
	錢岳 徐樹敏	《眾香詞》	六卷	康熙二十九年（1690）刊本
	歸淑芬 孫蕙媛 沈栗 沈貞	《古今名媛百花詩餘》	四卷	康熙二十四年（1685）刊本
	季嫻	《閨秀集》	五卷	清初刊本
	劉雲份	《唐宮閨詩》	二卷	康熙間刊本
		《翠樓集》	三卷	康熙十二年（1673）刊本

范端昂	《香奩詩泐》	二卷	康熙間刊本
	《奩詩泐補》	四卷	康熙間刊本
	《奩制續泐》	五卷	康熙五十年（1711）刊本
揆 敍	《歷朝閨雅》	十二卷	康熙間刊本
王士祿	《燃脂集》	存十三冊	康熙間抄本
胡孝思	《本朝名媛詩鈔》	六卷	康熙五十五年（1716）刊本

説明：

1、表格所錄，僅限於「明清之際」刊刻的女性作品選集（專集）。諸如《午夢堂全集》、《本朝名媛詩鈔》在康熙朝之後刊刻版本，不予詳注；柳如是《古今名媛詩詞選》，1935 年中西書局據傳抄本排印，並附有柳如是自跋，檢清代各家著述，未見有記載，疑即柳如是爲錢謙益勘定之《列朝詩集》「閏集」，故亦未附表中。

2、鄒漪《詩媛十名家集》，於 2005 年秋季藝術品拍賣會上，由上海國際商品拍賣有限公司提供，著錄爲：清順治乙未（1655）鄒氏鷩宜齋刻本，竹紙線裝，四冊。藍印扉頁，題曰：「詩媛十名家集」，内每家詩前有紅印「鷩宜齋藏板」牌記。較之《詩媛八名家集》，增選《避秦人詩選》、《謝蘭陵詩選》二種。筆者未見，爲慎重起見，暫不增入。范端昂「香奩」系列凡四種，時間跨度最大，其中第四種《奩泐續補》三卷，清雍正十年（1732）刊本，亦不著錄，擬於正文中討論。

附表二　明末清初女性作品總集佚目

編者	書　題	卷次	文獻來源	補　　注
方維儀	《宮閨詩史》 (《宮閨詩評》)	不詳	方以智《浮山集》之《清芬閣集跋》；錢謙益《列朝詩集》「閏集」之《姚貞婦方氏》；朱彝尊《明詩綜》卷八十五	「必以邪正別之」。(《浮山集》) 「刪《古今宮閨詩史》，主於刊落淫哇，區明風烈，君子尙其志焉。」(《列朝詩集》) 「分正、邪二集，主於昭明彤管，刊落淫哇，覽者尙其志焉。」(《明詩綜》)
	《宮閨文史》	不詳	王士祿《燃脂集》之《宮閨氏籍藝文考略》	
王端淑	《名媛文緯》	二十卷	王士祿《燃脂集》	
金聖歎	《女才子詩合集》	不詳	徐祖正《崑山徐氏書目》著錄爲「夢香閣刊本」	
陸　進	《內家吟》	不詳	王士祿《燃脂集》	《尺牘新語》載徐士俊《與汪澹漪書》，言：「弟所刻《內家吟》、《鴛鴦七十二詠》及《西湖竹枝詞》三種，皆小品風華，盡堪持贈。」 按：鄒祇謨《倚聲初集》卷五記載：「蓋思所選《西湖竹枝》，及「鴛鴦」「紅葉」諸詩，無不詮核妍雅；《內家吟》一帙，尤覺爲玉臺人生色，宜乎塡詞之韶蒨也。」據此，《內家吟》爲陸氏編選，徐士俊刻。陸進，字蓋思，餘杭人。貢生，溫州府學訓導，著有《巢青閣集》，徐士俊爲其詞撰序。

王夡來	《婁江名媛詩集鈔》	不詳	王士祿《燃脂集》「引用書目」	王夡來，字古直，浙江錢塘人，著有《鹿堂稿》。曾遊京師，與曹爾堪、宋琬、王士祿等唱和於秋水軒。
鄧漢儀	《蕭樓集》		吳綺《林蕙堂全集》卷四《蕭樓集序》；尤侗《西堂雜俎三集》卷三《蕭樓集序》	「吾友鄧子孝威，既登文選之臺，獨樹《詩觀》之幟。窮搜月露，壇方列於四唐；遐慕林風，席更分於三孝。爰成一集，命曰《蕭樓》，將由地以傳人，實因今而溯古。攬其雪詠，盡載瑤函；考厥星源，半生珂里。或瑯琊之新婦，原配參軍；或魯國之逸妻，早歸丞相。」(《林蕙堂全集》) 「鄧子孝威坐文選樓，選《詩觀》，四方郵筒日至，而香奩、彤管亦附以來，乃乘暇採爲《蕭樓集》。自此黃絹幼婦，當與紅杏尙書、花影郎中爭妍鬥麗，豈止綠肥紅瘦，柳帶同心，豔吟千古哉！」(《西堂雜俎三集》)
蘇毓眉	《胭脂璣》	不詳	王士祿《燃脂集》「引用書目」；朱彝尊《明詩綜》卷八十四	蘇毓眉（1612～1676），字遵由，號竹浦，蘇夢龍子，霑化人。順治甲午孝廉，任曹州學正。能詩，善丹青山水，著有《牡丹譜》、《可園諸詩》。見彭蘊璨《歷代畫史匯傳》卷十。
周履靖	《香奩詩十種》	十二卷		
梅鼎祚	《女士集》	二十卷	趙宏恩（乾隆）《江南通志》	王初桐《奩史》卷四十四「文墨門二」曾援引所著錄之宋節婦題壁詩、郭女唱和王陽明詩
吳　綺	《彤史》	不詳	吳綺《林蕙堂全集》卷九《胡母汪太君五十壽序》	「余以顧長康之《女箴》，人不概見；劉更生之《列傳》，世所習聞。爰輯《彤史》一編，用以傳馨千古。」(《林蕙堂全集》卷九)
王士祿	《朱鳥逸史》			

參考文獻

一、基本史料（按四部分類）

1. 何晏：《論語注疏》，《十三經注疏》本，北京：中華書局，2009 年。

2. 孔穎達：《毛詩正義》，《十三經注疏》本。

3. 孫詒讓撰，王文錦、陳玉霞點校：《周禮正義》，北京：中華書局，2008 年。

4. 郝敬：《周禮完解》，《續修四庫全書》本。

5. 方輔：《隸八分辨》，《續修四庫全書》本。

6. 魏徵等撰：《隋書》，北京：中華書局，1973 年。

7. 張廷玉等撰：《明史》，北京：中華書局，1974 年。

8. 趙爾巽等輯：《清史稿》，北京：中華書局，1976～1977 年。

9. 張岱：《石匱書》、《石匱書後集》，清初稿抄本。

10. 鄒漪：《明季遺聞》，《四庫禁燬書叢刊》本。

11. 鄒漪：《啟禎野乘》初集、二集，《四庫禁燬書叢刊》本。

12. 李遜之：《崇禎朝記事》，《四庫禁燬書叢刊》本。

13. 顧炎武：《明季實錄》，清鈔本。

14. 溫睿臨：《南疆逸史》，《臺灣文獻叢刊》，臺北：臺灣銀行印刷所，1962 年。

15. 王秀楚：《揚州十日記》，上海書店影印神州國光社本，1982 年。

16. 徐鼒：《小腆紀傳》，北京：中華書局，1958 年。

17. 徐鼒著，王崇武校點：《小腆紀年附考》，北京：中華書局，1957 年。

18. 計六奇著，任道斌、魏得良點校：《明季南略》，北京：中華書局，1984 年。

19. 計六奇著，任道斌、魏得良點校：《明季北略》，北京：中華書局，1984年。

20. 抱陽生編著，任道斌校點：《甲申朝事小紀》，北京：書目文獻出版社，1987年。

21. 李聿求：《魯之春秋》，杭州：浙江古籍出版社，1984年。

22. 王夫之：《讀通鑒論》，北京：中華書局，1975年。

23. 萬應隆：《三峰傳稿》，《中國野史集成續編》本，成都：巴蜀書社，2000年。

24. 李清：《三垣筆記》，北京：中華書局，1982年。

25. 汪遠孫：《遼史紀年表》，《二十五史補編》本，北京：中華書局，1998年。

26. 陸隴其：《三魚堂日記》，《續修四庫全書》本。

27. 孫奇逢：《孫徵君日譜錄存》，《續修四庫全書》本。

28. 鄭樵：《通志二十略》，北京：中華書局，2009年。

29. 永瑢等撰：《四庫全書總目》，北京：中華書局，2008年。

30. 董康：《曲海總目提要》，北京：人民文學出版社，1959年。

31. 中國第一歷史檔案館編：《纂修四庫全書檔案》，上海古籍出版社，1997年。

32. 清國史館編，王鍾翰點校：《清史列傳》，北京：中華書局，2005年。

33. 錢儀吉等：《清代碑傳全集》，上海古籍出版社，1987年。

34. 李元度著，易孟醇校點：《國朝先正事略》，長沙：嶽麓書社，1991年。

35. 錢仲聯主編：《廣清碑傳集》，蘇州：蘇州大學出版社，1999年。

36. 錢謙益：《列朝詩集小傳》，上海古籍出版社，2008年。

37. 陳奐：《師友淵源記》，《遷雅齋叢書》本。

38. 《李氏世譜》，李氏師儉堂刻本，1928年。

39. 鄔仁溥：《鄔氏宗譜》，光緒十九年木活字本。

40. 孫言誠校點：《王士禛年譜》，北京：中華書局，1992年。

41. 徐樹丕：《識小錄》，《涵芬樓秘笈》影手稿本，上海：商務印書館，1916年。

42. 吳國輔：《今古輿地圖》，《四庫全書存目叢書》本。

43. 崔豹：《古今注》，《四部叢刊三編》影宋本。

44. 厲鶚：《東城雜記》，《粵雅堂叢書》本。

45. 楊謙纂，李富孫補輯，余楙續補：《梅里志》，《續修四庫全書》本。

46. 嵇曾筠：（雍正）《浙江通志》，《文淵閣四庫全書》本。

47. 延豐等纂修：《欽定重修兩浙鹽法志》，《續修四庫全書》本。

48. 趙彥俞等修纂：《（咸豐）重修興化縣志》，《中國地方志集成——江蘇府縣志輯》，南京：江蘇古籍出版社，1991 年。

49. 楊激云：《（光緒）泰興縣志》，《江蘇府縣志輯》，南京：江蘇古籍出版社，1991 年。

50. 顧震濤：《吳門表隱》，南京：江蘇古籍出版社，1999 年。

51. 曹允源：《吳縣金石考》，《石刻史料新編》本，臺北：新文豐出版公司，1986 年。

52. 毛晉撰，潘景鄭校訂：《汲古閣書跋》，上海：古典文學出版社，1958 年。

53. 李日華著，屠友祥校注：《味水軒日記校注》，上海遠東出版社，2011 年。

54. 吳其貞著，邵彥校點：《書畫記》，瀋陽：遼寧教育出版社，2000 年。

55. 徐沁著，印曉峰點校：《明畫錄》，上海：華東師範大學出版社，2009 年。

56. 姜紹書著，印曉峰點校：《無聲詩史》，上海：華東師範大學出版社，2009 年。

57. 陶宗儀：《書史會要》，上海書店，1984 年。

58. 張丑撰，徐德明校點：《清河書畫舫》，上海古籍出版社，2011 年。

59. 汪珂玉：《珊瑚網》，盧輔聖主編：《中國書畫全書》本，上海書畫出版社，2009 年。

60. 董其昌：《畫禪室隨筆》，《中國書畫全書》本。

61. 朱謀垔：《畫史會要》，《中國書畫全書》本。

62. 卞永譽：《式古堂書畫匯考》，《中國書畫全書》本。

63. 李玉棻：《甌鉢羅室書畫過目考》，《中國書畫全書》本。

64. 佚名：《十百齋書畫錄》，《中國書畫全書》本。

65. 張彥遠：《歷代名畫記》，《中國書畫全書》本。

66. 張庚：《國朝畫徵錄》，《中國書畫全書》本。

67. 陳文述：《畫林新詠》，《中國書畫全書》本。

68. 沈顥：《畫塵》，《中國書畫全書》本。

69. 張照等編：《秘殿珠林 石渠寶笈》及續編、三編，臺北：國立故宮博物院，1969～1971 年。

70. 厲鶚：《玉臺書史》，《叢書集成續編》本，臺北：新文豐出版公司，1989 年。

71. 厲鶚：《玉臺書史》抄本，年代不詳。

72. 厲鶚：《南宋院畫錄》，《叢書集成續編》本。

73. 湯漱玉：《玉臺畫史》，《叢書集成續編》本。

74. 李日華：《六研齋筆記》、《紫桃軒雜綴》，南京：鳳凰出版社，2010 年。

75. 郭容光：《藝林悼友錄》；張鳴珂：《寒松閣談藝瑣錄》；朱福清：《鴛湖求舊錄》，南京：鳳凰出版社，2010 年。

76. 潘曾瑩：《小鷗波館畫著五種》，上海書店出版社，1987 年。

77. 葛嗣浵：《愛日吟廬書畫續錄》，民國二年（1913）刻本。

78. 程庭鷺：《篛庵畫塵》，紫黃香館鉛印本，1927 年。

79. 范攄：《雲溪友議》，上海：古典文學出版社，1957 年。

80. 葛洪：《西京雜記》，《漢魏六朝筆記小說大觀》本，上海古籍出版社，1999 年。

81. 周密撰，張茂鵬點校：《齊東野語》，北京：中華書局，2004 年。

82. 王惲：《玉堂嘉話》，《文淵閣四庫全書》本。

83. 徐珂：《清稗類鈔》，北京：中華書局，2010 年。

84. 阮元：《石渠隨筆》，北京：中華書局，1991 年。

85. 顧炎武著，黃汝成集釋，欒保群、呂宗力校點：《日知錄集釋》，上海古籍出版社，2006 年。

86. 姚旅著，劉彥捷點校：《露書》，福州：福建人民出版社，2008 年。

87. 張岱撰，馬興榮點校：《陶庵夢憶　西湖夢尋》，北京：中華書局，2007 年。

88. 曹大章：《蓮臺仙會品》、《秦淮士女表》，《續修四庫全書》本。

89. 閻若璩：《潛邱札記》，《文淵閣四庫全書》本。

90. 金武祥：《粟香五筆》，《續修四庫全書》本。

91. 陳繼儒：《安得長者言》，《四庫全書存目叢書》本。

92. 陳繼儒：《小窗幽記》，上海古籍出版社，2000 年。

93. 冒襄：《影梅庵憶語》，上海古籍出版社，2000 年。

94. 顧起元撰，譚棣華、陳稼禾點校：《客座贅語》，北京：中華書局，1997 年。

95. 劉廷璣撰，張守謙校點：《在園雜志》，北京：中華書局，2005 年。

96. 謝肇淛：《五雜俎》，上海書店，2001 年。

97. 郎瑛：《七修類稿》，北京：中華書局，1959 年。

98. 陳宏緒：《寒夜錄》，清鈔本。

99. 錢泳撰，張偉校點：《履園叢話》，北京：中華書局，1979 年。

100. 王晫：《今世說》，上海：古典文學出版社，1957 年。

101. 趙翼：《簷曝雜記》，北京：中華書局，1997 年。

102. 沈德符：《萬曆野獲編》，北京：中華書局，1997 年。

103. 阮元：《廣陵詩事》，《叢書集成新編》本。

104. 顧祿：《桐橋倚棹錄》，北京：中華書局，2008 年。

105. 鈕琇：《觚賸》，上海古籍出版社，1986 年。

106. 陳繼儒：《妮古錄》，《叢書集成新編》本。

107. 紀容舒：《玉臺新詠考異》，《文淵閣四庫全書》本。

108. 尤侗：《西堂雜俎》，清康熙刻本。

109. 馮班：《鈍吟雜錄》，上海博古齋影印借月山房匯鈔本，1920 年。

110. 趙昱：《春草園小記》，《武林掌故叢編》本，清光緒年間錢塘丁氏嘉惠堂刻本。

111. 黃士珣：《北隅掌錄》，《武林掌故叢編》本。

112. 汪啓淑：《水曹清暇錄》，北京古籍出版社，1998 年。

113. 丁丙：《武林藏書錄》，《叢書集成續編》本。

114. 葉德輝：《書林清話》，北京：中華書局，1999 年。

115. 裴鉶著，周楞伽輯注：《傳奇》，上海古籍出版社，1980 年。

116. 周清原著，周楞伽整理：《西湖二集》，北京：人民文學出版社，1989 年。

117. 佚名著，李致中校點：《平山冷燕》，瀋陽：春風文藝出版社，1982 年。

118. 鴛湖煙水散人著，馬蓉校點：《女才子書》，瀋陽：春風文藝出版社，1983 年。

119. 褚人獲：《隋唐演義》，上海古籍出版社，1981 年。

120. 曾樸：《孽海花》，上海古籍出版社，1980 年。

121. 關漢卿著，吳曉玲等編校：《關漢卿戲曲集》，北京：中國戲劇出版社，1958 年。

122. 孔尚任著，王季思、蘇寰中、楊德平合注：《桃花扇》，北京：人民文學出版社，1982 年。

123. 張潮：《虞初新志》，北京：文學古籍刊行社，1954 年。

124. 吳敬所：《國色天香》，《古本小說集成》本，上海古籍出版社，1994 年。

125. 何大掄：《重刻增補燕居筆記》，《古本小說集成》本。

126. 余象斗：《萬錦情林》，《古本小說集成》本。

127. 赤心子：《繡谷春容》，萬曆世德堂刊本。

128. 秦淮寓客：《綠窗女史》，臺灣政治大學古典小說研究中心主編：《明清善本小說叢刊初編》，臺北：天一出版社，1985 年。

129. 周之標：《吳歈萃雅》，王秋桂主編：《善本戲曲叢刊》，臺北：臺灣學生書局，1984 年。

130. 周之標：《增訂珊珊集》，《善本戲曲叢刊》本。

131. 沈自晉：《南詞新譜》，《善本戲曲叢刊》本。

132. 張栩：《彩筆情辭》，《善本戲曲叢刊》本。

133. 鄒式金：《雜劇三集》，北京：中國戲劇出版社，1958 年。

134. 沈泰：《盛明雜劇》，北京：中國戲劇出版社，1958 年。

135. 華瑋輯校：《明清婦女戲曲集》，臺北：中研院中國文哲研究所，2003 年。

136. 王利器：《歷代笑話集》，上海古籍出版社，1981 年。

137. 普濟著，蘇淵雷點校：《五燈會元》，北京：中華書局，1984 年。

138. 白居易著，朱金城箋校：《白居易集箋校》，上海古籍出版社，1988 年。

139. 薛濤著，張蓬舟箋：《薛濤詩箋》，北京：人民文學出版社，1983 年。

140. 虞集：《道園學古錄》，《文淵閣四庫全書》本。

141. 王端淑：《吟紅集》，《清代詩文集彙編》本，上海古籍出版社，2009 年。

142. 王端淑：《吟紅集》，日本淺草文庫本。

143. 吳綃：《嘯雪庵二集》，《四庫未收書輯刊》本。

144. 李媚：《雨泉龕合刻》，清順治刊本。

145. 徐燦：《拙政園詩餘》，吳騫《拜經樓叢書》本。

146. 徐燦：《拙政園詩集》，吳騫《拜經樓叢書》本。

147. 柳如是著，周書田、范景中輯校：《柳如是集》，杭州：中國美術學院出版社，2002 年。

148. 李因著，周書田校點：《竹笑軒吟草》，瀋陽：遼寧教育出版社，2003 年。

149. 袁中道著，錢伯城校點：《珂雪齋集》，上海古籍出版社，1989 年。

150. 黃宗羲：《黃宗羲全集》，杭州：浙江古籍出版社，1993 年。

151. 魏耕：《雪翁詩集》，《續修四庫全書》本。

152. 施男：《卭竹杖》，《續修四庫全書》本。

153. 沈德符：《清權堂集》，《續修四庫全書》本。

154. 黃汝亨：《寓林集》，《續修四庫全書》本。

155. 王士祿：《上浮集》，《四庫全書存目叢書補編》本。

156. 王士祿：《燃脂集例》，《四庫全書存目叢書》本。

157. 李維楨：《大泌山房集》，《四庫全書存目叢書》本。

158. 王岱：《了庵詩文集》，《四庫禁燬書叢刊》。

159. 陳維崧：《烏絲詞》，留松閣刻本。

160. 茅元儀：《石民四十集》，明崇禎刻本。

161. 趙一清：《東潛文稿》，清乾隆五十九年刻本。

162. 汪然明：《春星堂詩集》，《叢睦汪氏遺書》本，清光緒十二年錢塘汪氏刻本。

163. 祁理孫著，潘建國整理：《明末清初山陰藏書家祁理孫未刊詩稿》，上海圖書館歷史文獻研究所編：《歷史文獻》第 10 輯，2006 年。

164. 朱彝尊著，王利民等校點：《曝書亭全集》，長春：吉林文史出版社，2009 年。

165. 陳維崧著，陳振鵬標點，李學穎校補：《陳維崧集》，上海古籍出版社，2010 年。

166. 《船山全書》編輯委員會編：《船山全書》，長沙：嶽麓書社，2011 年。

167. 錢謙益著，錢曾箋注，錢仲聯標校：《錢牧齋全集》，上海古籍出版社，2003 年。

168. 顏元著，王星賢、張芥塵、郭徵點校：《顏元集》，北京：中華書局，2009 年。

169. 陳子龍著，王英志輯校：《陳子龍全集》，北京：人民文學出版社，2011 年。

170. 余懷著，李金堂編校：《余懷全集》，上海古籍出版社，2011 年。

171. 袁宏道著，錢伯城箋校：《袁宏道集箋校》，上海古籍出版社，1983 年。

172. 顧炎武著，華忱之點校：《顧亭林詩文集》，北京：中華書局，1983 年。

173. 張煌言：《張蒼水集》，上海古籍出版社，1985 年。

174. 張岱：《琅嬛文集》，長沙：嶽麓書社，1985 年。

175. 冒襄：《巢民詩選》，《叢書集成三編》本。

176. 冒襄：《鑄錯軒詩茸》，《叢書集成三編》本。

177. 李漁：《李漁全集》，杭州：浙江古籍出版社，1991 年。

178. 屈大均：《屈大均全集》，北京：人民文學出版社，1996 年。

179. 張履祥著，陳祖武點校：《楊園先生全集》，北京：中華書局，2002 年。

180. 吳梅村著，李學穎集評標校：《吳梅村全集》，上海古籍出版社，2007 年。

181. 施閏章著，何慶善、楊應芹點校：《施愚山集》，合肥：黃山書社，1992 年。

182. 周亮工著，朱天曙編：《周亮工全集》，南京：鳳凰出版社，2009 年。

183. 李元鼎、朱中楣：《石園全集》，清康熙四十一年香雪堂刻本。

184. 徐渭：《徐渭集》，北京：中華書局，1983 年。

185. 金堡：《徧行堂集》，《四庫禁燬書叢刊》本。

186. 卓發之：《漉籬集》，《四庫禁燬書叢刊》本。

187. 黃宗羲：《黃梨洲詩集》，北京：中華書局，1959 年。

188. 陳繼儒：《晚香堂集》，《四庫禁燬書叢刊》本。

189. 曾異：《紡授堂二集》，《四庫禁燬書叢刊》本。

190. 尤侗：《西堂全集》，《續修四庫全書》本。

191. 毛奇齡：《西河集》，《文淵閣四庫全書》本。

192. 陳之遴：《浮雲集》，《四庫全書存目叢書》本。

193. 王士禛著，袁世碩主編：《王士禛全集》，濟南：齊魯書社，2007 年。

194. 陳文述：《頤道堂集》，《續修四庫全書》本。

195. 厲鶚著，董兆熊注，陳九思標校：《樊榭山房集》，上海古籍出版社，1992
年。

196. 全祖望著，朱鑄禹匯校集注：《全祖望集匯校集注》，上海古籍出版社，
2008 年。

197. 黃道周著，陳壽祺原編，王文徑等整理：《黃漳浦文集》，廈門：國際華
文出版社，2006 年。

198. 阮元著，鄧經元點校：《揅經室集》，北京：中華書局，2006 年。

199. 周京：《無悔齋集》，《四庫全書存目叢書》本。

200. 丁敬：《硯林詩集》，《叢書集成續編》本。

201. 杭世駿：《道古堂文集》，《續修四庫全書》本。

202. 金農：《冬心先生集》，上海古籍出版社，1979 年。

203. 金農：《冬心先生自寫詩冊》，《歷代名人墨蹟十四種》本，民國影印。

204. 趙一清著，羅仲輝校點：《東潛文稿》，瀋陽：遼寧教育出版社，1998
年。

205. 胡敬：《崇雅堂文鈔》，清道光二十六年刻本。

206. 汪遠孫：《借閒生詩》，《續修四庫全書》本。

207. 盧見曾：《雅雨堂詩集》，《續修四庫全書》本。

208. 吳錫麒：《有正味齋集》，清嘉慶十三年刻本。

209. 袁枚著，王英志主編：《袁枚全集》，南京：江蘇古籍出版社，1993 年。

210. 丁耀亢著，李增坡主編、張清吉校點：《丁耀亢全集》，鄭州：中州古籍

出版社，1999 年。

211. 祁彪佳：《祁彪佳集》，北京：中華書局，1960 年。

212. 祁彪佳：《祁彪佳文稿》，北京：書目文獻出版社，1991 年。

213. 王思任著，任遠點校：《王季重十種》，杭州：浙江古籍出版社，2010 年。

214. 王思任著，蔣金德點校：《文飯小品》，長沙：嶽麓書社，1989 年。

215. 張岱著，夏咸淳校點：《張岱詩文集》，上海古籍出版社，1991 年。

216. 魏禧著，胡守仁、姚品文、王能憲校點：《魏叔子文集》，北京：中華書局，2003 年。

217. 孫奇逢著，朱茂漢點校：《夏峰先生集》，北京：中華書局，2004 年。

218. 章學誠：《章學誠遺書》，北京：文物出版社，1985 年。

219. 王國維著，謝維揚等主編：《王國維全集》，浙江教育出版社、廣東教育出版社，2009 年。

220. 梁啓超：《飲冰室合集》，北京：中華書局，2008 年。

221. 梁啓超著，夏曉虹編校：《中國現代學術經典——梁啓超卷》，石家莊：河北教育出版社，1996 年。

222. 李漁：《尺牘初徵》，《四庫禁燬書叢刊》本。

223. 汪淇：《尺牘新語》，清康熙六年刻本。

224. 汪淇：《尺牘新語二編》，清康熙刻本。

225. 張潮：《尺牘友聲集》，清乾隆四十五年刻本。

226. 張潮：《尺牘偶存》，清乾隆四十五年張氏刻本。

227. 周亮工輯，米田點校：《尺牘新鈔》，長沙：嶽麓書社，1986 年。

228. 洪興祖撰，白化文等點校：《楚辭章句》，北京：中華書局，2006 年。

229. 洪邁：《萬首唐人絕句詩》卷六十五，明嘉靖刻本。

230. 鳳林書院：《名儒草堂詩餘》，《續修四庫全書》本。

231. 梅鼎祚：《八代詩乘》，明萬曆三十三年刻本。

232. 董斯張：《吳興藝文補》，明崇禎六年刻本。

233. 陸貽典：《唐詩鼓吹補注》，清順治十六年刊本。

234. 王端淑：《名媛詩緯初編》，清康熙山陰王氏清音堂刻本。

235. 張夢徵：《青樓韻語》，上海：同永印局，1914 年。

236. 劉雲份：《翠樓集》，《四庫全書存目叢書》本。

237. 劉雲份：《翠樓集》，上海雜誌公司，民國二十五年。

238. 劉雲份：《唐宮閨詩》，《四庫全書存目叢書補編》本。

239. 劉雲份：《八劉唐人詩》，《四庫全書存目叢書補編》本。

240. 呂端昂：《香奩詩泐》、《香奩續泐》、《奩詩泐補》、《奩詩續補》，清康熙雍正年間鳳鳴軒刻本。

241. 蟲天子：《香豔叢書》，北京：人民文學出版社，1994 年。

242. 完顏惲珠：《國朝閨秀正始集》，清道光十一至十六年紅香館刻本。

243. 徐樹敏、錢岳：《眾香詞》，民國二十二年上海大東書局影印本。

244. 周銘：《林下詞選》，《續修四庫全書》本。

245. 馬嘉松：《花鏡雋聲》，明天啟四年刻本。

246. 趙世傑：《古今女史》，明崇禎元年刻本。

247. 鄭文昂：《古今名媛匯詩》，《四庫全書存目叢書》本。

248. 酈琥：《彤管遺編》，明隆慶元年刻補修本，《四庫未收書輯刊》本。

249. 揆敘：《歷朝閨雅》，《四庫未收書輯刊》本。

250. 胡孝思：《本朝名媛詩鈔》，清康熙五十五年刻本。

251. 汪啟淑：《擷芳集》，清乾隆五十年古歙汪氏飛鴻堂刊本。

252. 署名鍾惺編：《名媛詩歸》，清勉善堂刻本。

253. 季嫻：《閨秀集》，《四庫全書存目叢書》本。

254. 蔡殿齊：《國朝閨閣詩鈔》，清道光二十四年自序嫏嬛別館刊本。

255. 王士祿：《燃脂集》，北京大學圖書館藏稿本。

256. 王士祿：《燃脂集》，上海圖書館藏稿本。

257. 鄒漪：《詩媛八名家集》，清順治十二年刻本。

258. 鄒漪：《詩媛名家紅蕉集》，清初刻本。

259. 葉紹袁編，冀勤輯校：《午夢堂集》，北京：中華書局，1998 年。

260. 黃秩模編輯，付瓊校補：《國朝閨秀詩柳絮集》，北京：人民文學出版社，2011 年。

261. 胡曉明、彭國忠主編：《江南女性別集》，合肥：黃山書社，2008 年。

262. 胡曉明、彭國忠主編：《江南女性別集二編》，合肥：黃山書社，2010 年。

263. 方秀潔、伊維德主編：《美國哈佛大學哈佛燕京圖書館藏明清婦女著述彙刊》，桂林：廣西師範大學出版社，2009 年。

264. 汪端：《明三十家詩選》，清同治十二年蘊蘭吟館重刻本。

265. 賀復徵：《文章辨體匯選》，《文淵閣四庫全書》本。

266. 陳子龍：《皇明詩選》，上海：華東師範大學出版社，1991 年。

267. 王士祿：《濤音集》，清乾隆五十七年掖縣儒學刻本。

268. 冒襄：《同人集》，《四庫全書存目叢書》本。

269. 王豫：《淮海英靈續集》，《續修四庫全書》本。

270. 鄧漢儀：《詩觀初集》，《四庫全書存目叢書補編》本。

271. 魏耕、錢纘曾、朱士稚編：《吳越詩選》，清順治間刊本。

272. 朱彝尊：《清詩別裁集》，上海古籍出版社，1975 年。

273. 倪匡世：《振雅堂彙編詩最》，清康熙二十七年懷遠堂刻本。

274. 費經虞：《雅倫》，清康熙四十九年刻本。

275. 阮元：《淮海英靈集》，清嘉慶三年小琅嬛仙館刻本。

276. 阮元：《兩浙輶軒錄》，清光緒十六年杭州浙江書局刻本。

277. 錢謙益撰，許逸民、林淑敏點校：《列朝詩集》，北京：中華書局，2007 年。

278. 潘衍桐：《兩浙輶軒續錄》，清光緒十七年杭州浙江書局刻本。

279. 鄧漢儀：《天下名家詩觀》，《四庫禁燬書叢刊》本。

280. 沈季友：《檇李詩繫》，《文淵閣四庫全書》本。

281. 全祖望：《續耆舊》，《續修四庫全書》本。

282. 厲鶚等撰，虞萬里校點：《南宋雜事詩》，杭州：浙江古籍出版社，1987 年。

283. 汪遠孫：《清尊集》，清道光十九年錢塘振綺堂刻本。

284. 王夫之著，戴鴻森箋注：《薑齋詩話箋注》，北京：人民文學出版社，1981 年。

285. 朱彝尊著，黃君坦校點：《靜志居詩話》，北京：人民文學出版社，2006 年。

286. 袁枚著，顧學頡校點：《隨園詩話》，北京：人民文學出版社，1982 年。

287. 厲鶚：《宋詩紀事》，上海古籍出版社，1983 年。

288. 徐釚著，李學穎標點：《本事詩》（《本事詩　續本事詩　本事詞》），上海古籍出版社，1991 年。

289. 李慈銘著，張寅彭、周容編校：《越縵堂日記說詩全編》，南京：鳳凰出版社，2010 年。

290. 法式善著，張寅彭、強迪藝編：《梧門詩話合校》，南京：鳳凰出版社，2005 年。

291. 張維屏編撰，陳永正點校：《國朝詩人徵略》，廣州：中山大學出版社，2004 年

292. 屈向邦：《粵東詩話》，香港：誦清芬室，1964 年。

293. 楊鍾義撰，雷恩海、姜朝暉校點：《雪橋詩話》，北京：人民文學出版社，

2011 年。

294. 郭紹虞編選，富壽蓀校點：《清詩話續編》，上海古籍出版社，1983 年。

295. 丁福保輯：《歷代詩話續編》，北京：中華書局，1983 年。

296. 王英志主編：《清代閨秀詩話叢刊》，南京：鳳凰出版社，2010 年。

297. 蔣景祁：《瑤華集》，北京：中華書局，1982 年。

298. 南京大學中文系全清詞編纂委員會編：《全清詞‧順康卷》，北京：中華書局，2002 年。

299. 謝伯陽編：《全明散曲》，濟南：齊魯書社，1993 年。

300. 盧前：《明代婦人散曲集》，中華書局聚珍仿宋排印本，1935 年。

301. 徐釚著，王百里校箋：《詞苑叢談》，北京：人民文學出版社，1988 年。

二、研究論著（按姓名拼音排列）

1. 包弼德著，劉寧譯：《斯文：唐宋思想的轉型》，南京：江蘇人民出版社，2001 年。

2. 陳平原：《從文人之文到學者之文》，北京：三聯書店，2004 年。

3. 陳平原主編，張宏生、張雁編：《古代女詩人研究》，武漢：湖北教育出版社，2002 年。

4. 陳平原主編，吳承學、李光摩編：《晚明文學思潮研究》，武漢：湖北教育出版社，2002 年。

5. 陳平原、王德威、商偉編：《晚明與晚清：歷史傳承與文化創新》，武漢：湖北教育出版社，2002 年。

6. 陳寅恪：《柳如是別傳》，北京：三聯書店，2001 年。

7. 陳傳席：《西山論道集》，瀋陽：遼寧美術出版社，2004 年。

8. 陳傳席：《陳傳席文集》，合肥：安徽美術出版社，2007 年。

9. 陳祖武：《清初學術思辨錄》，北京：中國社會科學出版社，1992 年。

10. 陳廣宏：《竟陵派研究》，上海：復旦大學出版社，2006 年。

11. 陳國軍：《明代志怪傳奇小說研究》，天津古籍出版社，2006 年。

12. 陳玉蘭：《清代嘉道時期江南寒士詩群與閨閣詩侶研究》，北京：人民文學出版社，2004 年。

13. 程國賦：《明代書坊與小說研究》，北京：中華書局，2008 年。

14. 蔡靜平：《明清之際汾湖葉氏文學世家研究》，長沙：嶽麓書社，2008 年。

15. 鄧之誠編：《清詩紀事初編》，上海古籍出版社，1984 年。

16. 鄧之誠：《骨董瑣記》，北京：中華書局，2008 年。

17. 鄧之誠著，趙丕傑選編：《五石齋小品》，北京出版社，1998 年。

18. 鄧長風：《明清戲曲家考略》，上海古籍出版社，1994 年。

19. 戴不凡：《小說見聞錄》，杭州：浙江人民出版社，1980 年。

20. 段繼紅：《清代閨閣文學研究》，天津：南開大學出版社，2007 年。

21. 馮沅君：《古劇說匯》，北京：作家出版社，1956 年。

22. 方盛良：《清代揚州徽商與東南地區文學藝術研究——以「揚州二馬」為中心》，北京：人民文學出版社，2008 年。

23. 范景中、周書田編纂：《柳如是事輯》，杭州：中國美術學院出版社，2002 年。

24. 馮其庸、葉君遠著：《吳梅村年譜》，北京：文化藝術出版社，2007 年。

25. 高居翰：《江岸送別——明代初期與中期繪畫（1368～1580)》，北京：三聯書店，2009 年。

26. 高居翰：《山外山——晚明繪畫（1570～1644)》，北京：三聯書店，2009 年。

27. 高居翰：《氣勢撼人——十七世紀中國繪畫中的自然與風格》，北京：三聯書店，2009 年。

28. 高彥頤：《閨塾師——明末清初江南的才女文化》，南京：江蘇人民出版社，2006 年。

29. 顧頡剛：《史林雜識初編》，北京：中華書局，1963 年。

30. 胡文楷編著，張宏生等增訂：《歷代婦女著作考》（增訂本），上海古籍出版社，2008 年。

31. 何冠彪：《明末清初學術思想研究》，臺北：學生書局，1991 年。

32. 何冠彪：《生與死：明季士大夫的抉擇》，臺北：聯經出版事業公司，1997 年。

33. 侯真平：《黃道周紀年著述書畫考》，廈門大學出版社，1995 年。

34. 赫俊紅：《丹青奇葩——晚明清初的女性繪畫》，北京：文物出版社，2008 年。

35. 黃裳：《黃裳文集·榆下卷》，上海書店，1998 年。

36. 黃衛總著，張蘊爽譯：《中華帝國晚期的欲望與小說敘述》，南京：江蘇人民出版社，2010 年。

37. 郝麗霞：《吳江沈氏文學世家研究》，上海：復旦大學出版社，2009 年。

38. 華瑋：《明清婦女之戲曲創作與批評》，臺北：中研院中國文哲研究所，2003 年。

39. 胡曉真主編：《世變與維新：晚明與晚清的文學藝術》，臺北：中央研究院中國文哲研究所，2001 年。

40. 胡曉眞：《才女徹夜未眠——近代中國女性敘事文學的興起》，北京大學出版社，2008 年。

41. 黃儀冠：《晚明至盛清女性題畫詩研究——以閱讀社群及其自我呈現爲主》，臺北：花木蘭文化出版社，2009 年。

42. 黃賓虹著，上海書畫出版社、浙江省博物館編：《黃賓虹文集》，上海書畫出版社，1999 年。

43. 姜亮夫：《敦煌學論文集》，《姜亮夫全集》本，昆明：雲南人民出版社，2003 年。

44. 蔣寅：《王漁洋事蹟徵略》，北京：人民文學出版社，2001 年。

45. 蔣寅：《王漁洋與康熙詩壇》，北京：中國社會科學出版社，2001 年。

46. 蔣寅：《清詩話考》，北京：中華書局，2005 年。

47. 蔣寅：《清代文學論稿》，南京：鳳凰出版社，2009 年。

48. 孔定芳：《清初遺民社會——滿漢異質文化整合視野下的歷史考察》，武漢：湖北人民出版社，2009 年。

49. 康正果：《風騷與豔情》，上海文藝出版社，2001 年。

50. 魯迅：《中國小說史略》，《魯迅全集》本，北京：人民文學出版社，2005 年。

51. 廖可斌：《明代文學復古運動研究》，北京：商務印書館，2008 年。

52. 陸謙祉：《屬樊榭年譜》，《民國叢書》本。

53. 路工：《訪書見聞錄》，上海古籍出版社，1985 年。

54. 李匯群：《閨閣與畫舫：清代嘉慶道光年間江南文人和女性研究》，北京：中國傳媒大學出版社，2009 年。

55. 李栩鈺：《閨閣傳心——〈午夢堂集〉女性作品研究》，臺北：里仁書局，1997 年。

56. 劉詠聰：《女性與歷史：中國傳統觀念新探》，香港教育圖書公司，1993 年。

57. 劉海粟主編，王道雲編注：《龔賢研究集》，南京：江蘇美術出版社，1988 年。

58. 劉躍進：《中古文學文獻學》，南京：江蘇古籍出版社，1997 年。

59. 劉尚恒：《徽州刻書與藏書》，揚州：廣陵書社，2003 年。

60. 劉天振：《明代通俗類書研究》，濟南：齊魯書社，2006 年。

61. 李濬之：《清畫家詩史》，北京：中國書店，1990 年。

62. 李孝悌：《戀戀紅塵——中國的城市、欲望和生活》，上海人民出版社，2007 年。

63. 李湜：《明清閨閣繪畫研究》，北京：紫禁城出版社，2008 年。

64. 梁乙眞：《清代婦女文學史》，北京：中華書局，1927 年。

65. 劉詠聰：《德才色權：論中國古代女性》，臺北：麥田出版公司，1998 年。

66. 陸勇強：《陳維崧年譜》，北京：中國社會科學出版社，2006 年。

67. 羅久蓉、呂妙芬主編：《無聲之聲（三）——近代中國的婦女與文化（1600～1950）》，臺北：中央研究院近代史研究所，2003 年。

68. 孟森：《明清史論著集刊》，北京：中華書局，1959 年。

69. 孟森：《明清史論著集刊續編》，北京：中華書局，1986 年。

70. 孟森：《心史叢刊》，長沙：嶽麓書社，1986 年。

71. 馬積高：《清代學術思想的變遷與文學》，長沙：湖南人民出版社，2002 年。

72. 曼素恩（Susan Mann）：《綴珍錄——十八世紀及其前後的中國婦女》，南京：江蘇人民出版社，2005 年。

73. 毛文芳：《物・性別・觀看——明末清初文化書寫新探》，臺北：學生書局，2001 年。

74. 錢仲聯主編：《清詩紀事》，南京：鳳凰出版社，2004 年。

75. 秦燕春：《清末民初的晚明想像》，北京大學出版社，2008 年。

76. 阮榮春主編：《海外藏中國歷代名畫》「清代卷」，長沙：湖南美術出版社，1998 年。

77. 孫殿起：《清代禁書知見錄》，上海：商務印書館，1957 年。

78. 孫楷第：《日本東京所見中國小說書目》，北京：人民文學出版社，1958 年。

79. 孫楷第：《戲曲小說書錄解題》，北京：人民文學出版社，1990 年。

80. 孫康宜：《陳子龍柳如是詩詞情緣》，西安：陝西師範大學出版社，1998 年。

81. 孫康宜：《文學經典的挑戰》，南昌：百花洲文藝出版社，2002 年。

82. 孫琴安：《唐詩選本提要》，上海書店出版社，2005 年。

83. 石昌渝主編：《中國古代小說總目》，太原：山西教育出版社，2004 年。

84. 宋莉華：《明清時期的小說傳播》，北京：中國社會科學出版社，2004 年。

85. 譚正璧：《中國女性文學史》，南昌：百花文藝出版社，2001 年。

86. 王汎森：《晚明清初思想十論》，上海：復旦大學出版社，2004 年。

87. 王重民：《中國善本書提要》，上海古籍出版社，1983 年。

88. 吳建國：《雅俗之間的徘徊——16 至 18 世紀文化思潮與通俗文學創作》，

長沙：嶽麓書社，1999 年。

89. 汪湧豪：《中國文學批評範疇及體系》，上海：復旦大學出版社，2007 年。

90. 王力堅：《清代才媛文學之文化考察》，臺北：文津出版社，2006 年。

91. 王利民等著：《冒辟疆與董小宛》，北京：中華書局，2004 年。

92. 王兆鵬：《宋南渡詞人群體研究》，南京：鳳凰出版社，2009 年。

93. 汪詒年：《平陽汪氏遷杭支譜》，1932 年鉛印本。

94. 汪世清：《藝苑疑年叢談》，北京：紫禁城出版社，2002 年。

95. 夏曉虹：《晚清文人婦女觀》，北京：作家出版社，1995 年。

96. 夏曉虹：《晚清女性與近代中國》，北京大學出版社，2004 年。

97. 肖鵬：《群體的選擇——唐宋人詞選與詞人群通論》，南京：鳳凰出版社，2009 年。

98. 謝无量：《中國婦女文學史》，北京：中華書局，1916 年。

99. 謝國楨：《晚明史籍考》，上海：華東師範大學出版社，2011 年。

100. 謝國楨：《明清之際黨社運動考》，上海書店出版社，2004 年。

101. 謝國楨：《明清筆記談叢》，上海書店出版社，2004 年。

102. 謝國楨：《明末清初的學風》，上海書店出版社，2004 年。

103. 謝巍：《中國歷代人物年譜考錄》，北京：中華書局，1992 年。

104. 謝巍：《中國畫學著作考錄》，上海書畫出版社，1998 年。

105. 謝正光：《明遺民錄匯輯》，南京大學出版社，1995 年。

106. 謝正光：《清初人選清初詩匯考》，南京大學出版社，1998 年。

107. 謝正光：《清初詩文與士人交遊考》，南京大學出版社，2001 年。

108. 徐邦達：《古書畫過眼要錄》，北京：紫禁城出版社，2006 年。

109. 徐雁平：《清代文學世家姻親譜系》，南京：鳳凰出版社，2010 年。

110. 向志柱：《胡文煥〈胡氏粹編〉研究》，北京：中華書局，2008 年。

111. 葉昌熾著，王欣夫補正：《藏書紀事詩》，上海古籍出版社，1989 年。

112. 陽海清：《中國叢書廣錄》，武漢：湖北人民出版社，1999 年。

113. 陽海清：《中國叢書綜錄補正》，揚州：江蘇廣陵古籍刻印社，1984 年。

114. 余紹宋：《書畫書錄解題》，北京：國家圖書館出版社，2003 年。

115. 嚴迪昌：《陽羨詞派研究》，濟南：齊魯書社，1993 年。

116. 嚴迪昌：《清詞史》，南京：江蘇古籍出版社，1999 年。

117. 嚴迪昌：《清詩史》，北京：人民文學出版社，2011 年。

118. 余英時：《士與中國文化》，上海人民出版社，2009 年。

119. 余英時：《儒家倫理與商人精神》，南寧：廣西師範大學出版社，2004年。

120. 余英時：《史學、史家與時代》，南寧：廣西師範大學出版社，2004年。

121. 余英時：《中國知識人之史的考察》，南寧：廣西師範大學出版社，2004年。

122. 姚平：《唐代婦女的生命歷程》，上海古籍出版社，2004年。

123. 楊念群：《何處是「江南」？——清朝正統觀的確立與士林精神世界的變異》，北京：三聯書店，2010年。

124. 卞孝萱主編：「揚州八怪研究資料叢書」——《揚州八怪詩文集》、《揚州八怪書畫年表》、《揚州八怪畫集》、《揚州八怪年譜》，南京：江蘇美術出版社，1987～1996年。

125. 中國古代書畫鑒定組編：《中國古代書畫目錄》，北京：文物出版社，1985～1993年。

126. 中國古代書畫鑒定組編：《中國古代書畫圖目》，北京：文物出版社，1986～2000年。

127. 趙園：《明清之際士大夫研究》，北京大學出版社，1999年。

128. 趙雪沛：《明末清初女詞人研究》，北京：首都師範大學出版社，2008年。

129. 張秀民著，韓琦增訂：《中國印刷史》，杭州：浙江古籍出版社，2006年。

130. 張宏生：《清代詞學的建構》，南京：江蘇古籍出版社，1999年。

131. 張宏生編：《明清文學與性別研究》，南京：江蘇古籍出版社，2002年。

132. 張宏生：《清詞探微》，上海古籍出版社，2008年。

133. 張健：《清代詩學研究》，北京大學出版社，1999年。

134. 張劍編：《明清江蘇文人年表》，上海古籍出版社，1986年。

135. 張長虹：《品鑒與經營——明末清初徽商藝術贊助研究》，北京大學出版社，2010年。

136. 張紅主編：《葉嘉瑩教授八十華誕暨國際詞學研討會紀念文集》，天津：南開大學出版社，2005年。

137. 鄭振鐸：《鄭振鐸全集》，石家莊：花山文藝出版社，1998年，第6冊。

138. 鄭偉章：《書林叢考》（增補本），長沙：嶽麓書社，2008年。

139. 周心慧：《中國版畫史叢稿》，北京：學苑出版社，2002年。

140. 周蕪、周路編：《日本藏中國古版畫精品》，南京：江蘇美術出版社，1999年。

141. 周越然：《書書書》，上海：中華日報社，1944年。

142. 周勳初主編：《唐詩大辭典》，南京：江蘇古籍出版社，1990 年。

143. 朱崇志：《中國古代戲曲選本研究》，上海古籍出版社，2004 年。

144. 朱保炯、謝沛霖編著：《明清進士題名碑錄索引》，上海古籍出版社，1980 年。

145. 朱萸：《明清文學群落：吳江葉氏午夢堂》，上海人民出版社，2008 年。

146. 鍾慧玲：《清代女詩人研究》，臺北：里仁書局，2000 年。

三、外文文獻及論著

1. Marsha Weidner: Views from Jade Terrace: Chinese Women Artists (1300~1912)，（《玉臺新姿：中國女性藝術家，1300～1912》）印第安納波利斯：印第安納波利斯藝術博物館；紐約：瑞佐利（Rizzoli），1988 年。

2. Ellen Widmer（魏愛蓮）："The Beauty and the Book: Women and Fiction in Nineteenth Century China." Cambridge, Mass: Harvard University Asia Center: Distributed by Harvard University Press, 2006.

3. Wilt L.Idema（伊維德）、Wai-yee Li（李惠儀）、Ellen Widmer（魏愛蓮）："Trauma and transcendence in early Qing literature." Cambridge, Mass: Harvard University Asia Center: distributed by Harvard University Press, 2006.

4. 合山究：《明清時代の女性と文學》，東京：汲古書院，2006 年。

四、論文（按姓名拼音排列）

1. 曹淑娟：《寓山園林的女性空間》，《臺大中文學報》，2005 年總第 23 期。

2. 陳寶良：《明代文人辨析》，《漢學研究》，2001 年第 19 期。

3. 陳廣宏：《中晚明女性詩歌總集編刊宗旨及選錄標準的文化解讀》，《中國典籍與文化》，2007 年第 1 期。

4. 陳建男：《清初女性詞選集研究》，臺灣政治大學碩士論文，2006 年。

5. 陳麥青：《關於項元汴之家世及其他》，王元化主編：《學術集林》，上海遠東出版社，1998 年。

6. 蔡錦芳：《清代揚州風雅鹽商馬曰璐生卒年考》，《中國典籍與文化》，2011 年第 1 期。

7. 杜澤遜：《蓬萊慕湘藏書樓觀書記》，齊魯書社編：《藏書家》第 8 輯，2003 年。

8. 杜桂萍、馬銘明：《〈雜劇三集〉編纂問題考論》，《古籍整理研究學刊》，2009 年第 6 期。

9. 方盛良：《〈樊榭山房集〉拾遺》，《古籍研究》，2004 年總第 46 期。

10. 郭玲：《王端淑研究》，中南大學碩士論文，2009 年。

11. 郭秀容：《晚明女性繪畫研究》，臺灣師範大學美術研究所碩士論文，1995 年。

12. 郭蓁：《清代女詩人研究》，北京大學博士論文，2001 年。

13. 郭馨馨：《明末清初李長科世系、著述考述》，《蘇州大學學報》（哲學社會科學版），2010 年第 5 期。

14. 何齡修：《關於魏耕通海案的幾個問題》，《文史哲》，1993 年第 2 期。

15. 黃惇：《金農詩歌中的書法變革軌跡》，《中國書畫》，2003 年第 2 期。

16. 黃霖：《關於古小說〈香螺卮〉》，《明清小説研究》，1999 年第 3 期。

17. 黃衛總：《國難與士人的性別焦慮——從明亡之後有關貞節烈女的話語說起》，王璦玲主編：《明清文學與思想中之主體意識與社會》「文學篇」，臺灣中研院中國文哲研究所，2004 年。

18. 胡曉眞：《藝文生命與身體政治——清代婦女文學史研究趨勢與展望》，《近代中國婦女史研究》第 13 期。

19. 蔣寅：《汪端的詩歌創作與批評初論》，袁行霈主編：《國學研究》，北京大學出版社，2001 年第 8 卷。

20. 井玉貴：《新近發現的陸雲龍傳記資料〈陸蛻庵先生家傳〉及其他》，《文獻（季刊）》，2003 年第 4 期。

21. 李秋菊：《關於萬曆刻本〈吳歙萃雅〉》，吳兆路、甲斐勝二、林俊相主編：《中國學研究》，濟南出版社，2006 年第 9 輯。

22. 李垚：《〈玉臺畫史〉研究》，南京師範大學博士論文，2008 年。

23. 連文萍：《詩史可有女性的位置？——以兩部明代詩話爲論述中心》，《漢學研究》，1999 年第 1 期。

24. 林玫儀：《王端淑詩論之評析——兼論其選詩標準》，《九州學刊》，1994 年第 6 期。

25. 劉詠聰：《清代前期關於女性應否有「才」討論》，《中華文史論叢》，1989 年第 2 期。

26. 馬銘明：《〈雜劇三集〉研究》，黑龍江大學碩士論文，2008 年。

27. 閔定慶：《在女性寫作姿態與男性批評標準之間——試論〈名媛詩緯初編〉選輯策略與詩歌批評》，《蘇州大學學報》（哲學社會科學版），2006 年第 6 期。

28. 石玲：《丁耀亢劇作論》，李增坡主編：《海峽兩岸丁耀亢學術討論會論文集》，鄭州：中州古籍出版社，1998 年。

29. 石旻：《清代婦女的文學空間》，南京大學博士論文，2010 年。

30. 王璦玲：《記憶與敘事：清初劇作家之前朝意識與其易代感懷之戲劇轉

化》,《中國文哲研究集刊》第 24 期。

31. 王豔紅:《明代女性作品總集研究》,上海師範大學碩士論文,2006 年。

32. 王寶平:《明代刻書家胡文煥考》,《中日文化交流史論集——戶川芳郎先生古稀紀念》,北京:中華書局,2002 年。

33. 魏愛蓮(Ellen Widmer):"Wang Duanshu and Her Mingyuan shiwei: Background and Sources",何永康、陳書錄主編:《首屆明代文學國際研討會論文集》,南京師範大學出版社,2004 年。

34. 夏曉虹:《始信英雄亦有雌——秋瑾與〈芝龕記〉》,周勳初等主編:《文學評論叢刊》,南京:江蘇文藝出版社,1998 年,第 1 卷第 2 期。

35. 徐雁平:《課讀圖與文學傳承中的母教》,程章燦主編:《古典文獻研究》,南京:鳳凰出版社,2008 年第 11 輯。

36. 徐玉紅:《〈玉臺畫史〉中女才人及其社會角色研究》,中國美術學院博士論文,2009 年。

37. 嚴迪昌:《從〈南山集〉到〈蚺峰集〉——文字獄案與清代文學生態舉證》,《文學遺產》,2001 年第 5 期。

38. 嚴迪昌:《誰翻舊事作新聞——杭州小山堂趙氏的『曠亭』情結與〈南宋雜事詩〉》,《文學遺產》,2000 年第 6 期。

39. 應裕康:《王編〈祁忠敏公年譜〉述評》,《中國學術年刊》,1981 年第 3 期。

40. 張敏:《王端淑研究》,南京師範大學碩士論文,2007 年。

41. 張雁:《晚明女性的文學活動》,南京大學博士論文,2003 年。

42. 張逸臨:《清代女性寫作爭議初探》,北京大學碩士論文,2008 年。

43. 張兵、王小恒:《厲鶚與浙派詩學思想體系的重建》,《文學遺產》,2007 年第 1 期。

44. 趙素文:《〈祁忠敏公年譜〉四個本子的相互關係及其撰寫者辨析》,《文獻》,2002 年第 4 期。

45. 趙杏根:《論浙派詩人厲鶚》,《文學遺產》,2000 年第 3 期。

46. 朱則傑、周於飛:《〈清尊集〉與「東軒吟社」》,《浙江大學學報》(人文社會科學版),2010 年第 7 期。

後　記

　　四年前，承蒙導師夏曉虹教授不棄，得以忝列門牆。猶憶博士一年級時，夏老師考慮到我個人在碩士期間的學術積累，希望我能繼續專注於戲曲領域研究。但在經歷較長一段時間的文獻翻檢之後，自己尚未找到有關近代戲曲的切入點，便轉而退守到曾經迷戀的晚明社會。在閱讀明季士大夫祁彪佳文集時，無意中關注到儒商汪然明。當時，撰寫了一篇有關汪然明交遊考論的文章，提交為資格考試。由於以前養成的札記體拼湊習慣，始終不曾更改。直到論文開題所撰寫的樣章（節），亦復如此，這遭致夏老師當頭棒喝，使我猛然驚醒。此後，我遂將老師的批評意見置於電腦桌面，時刻警醒自己。現在回想起來，倘非老師的點醒，我還陷在札記拼湊論文的泥淖中不能自拔。

　　令我難以忘懷的是，夏老師逐字逐句為我批閱論文。那篇札記體資格考試論文數萬字，且偏於文獻考證，老師在講學旅途中費時一周才批校完畢。而我的博士論文，從開篇至結尾，悉數經由老師仔細校閱，歷時更為漫長。尤其是今年寒假，以至春節期間，老師都在為我批改預答辯稿。由於我語言功底薄弱，用詞造句時有不當，且論文寫作又顯枝蔓蕪雜，又無形中增加了老師更多的工作量。翻檢案頭堆砌的一摞文稿，時見老師朱筆刪改的痕跡，或加附按語，質疑立論穩妥與否。至於因時間倉促，來不及事先自行通讀的章節，老師所指出的錯訛幾近「慘不忍睹」。可以說，這篇博士論文，若無老師的手把手的指導，真不知是否成形。正是得益於夏老師如此細密糾正，論文的部分內容，如《王士祿〈燃脂集〉考論》才有幸刊錄於臺灣《漢學研究》。

　　更讓我感動的是，夏老師在生活上對我們無微不至的呵護。前年去香港中文大學參加學術會議，途經檢關口之際，老師適時發來短信，詳細告訴我們行進路線。去年，我隻身去國外短期訪學，老師說一切安妥之後，要來函相告，陳老師則數次垂詢辦理出國手續事宜。諸如此類，均成為我人生中不可泯滅的記憶珍寶。

　　感謝廖可斌老師、王風老師，以及古代文學教研室劉勇強老師、潘建國老師、張鳴老師、李簡老師、李鵬飛老師，在資格考試、選題報告、預答辯等博士生培養諸環節，切中論文弊端，高屋建瓴地給予建議。感謝海外伊維德老師、李惠儀老師、包弼德老師、方秀潔老師、葉山老師、華瑋老師，在我執贄請益過程中亦不吝賜教。儘管親沐教澤的機會有限，然而針對論文章節設置、具體文本等議題展開集中討論，卻讓我獲益良多。還要感謝碩士生導師吳建國老師引我步入學術殿堂，其時常通過網絡媒介，以當下熱門議題為例，耐心教導如何解讀文獻。

　　此外，同門張廣海從浙江圖書館抄錄《紅蕉集》目錄，並精心校勘文字訛誤。馬勤勤和宋聲泉在日本幫忙查詢藏於日本東京大學圖書館的小說《香螺卮》。學友陳建男提供藏於日本淺草文庫的《紅蕉集》複印件，並惠借其碩士論文以供參閱。馬里揚為抄錄藏於上海圖書館的《女中七才子蘭咳集》「二集」及殘稿本《燃脂集》，數度前往才獲見。凡此，為論文撰寫提供了不可或缺的文獻儲備。郭道平幫忙校正字句、謄錄參考文獻。陸胤和袁一丹時常提供學術新見。師兄葉雋、林分份、黃湘金，師姐欒偉平、李靜、杜新豔、張麗華、彭春凌、王鴻莉、張惠思，以及師弟黃育聰、徐鉞、傅宏遠、劉開普、李想、張一帆，師妹林崢、劉汭嶼、趙家琦、秦美珊、王芳、郝凱利、梁倉泱等，在四年讀書生活中給予幫助甚多，在此一併向他們表示誠摯的感謝。

　　我的父母總是傾力支持我的任何選擇，默默承受帶來的各種壓力。一路有此堅強後盾，我始終覺得自己相當幸福。

壬辰夏日寫於暢春新園